U0839706

全国高等教育自学考试指定教材

机电一体化工程专业（专科）

# 可编程控制器原理与应用

（含：可编程控制器原理与应用自学考试大纲）

（2015 年版）

全国高等教育自学考试指导委员会　组编

主编　贾贵玺

机　械　工　业　出　版　社

本书是全国高等教育自学考试机电一体化工程专业指定教材。

本书以西门子公司的 S7-200 可编程控制器机型为主线，以 STEP 7-Micro/WIN 为编程系统平台，介绍了可编程控制器的结构、工作原理、硬件配置、指令系统、编程方法和系统设计与应用实例。本书作者都是多年从事可编程控制器应用的专业人员，具有丰富的教学与实践经验，本书所有内容都经过作者精心选编，具有很强的实用性和指导性。本书力求做到讲述清楚、语言流畅、便于自学，力求做到理论性和实践性并重。

本书适合于参加全国高等教育自学考试机电一体化工程专业学习的学生和指导教师使用，也可供高等院校相关专业师生和有关工程技术人员参考。

**图书在版编目（CIP）数据**

可编程控制器原理与应用/贾贵玺主编. —北京：机械工业出版社，2015.9

全国高等教育自学考试指定教材. 机电一体化工程专业. 专科

ISBN 978-7-111-51392-6

Ⅰ. ①可… Ⅱ. ①贾… Ⅲ. ①可编程序控制器—高等教育—自学考试—教材 Ⅳ. ①TM571.6

中国版本图书馆 CIP 数据核字（2015）第 197828 号

机械工业出版社（北京市百万庄大街 22 号 邮政编码 100037）

策划编辑：何文军 责任编辑：张利萍 责任校对：刘雅娜

北京市大天乐投资管理有限公司印刷

2015 年 9 月第 1 版第 1 次印刷

184mm×260mm · 9.25 印张 · 222 千字

标准书号：ISBN 978-7-111-51392-6

定价：18.00 元

# 组编前言

21 世纪是一个变幻难测的世纪，是一个催人奋进的时代，科学技术飞速发展，知识更替日新月异。希望、困惑、机遇、挑战随时随地都有可能出现在每一个社会成员的生活之中。抓住机遇，寻求发展，迎接挑战，适应变化的制胜法宝就是学习——依靠自己学习，终生学习。

作为我国高等教育组成部分的自学考试，其职责就是在高等教育这个水平上倡导自学、鼓励自学、帮助自学、推动自学，为每一个自学者铺就成才之路。组织编写供读者学习的教材就是履行这个职责的重要环节。毫无疑问，这种教材应当适合自学，应当有利于学习者掌握和了解新知识、新信息，有利于学习者增强创新意识、培养实践能力、形成自学能力，也有利于学习者学以致用，解决实际工作中所遇到的问题。具有如此特点的书，我们虽然沿用了“教材”这个概念，但它与那种仅供教师讲、学生听，教师不讲、学生不懂，以“教”为中心的教科书相比，已经在内容安排、编写体例、行文风格等方面都大不相同了。希望读者对此有所了解，以便从一开始就树立起依靠自己学习的坚定信念，不断探索适合自己的学习方法，充分利用已有的知识基础和实际工作经验，最大限度地发挥自己的潜能，以达到学习的目标。

欢迎读者提出意见和建议。

祝每一位读者自学成功!

**全国高等教育自学考试指导委员会**

**2014 年 7 月**

# 目　录



## 可编程控制器原理与应用自学考试大纲



## 可编程控制器原理与应用

全国高等教育自学考试

机电一体化工程专业（专科）

# 可编程控制器原理与应用自学考试大纲

（含考核目标）

全国高等教育自学考试指导委员会　制定

# 出版前言

为了适应社会主义现代化建设事业的需要，鼓励自学成才，我国在 20 世纪 80 年代初建立了高等教育自学考试制度。高等教育自学考试是个人自学、社会助学和国家考试相结合的一种高等教育形式。应考者通过规定的专业考试课程并经思想品德鉴定达到毕业要求的，可获得毕业证书；国家承认学历并按照规定享有与普通高等学校毕业生同等的有关待遇。经过 30 多年的发展，高等教育自学考试为国家培养造就了大批专门人才。

课程自学考试大纲是国家规范自学者学习范围、要求和考试标准的文件。它是按照专业考试计划的要求，具体指导个人自学、社会助学、国家考试、编写教材、编写自学辅导书的依据。

随着经济社会的快速发展，新的法律法规不断出台，科技成果不断涌现，原大纲中有些内容过时、知识陈旧。为更新教育观念，深化教学内容方式、考试制度、质量评价制度改革，使自学考试更好地提高人才培养的质量，各专业委员会按照专业考试计划的要求，对原课程自学考试大纲组织了修订。

修订后的大纲，在层次上，专科参照一般普通高校专科或高职院校的水平，本科参照一般普通高校本科水平；在内容上，力图反映学科的发展变化，增补了自然科学和社会科学近年来研究的成果，对明显陈旧的内容进行了删减。

全国考委机械及轻纺化工类专业委员会组织制定的《可编程控制器原理与应用自学考试大纲》，经教育部批准，现颁发施行。各地教育部门、考试机构应认真贯彻执行。

**全国高等教育自学考试指导委员会**

**2015 年 6 月**

# Ⅰ. 课程性质与课程目标

**一、课程的性质和特点**

可编程控制器（PLC）是现代工业、企业、交通、国防等各行各业电气自动化的重要装置，在各个领域的自动化技术方面得到广泛的应用。本课程是机电一体化工程专业的一门专业课，其任务是培养学生掌握 PLC 的基本知识与应用技能，提高其作为机电一体化专业人才的素质。本课程有较强的实践性。

**二、课程目标**

本课程的目标是让学生了解 PLC 的工作原理和基本功能，熟练地掌握其使用方法，掌握 PLC 控制系统的设计步骤，并能够上机操作。

1. 了解 PLC 的发展，理解 PLC 的结构和工作原理。清楚地理解 PLC 的工作过程，为课程自学打下基础。

2. 深刻理解 PLC 的继电器与传统意义的物理继电器的区别。了解 PLC 的数据存储区。理解 PLC 的数据存储区提供了大量的输入继电器、输出继电器、内部辅助继电器、保持继电器、定时器和计数器、特殊继电器等，这些继电器是编程的基础、操作的对象，要熟悉它们的作用、功能和地址编号。

3. 了解 S7-200 PLC 指令系统。掌握其中基本指令的使用方法，利用基本指令进行典型实例的编程。

4. 掌握 PLC 编程软件。

5. 利用已掌握的 PLC 知识综合应用，能够完成简单机电一体化自动控制系统的设计，具有初步的上机操作能力。

**三、与相关课程的联系与区别**

学习本课程的考生必须先学习掌握电工技术基础、电子技术基础、电机及电器控制基础、自动控制系统及应用、微型计算机原理与接口技术等课程知识，这些课程是学习本课程的必要基础。本课程是一门应用性、实践性很强的课程，强调实践技能和动手能力的培养。

**四、课程的重点与难点**

本课程的重点包括：PLC 的结构和工作原理、S7-200 PLC 的各种 CPU 模块的技术指标、S7-200 PLC 的数据存储区、S7-200 PLC 的基本指令系统、PLC 编程软件 STEP 7-Micro/WIN 的使用方法、PLC 的输入/输出接线方法、PLC 的编程步骤、S7-200 PLC 的典型控制系统设计与应用。

本课程的难点包括：PLC 编程软件 STEP 7-Micro/WIN 的使用方法及 PLC 控制系统设计方法。这部分涉及的知识面较宽、专业性较强，但又充满趣味和挑战。

# Ⅱ. 考 核 目 标

本大纲在考核目标中，按照“识记”、“领会”、“简单应用”、“综合应用”四个能力层次规定其应达到的能力层次要求。四个能力层次是递升的关系，后者必须建立在前者的基础上，各能力层次的含义是：

识记：能够识别和记忆本课程中有关的名词、概念及规律的主要内容，并能够根据考核的不同要求，做出正确的表述、选择和判断。

领会：能够领悟和理解本课程中有关物理概念及规律的内涵，全面把握基本概念、基本原理、基本方法，能掌握有关概念、原理、方法的区别与联系，并能够根据考核的不同要求，对问题进行逻辑推理和论证，做出正确的判断、解释和说明。

简单应用：能够深刻领悟和理解本课程中有关物理概念及规律的内涵，全面把握基本概念、基本原理、基本方法，并能够根据考核的不同要求，利用学过的知识点分析和解决简单实际问题。

综合应用：能够灵活运用本课程中有关基本概念、基本原理、基本方法，并能够根据考核的不同要求，将学过的多个知识点联系起来，分析和解决综合实际问题。

## Ⅲ. 课程内容与考核要求

### 第1章 可编程控制器概论

**一、课程内容**

1. PLC 的定义、发展历史和趋势
2. PLC 的特点
3. PLC 的结构、各主要部件的功能
4. PLC 的工作原理
5. PLC 与继电器控制系统、微机控制系统的区别
6. 了解 PLC 的主要技术性能指标
7. 了解 PLC 的分类

**二、学习目的与要求**

了解 PLC 的定义、发展历史和趋势，掌握 PLC 的特点。了解 PLC 的结构、各主要部件的功能，以及它们之间的关系，掌握 PLC 的工作原理。了解 PLC 的主要技术性能指标与分类，掌握 PLC 与继电器控制系统、微机控制系统的区别。

**三、考核知识点与考核要求**

1. PLC 的定义和发展史

识记：PLC 的定义、诞生与发展经历

2. PLC 的典型结构组成

识记：PLC 的典型结构组成

3. 中央处理器（CPU）

领会：中央处理器（CPU）主要完成的功能

4. 存储器（RAM、ROM）

识记：存储器的结构、工作过程

领会：PLC 中使用的存储器种类与功能

5. 输入接口电路

识记：光耦合电路、输入接口电路的种类

领会：输入接口电路的接线

6. 输出接口电路

识记：输出接口电路的种类

领会：输出接口电路的接线

7. PLC 的功能

识记：PLC 的各种基本功能

8. PLC 的分类

识记：根据结构对 PLC 进行分类；根据 I/O 点数对 PLC 进行分类；根据控制规模对 PLC 进行分类

9. PLC 的特点和工作原理

识记：PLC 的特点

领会：PLC 的工作原理

10. PLC 与继电器控制系统的比较

识记：继电器控制与 PLC 控制系统的区别

11. 微机对 PLC 的影响与比较

识记：微机控制与 PLC 控制系统的区别

12. PLC 的发展动向

识记：PLC 的发展现状与趋势

## 第 2 章　S7-200 PLC 的结构与编程基础

**一、课程内容**

1. 常用的 S7-200 PLC 的产品、结构与组成原理

2. 各种模块的功能与技术指标

3. 数制的表示，掌握二进制、十六进制与十进制之间的转换方法

4. S7-200 PLC 的数据存储区的划分，理解 PLC 的寻址方法

5. PLC 的编程基础

**二、学习目的与要求**

了解常用的 S7-200 PLC 的产品、结构与组成原理，了解各种模块的功能与技术指标。

了解数制的表示，掌握二进制、十六进制与十进制之间的转换方法。了解 S7-200 PLC 的数据存储区的划分，理解 PLC 的寻址方法，掌握 PLC 的编程基础。

**三、考核知识点与考核要求**

1. S7-200 PLC 的基本结构

识记：S7-200 PLC 系统的构成

2. S7-200 PLC 的五种 CPU 模块

识记：CPU221 模块的技术指标；CPU222 模块的技术指标；CPU224 模块的技术指标；CPU224XP 模块的技术指标；CPU226 模块的技术指标

3. S7-200 PLC 的三种数字量 I/O 扩展模块

识记：EM221 数字量输入扩展模块的技术指标；EM222 数字量输出扩展模块的技术指

标；EM223 数字量输入/输出扩展模块的技术指标

4. S7-200 PLC 的三种模拟量 I/O 扩展模块

识记：EM231 模拟量输入扩展模块的技术指标；EM232 模拟量输出扩展模块的技术指标；EM233 模拟量输入/输出扩展模块的技术指标

5. S7-200 PLC 的温度扩展模块

识记：EM231 TC 热电偶输入扩展模块；EM231RTD 热电阻输入扩展模块

6. S7-200 PLC 的四种通信扩展模块

识记：EM241 调制解调模块；EM243-1 以太网通信模块；EM243-2 主站通信模块；EM277 从站通信模块

7. S7-200 PLC 控制系统的配置原则

领会：S7-200 PLC 控制系统的配置结构与原则

8. PLC 的编程语言

识记：几种常用的 PLC 编程语言

9. 数制的表示与转换

领会：二进制与十进制数制转换方法；十六进制与十进制数制转换方法；BCD 码与十进制数制转换方法

10. S7-200 PLC 的程序结构

识记：主程序；子程序；中断程序

11. S7-200 PLC 的数据存储区

识记：S7-200 PLC 的数据存储区划分成 13 个部分；输入映像寄存器（输入继电器）I 的作用；输出映像寄存器（输出继电器）Q 的作用；定时器 T 的作用；计数器 C 的作用；位寄存器（辅助继电器）M 的作用；特殊寄存器（特殊继电器）SM 的作用；变量寄存器（变量存储器）V 的作用；局部变量寄存器（局部变量存储器）L 的作用；累加器 AC 的作用；顺序控制继电器 S 的作用；模拟量输入寄存器 AI 的作用；模拟量输出寄存器 AQ 的作用；高速计数器 HC 的作用

12. S7-200 PLC 的寻址方式

领会：立即寻址；直接寻址；间接寻址

## 第 3 章　S7-200 PLC 的指令系统

### 一、课程内容

1. 西门子公司的 S7-200 PLC 的指令系统

2. S7-200 PLC 的基本指令

### 二、学习目的与要求

了解西门子公司的 S7-200 PLC 的指令系统，掌握 S7-200 PLC 的基本指令。

### 三、考核知识点与考核要求

1. S7-200 PLC 的指令系统

识记：S7-200 PLC 的指令种类：位逻辑指令；定时器和计数器指令；传送和比较指令；运算指令；程序控制指令；转换指令；字符串指令；时钟指令

2. S7-200 PLC 的基本指令系统

领会：输入与输出指令规则；串联与并联指令的规则；置位、复位指令和 RS 触发器指令的规则；脉冲沿指令的规则；定时器指令的规则；计数器指令的规则；数据传送指令的规则；比较指令的规则；循环指令的规则；定时器定时值的计算方法；非累积型定时器与累积型定时器的特性对比；通电延时型定时器与断电延时定时器的特性对比；加计数器和减计数器的特性对比；断电保持型和非断电保持型计数器的特性对比

简单应用：正确运用 S7-200 PLC 的位逻辑指令、定时器和计数器指令

综合应用：综合运用 S7-200 PLC 的位逻辑指令、定时器、计数器指令、数据传送指令的、比较指令和循环指令

## 第 4 章　PLC 编程软件 STEP 7-Micro/WIN 的应用

### 一、课程内容

1. 编程软件 STEP 7-Micro/WIN 的主要功能、安装方法
2. S7-200 PLC 梯形图的编程规则及编程方法
3. 使用 STEP 7-Micro/WIN 进行程序开发与调试的主要步骤
4. S7-200 PLC 上机操作和调试

### 二、学习目的与要求

了解编程软件 STEP 7-Micro/WIN 的主要功能、安装方法，熟练掌握 S7-200 PLC 梯形图的编程规则及编程方法。

掌握使用 STEP 7-Micro/WIN 进行程序开发与调试的主要步骤，并能熟练地上机操作和调试。

### 三、考核知识点与考核要求

1. 程序设计语言

识记：程序设计语言的种类

2. 编程规则

识记：编程的规则与步骤

3. 利用 STEP 7-Micro/WIN 进行梯形图编程方法

简单应用：利用 STEP 7-Micro/WIN 进行梯形图编程的方法；编辑、检查程序；删除或插入指令方法

4. 程序装入和调试的具体步骤

简单应用：程序的下载、上传和调试

5. 利用 STEP 7-Micro/WIN 进行 PLC 程序运行监控

简单应用：梯形图监控

识记：语句表监控；状态图表监控

## 第 5 章　S7-200 PLC 的典型控制系统设计与应用实例

### 一、课程内容

1. 电气控制系统中常用输入、输出元器件或装置的种类与 PLC 的连接方法
2. PLC 系统设计与应用中电气图的绘制方法
3. PLC 的选型原则以及系统设计的步骤
4. 常用控制程序

5. 典型控制系统设计方法

**二、学习目的与要求**

了解电气控制系统中常用输入、输出元器件或装置的种类和与 PLC 的连接方法。掌握系统设计与应用中电气图的绘制方法、PLC 的选型原则以及系统设计的步骤，重点掌握常用控制程序的编写方法和典型控制系统的设计方法与应用。

**三、考核知识点与考核要求**

简单应用：PLC 常用输入元器件的接线方法；PLC 常用输出元器件的接线方法

综合应用：典型控制系统系统的 PLC 选型；典型控制系统的电气图绘制；常用控制程序的编写方法和典型控制系统的设计方法与应用

## Ⅵ. 关于大纲的说明与考核实施要求

**一、自学考试大纲的目的和作用**

课程自学考试大纲是根据专业自学考试计划的要求，结合自学考试的特点制定的。其目的是对教材编写、个人自学、社会助学和考试命题等进行指导和规范。

**二、关于自学教材**

《可编程控制器原理与应用》，全国高等教育自学考试指导委员会组编，贾贵玺主编，机械工业出版社出版，2015 年版。

**三、关于自学要求和自学方法的指导**

1. 在开始阅读指定教材某一章之前，先翻阅大纲中有关这一章的考核知识点及对知识点的能力层次要求和考核目标，以便在阅读教材时做到心中有数，有的放矢。

2. 阅读教材时，要逐段细读，逐句推敲，集中精力，吃透每一个知识点，对基本概念必须深刻理解，对基本理论必须彻底弄清，对基本方法必须牢固掌握。

3. 在自学过程中，既要思考问题，也要做好阅读笔记，把教材中的基本概念、原理、方法等加以整理，这可从中加深对问题的认知、理解和记忆，以利于突出重点，并涵盖整个内容，可以不断提高自学能力。

4. 完成书后作业和适当的辅导练习是理解、消化和巩固所学知识，培养分析问题、解决问题及提高能力的重要环节。在做练习之前，应认真阅读教材，按考核目标所要求的不同层次，掌握教材内容，在练习过程中对所学知识进行合理的回顾与发挥，注重理论联系实际和具体问题具体分析。解题时应注意培养逻辑性，针对问题围绕相关知识点进行层次（步骤）分明的论述或推导，明确各层次（步骤）间的逻辑关系。

**四、课程学分与学时**

本课程共 3 学分，相当于 48 学时，建议学时分配如下：

| 章次 | 课 程 内 容 | 学时 |
| --- | --- | --- |
| 第 1 章 | 可编程控制器概论 | 8 |
| 第 2 章 | S7-200 PLC 的结构与编程基础 | 8 |
| 第 3 章 | S7-200 PLC 的指令系统 | 12 |
| 第 4 章 | PLC 编程软件 STEP 7-Micro/WIN 的应用 | 8 |
| 第 5 章 | S7-200 PLC 的典型控制系统设计与应用实例 | 12 |
| | 合计 | 48 |

**五、对社会助学的要求**

1. 应熟知考试大纲对课程提出的总要求和各章的知识点。

2. 应掌握各知识点要求达到的能力层次，并深刻理解对各知识点的考核目标。

3. 辅导时，应以考试大纲为依据、指定的教材为基础，不要随意增减内容，以免与大纲脱节。

4. 辅导时，应对学习方法进行指导，宜提倡“认真阅读教材，刻苦钻研教材，主动争取帮助，依靠自己学通”的方法。

5. 辅导时，要注意突出重点，对考生提出的问题，不要有问即答，要积极启发引导。

6. 注意对应考者能力的培养，特别是自学能力的培养，要引导考生逐步学会独立学习，在自学过程中善于提出问题，分析问题，做出判断，解决问题。

7. 要使考生了解试题的难易与能力层次高低两者不完全是一回事，在各个能力层次中会存在着不同难度的试题。

8. 由于本课程实践性较强，故要求社会助学的组织机构结合考试大纲、教材对西门子S7-200 PLC的指令掌握和编程方法做重点的辅导，力争上机实习操作。

**六、关于考试内容和考试要求的说明**

1. 本大纲各章所提到的内容和考核目标都是考试内容。试题覆盖到章，适当突出重点。

2. 试卷中对不同能力层次试题比例大致是：“识记”为20%、“领会”为30%、“简单应用”为30%、“综合应用”为20%。

3. 要合理安排试题的难易程度，试题难易程度分为：易、较易、较难、难四个等级。每份试卷中不同难度试题的分数比例一般为2:3:3:2。

4. 试题类型分为：单项选择题、填空题、简答题、程序转换题、简单应用题和设计题等。

5. 考试采用闭卷笔试，考试时间150分钟，采用百分制评分，60分合格。

## V. 题型举例

**一、单项选择题**（每小题列出的四个备选项中只有一个是最符合题目要求的，请将其代码填写在题后的括号内。错选、多选或未选均无分。）

1. 以下关于PLC的说法，正确的是（　　）。

A. PLC是生产过程控制计算机的英文缩写

B. PLC是专门用于逻辑控制的PC的英文缩写

C. PLC是工业逻辑控制器的英文缩写

D. PLC是可编程逻辑控制器的英文缩写

2. 暂不考虑输出，18个DI，其中12个PNP输出接近开关、2个按钮、4个磁性开关，不使用扩展单元/模块，可选用（　　）。

A. CPU222　B. CPU224　C. CPU224XP　D. CPU226

**二、填空题**（请在每小题的空格中填上正确答案。错填、不填均无分。）

1. PLC采用典型的计算机结构，由中央处理器、________、输入输出接口电路和其他一些电路组成。

2. 在PLC中使用ROM和RAM两种类型的存储器，在ROM中一般存放PLC制造厂家编写的________程序。

## 三、简答题

1. PLC 基本硬件由哪几部分组成？各部分的主要作用是什么？

2. 什么叫扫描周期？它主要受哪些因素影响？

## 四、程序转换题

1. 将下面的梯形图程序转换为语句表程序。

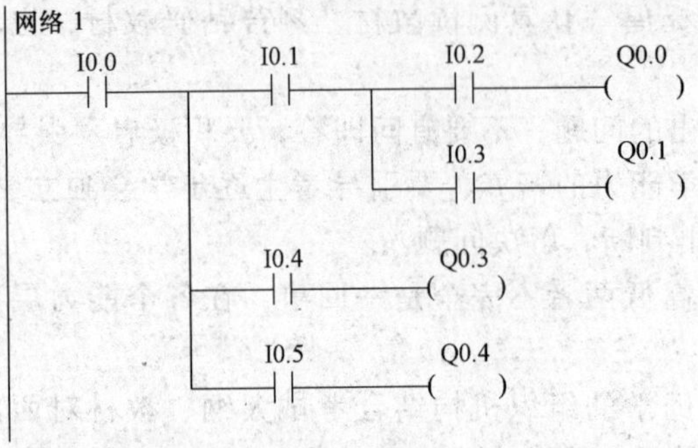

网络 1

I0.0 I0.1 I0.2 Q0.0

I0.3 Q0.1

I0.4 Q0.3

I0.5 Q0.4

2. 把下面的语句表程序转换为梯形图程序

网络 1

```
LD   I0.0
LPS
A    I0.1
LPS
A    I0.2
=    Q0.0
LPP
A    I0.3
=    Q0.1
LPP
LPS
A    I0.4
=    Q0.3
LPP
A    I0.5
=    Q0.4
```

## 五、简单应用题

1. 编写一个循环延时梯形图程序，要求 Q0.0～Q0.5 依次差 $\Delta T$ 时间相继动作，并由 I0.2 控制。

2. 已知给定的梯形图程序和输入波形如图所示，试画出 Q0.0、Q0.1 和 Q0.2 的输出波形。

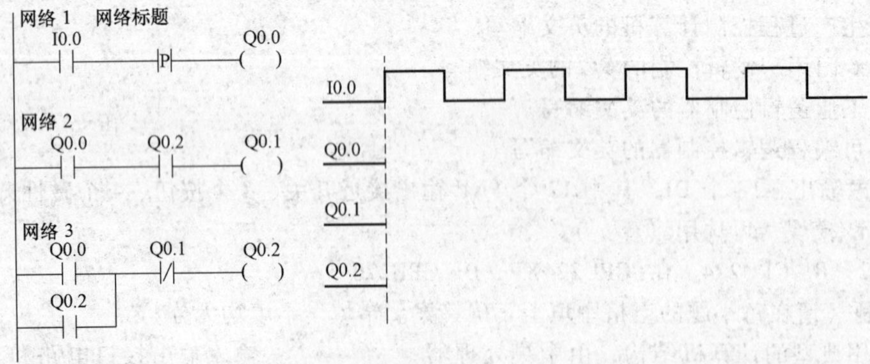


## 六、设计题

采用西门子 S7-200 PLC 设计一个异步电动机Y/△起动电路，要求绘出主电路、I/O 接线图、梯形图。

# 后　记

《可编程控制器原理与应用自学考试大纲》是根据全国高等教育自学考试指导委员会机械及轻纺化工类专业委员会制定的《高等教育自学考试机电一体化工程专业（专科）考试计划》和全国高等教育自学考试指导委员会《关于修订高等教育自学考试课程自学考试大纲的几点意见》的精神制定的。

2015 年 2 月机械及轻纺化工类专业委员会在天津大学召开审稿会议，对本大纲进行了评审，根据审稿会意见由编者做了修改，最后由机械及轻纺化工类专业委员会定稿。

本大纲由天津大学贾贵玺、张军和天津职业技术师范大学贾亦真负责编写。参加审稿并提出修改意见的有天津职业技术师范大学李全利教授、天津机电职业技术学院刘文芳教授和上海西门子工业自动化有限公司袁海嵘高级工程师。

对参与本大纲编写和审稿的各位专家表示感谢。

**全国高等教育自学考试指导委员会**

**机械及轻纺化工类专业委员会**

**2015 年 6 月**

全国高等教育自学考试指定教材

机电一体化工程专业（专科）

# 可编程控制器原理与应用

全国高等教育自学考试指导委员会　组编

# 编者的话

可编程控制器（Programmable Logic Controller，PLC）是一种以微处理器为核心的工业控制装置。随着计算机技术、网络通信技术、微电子技术和自动控制技术的发展，PLC也在不断地发展进步。PLC种类繁多，目前PLC产品主要由欧美和日本厂商生产，其中德国西门子公司的PLC产品以其优良的性能，成为我国在PLC应用中的主流机型。

本书以西门子公司的S7-200 PLC机型为主线，以STEP 7-Micro/WIN为编程系统平台，介绍了PLC的结构、工作原理、硬件配置、指令系统、编程方法和系统设计与应用实例。本书作者都是多年从事PLC应用的专业人员，具有丰富的教学与实践经验，本书所有内容都经过作者精心选编，具有很强的实用性和指导性。本书力求做到讲述清楚、语言流畅、便于自学，力求做到理论性和实践性并重。

本书由天津大学贾贵玺主编。具体编写分工如下：贾贵玺（第1章、第2章），张军（第3章），贾亦真（第4章、第5章），唐新宇编写了部分习题。全书由贾贵玺统稿。

本书由天津职业技术师范大学李全利教授担任主审，天津机电职业技术学院刘文芳教授、上海西门子工业自动化有限公司袁海嵘高级工程师参审，他们对本书的编写提出了非常宝贵的意见和建议，在此对各位评审专家表示最诚挚的谢意！

由于编者水平有限，书中难免出现一些不足之处，恳请读者批评指正，以便进一步修改和完善。

编者

2015年6月

# 第 1 章　可编程控制器概论

可编程控制器[㊀]简称 PLC，它是现代化工业发展的必然产物，PLC 是以微处理器为核心的工业控制装置。PLC 的种类繁多，不同生产厂家的产品各有特色，但作为工业标准通用控制装置，PLC 的结构、工作原理和使用方法等方面有一定共性。

本章主要讲述 PLC 的发展与特点，重点介绍 PLC 的结构、工作原理和工作方式。

## 1.1　PLC 的发展史和定义

### 1.1.1　PLC 的发展经历

20 世纪 60 年代，计算机技术迅速发展起来。但由于计算机技术本身的复杂性，编程难度高、难以适应恶劣的工业环境以及价格昂贵等原因，未能在工业控制中广泛应用。当时的工业控制，主要还是以传统的继电器、接触器组成的控制系统。1968 年，美国最大的汽车制造商——通用汽车（GM）公司，为适应汽车型号的不断翻新，以公开招标方式寻求一种新型的工业控制器，提出的设计要求是：尽可能减少重新设计和更换控制系统的硬件及接线、减少安装调试时间、降低成本；要将计算机的完备功能、灵活及通用等优点和继电器控制系统的简单易懂、操作方便、价格便宜等优点结合起来，制成一种适合于工业环境的通用控制装置；并把计算机的编程方法和程序输入方式加以简化，用“面向控制过程、面向对象”的“自然语言”进行编程，使不熟悉计算机的人也能方便地使用。1969 年，美国数字设备公司（DEC）根据上述要求，首先研制成功世界上第一台可编程控制器，并在通用汽车公司的自动装配线上试用成功，从而开创了工业控制的新局面。

早期的可编程控制器是为取代继电器控制线路、存储程序指令、完成顺序控制而设计的。它主要用于逻辑运算和计时、计数等顺序控制，均属开关量控制。所以称为可编程逻辑控制器（Programmable Logic Controller，PLC）。随着微电子技术的发展，这种控制器采用了通用微处理器，功能不断增强，不再局限于当初的逻辑运算了。因此，实际上应该称可编程控制器为 PC（Programmable Controller），但为了不和个人计算机（PC）混淆，目前仍习惯将可编程控制器称为 PLC。

至 20 世纪 80 年代，随着 16 位和 32 位微处理器的出现，PLC 得到了惊人的发展，使 PLC 在概念、设计、性能、价格以及应用等方面都有了新的突破。不仅控制功能增强，功耗和体积减小，成本下降，可靠性提高，编程和故障检测更为灵活方便，而且随着远程 I/O 和通信网络、数据处理以及图像显示的发展，使 PLC 向用于连续生产过程控制的方向发展，因此，PLC 与数控技术、CAD 技术、机器人一起称为现代工业生产自动化的四大支柱。

---

㊀ 在国家标准中称为可编程序控制器，本书使用可编程控制器。

### 1.1.2 PLC 的定义

PLC 自问世以来一直在发展中，其定义几经修改，国际电工委员会（IEC）于 1987 年发布的 PLC 标准的第三稿中，对 PLC 做了如下定义：PLC 是一种数字运算操作电子系统，专为在工业环境下应用而设计。它采用了可编程序的存储器，用来在其内部存储执行逻辑运算、顺序控制、定时、计数和算术运算等操作的指令，并通过数字式、模拟式的输入和输出，控制各种类型的机械或生产过程。可编程控制器及其有关的外围设备，都应按易于与工业控制系统形成一个整体、易于扩充其功能的原则设计。

定义指明了 PLC 应该是这样一种电子系统：抗干扰能力与可靠性高；软件编程方便；运算和控制能力强；便于和工业现场信号接口；功能与规模易于扩展。

## 1.2 PLC 的结构组成

### 1.2.1 PLC 的典型结构组成

PLC 的基本组成可归为四大部件：中央处理单元（通常简称为 CPU 模块）、输入模块、输出模块（通常简称为 I/O 模块）和电源模块。

另外，PLC 还必须有编程器，用于将用户程序写进规定的存储器内。

PLC 的基本组成框图如图 1-1 所示。

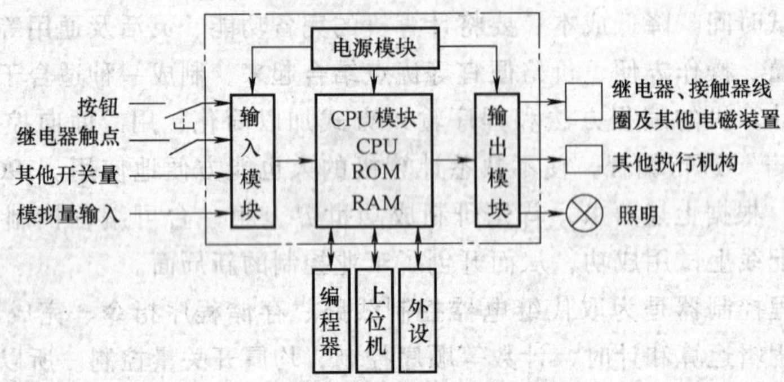


图 1-1 PLC 的基本组成框图

### 1.2.2 CPU 模块

CPU 模块主要由中央处理器（CPU）和存储器组成。

**1. 中央处理器**（CPU）

中央处理器（CPU）是 PLC 的核心部分，PLC 系统的工作过程都是在 CPU 的统一指挥和协调下工作。每台 PLC 至少有一个 CPU，在一些按功能分散处理的或根据容错技术而设计的高性能 PLC 中，可以包括多个 CPU，分别承担各自的控制功能。

CPU 的主要功能如下：

1）接收并存储从编程器输入的用户程序和数据。

2）用扫描方式接收现场输入装置的状态或数据，并存入输入映像寄存器或数据寄存器。

3）执行用户程序，进行数据处理，根据运算结果，更新有关标志位的状态和输出映像寄存器的内容，实现输出控制。

4）诊断电源和 PLC 内部电路的工作状态及编程过程中的语法错误。

**2. 存储器**

PLC 常用的存储器芯片有以下三种：

1）随机存储器（RAM）　RAM 是易失性存储器，掉电后存储的内容（数据）将丢失，其特点是可以写入也可以读出内容（数据），且读、写速度非常快，用来存放用户数据。

2）只读存储器（ROM）　只读存储器是非易失性存储器，掉电后存储的内容（数据）不会丢失，其特点是其内容（数据）只能读出，不能写入。

3）电可擦写只读存储器（EEPROM）　EEPROM 也是非易失性存储器，特点是可以由用户对其编程，兼有 ROM 的非易失性和 RAM 的随机读写功能，但是将信息写入所需时间比 RAM 要长得多，通常用于存储用户程序和需要长期保存的重要数据。

CPU 模块中有两种存储器：系统程序存储器和用户存储器。

系统程序存储器用于存放系统程序，由 PLC 生产厂家固化在只读存储器（ROM）中，不能由用户直接存取。系统程序相当于计算机中的操作系统，包括监控程序、管理程序、指令解释程序、系统诊断程序等。

用户存储器用于存放数据和用户程序，采用随机存储器（RAM）和电可擦写只读存储器（EEPROM）。

**3. 用户程序和数据的存放形式**

任何语言编写的程序都要经过翻译，变成机器代码，才能顺序存放在用户程序存储器（RAM 或 EEPROM）中。除了程序代码，用户数据也很重要。

因为系统程序不能由用户直接存取，所以通常 PLC 产品资料中所指的存储器形式或存储方式及容量，都是指用户程序存储器而言。PLC 的用户存储器通常以字节（8 位/字节）或字（16 位/字）为单位来表示存储容量。

### 1.2.3　输入/输出（I/O）模块

PLC 的 I/O 模块是 CPU 与现场 I/O 装置或其他外部设备之间的连接部件，包括 I/O 接口电路和 I/O 映像寄存器。

I/O 模块可与 CPU 放在一起构成基本配置，也可以根据需要进行扩展。通常 I/O 模块上都具有状态显示的 LED 指示灯和用于与现场设备连接的接线端子排。PLC 厂家提供了各种用途的 I/O 模块供用户选用。

一个 PLC 控制系统由输入部分、逻辑部分和输出部分组成，如图 1-2 所示。各部分的主要作用如下：

· 输入部分由外部信号和输入变换器组成，作用是收集并保存被控对象实际运行的数据和信息，主要是来自被控对象上的各种开关信息或操作台上的操作命令等。

· 逻辑部分由 CPU 和存储器组成，作用是处理输入部分所取得的信息，并按照被控对象实际的动作要求执行相应的逻辑功能。

· 输出部分由输出变换器及其输出的信号组成，作用是对需要操作的控制对象提供实时操作信号。

由于输入信号一般为开关信号或电压、电流信号，必须将它们转换成微处理器所能接受的电平信号，所以必须有输入变换器，也就是 PLC 的输入模块。同样，微处理器输出的电平信号，也必须转换成控制设备所需的开关信号或电压、电流信号。所以也需要有输出变换器，也就是 PLC 的输出模块。此外，输入、输出部分与逻辑部分之间必须有电气隔离措施，防止外部干扰信号进入 PLC 内部，影响和破坏 PLC 的正常工作。

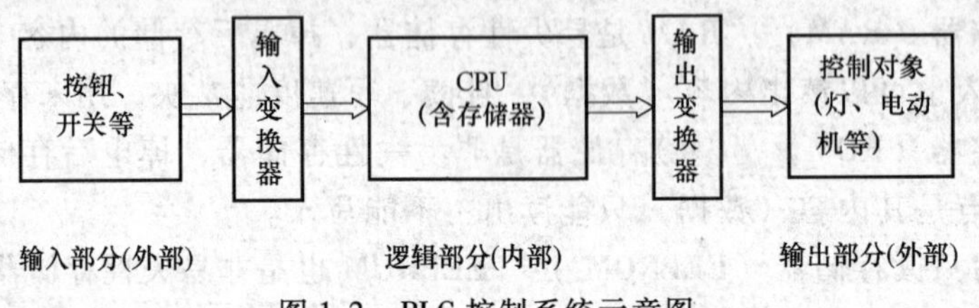


图 1-2　PLC 控制系统示意图

**1. 输入模块**

PLC 输入模块的类型可以分为模拟量和开关量两大类，模拟量输入模块用来接收电位器和各种变送器传来的模拟量电信号；开关量输入模块用来接收按钮、行程开关、转换开关、接近开关、继电器送来的开关量信号，还具备高速脉冲输入口。开关量信号输入电路的电源分为直流和交流两种。图 1-3 为直流输入接口电路的电路图，框外左侧为外部用户接线，图中只画出一个输入点的输入电路，各个输入点对应的输入电路均相同。输入电路的接口电路与内部电路采用光耦合器相连，起到防止干扰和隔离的作用。其工作原理如下：当外部有开关闭合时，将输入电路与外接电源接通，LED 指示灯发光对外显示此路有输入信号，此输入点对应的位由 0 变为 1。同时光耦合器中的发光管使光敏晶体管导通，信号进入内部电路，即输入映像寄存器的对应位由 0 变为 1。图 1-4 为交流输入接口电路的电路图，LED 指示灯和光耦合器中的发光管均为两个反并联的发光二极管，故可以接收外部交流输入电压源，其工作原理与直流输入接口电路相同。

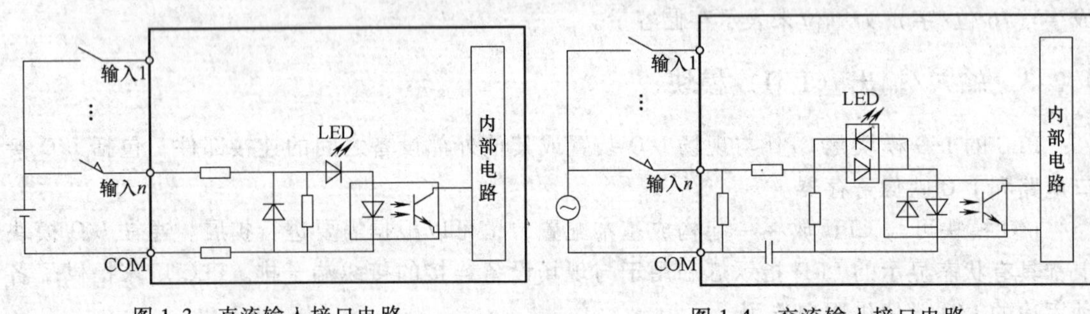


图 1-3　直流输入接口电路　　图 1-4　交流输入接口电路

**2. 输出模块**

PLC 的输出模块类型也可以分为模拟量和开关量两大类。对于不同的负载，开关量输出模块有继电器、晶体管和晶闸管三种输出接口型式，负载的电源均由外部供给，且都具有电气隔离措施。继电器输出型式实际应用中使用得最多，既可以接交流也可以接直流负载，过载能力较强，但缺点是继电器触点通断动作速度较慢且寿命（动作次数）有限，还应注意，PLC 输出模块的继电器触点通流能力≤2A，不能直接驱动大功率负载，如控制电动机、电加热等电器，需配合接触器完成驱动。晶体管输出型式可以接直流负载，也可以输出 TTL 电平和高速脉冲信号，工作速度最快，寿命长，缺点是晶体管的过载能力较差；晶闸管输出型式只能用于交流负载，工作速度和过载能力适中，实际中采用得较少。图 1-5 为（一路）继电器输出型式的电路图，图中的压敏电阻 RV 和阻容 *RC* 缓冲电路有防止过电压和灭弧的作用。图 1-6 为（一路）场效应晶体管输出接口电路的电路图，图中的稳压管 VS1 和 VS2 起输出信号限幅作用。它们的工作原理相似：当内部电路有输出信号时，输出映像寄存器的对应位由 0 变为 1，对应的 LED 发光二极管（LED）发光，对外指示此路有输出信号，相应的继电器触点闭合或场效应晶体管导通，使负载与外接电源接通。

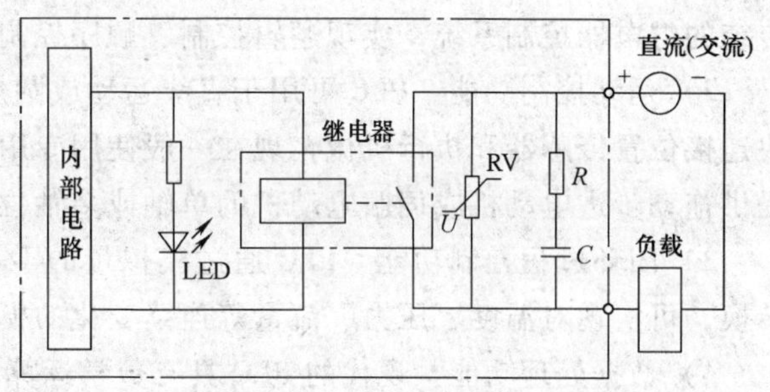


图 1-5　继电器输出型式（交、直流负载）

### 1.2.4　电源模块

PLC 通常需要低压 5V 和 ±12V 直流电源供电，电源模块的作用就是为 PLC 提供高质量直流电源。大多数机型还可以向外输出 DC 24V 稳压电源，为现场的开关信号、外部传感器用电提供方便。

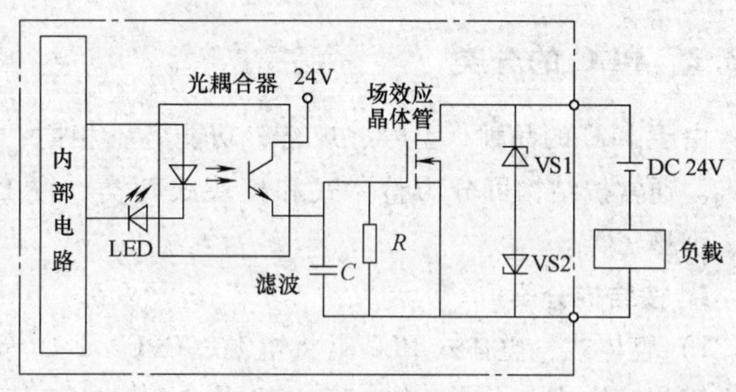


图 1-6　场效应晶体管输出方式（直流负载）

### 1.2.5　编程工具

编程工具的作用是实现与 PLC 的人机对话，主要用来编辑、调试和修改用户程序，还可以用来检测 PLC 的内部状态和参数。

最初 PLC 的编程工具是一个手持编程器，体积小、携带方便，但功能单一，只能现场联机并采用指令（语句表）对 PLC 编程。目前广泛采用个人计算机安装相关的编程软件后，再配备一根专用通信电缆，构成 PLC 的开发编程工具。功能较手持编程器要强大许多，既可联机（在线）也可脱机（离线）编程；既可以采用指令（语句表）编程，也可以用梯形图等语言编程；可随时将编辑好的用户程序下载到 PLC，也可以将 PLC 中的用户程序上传到计算机保存。许多 PLC 厂家的编程软件不仅可以编辑、修改用户程序，而且还可以监控系统的运行状况，对工业现场和系统进行仿真等。

## 1.3　PLC 的功能与分类

### 1.3.1　PLC 的基本功能与应用

PLC 的各种基本功能可归纳为以下几种：

1）开关量的逻辑控制功能　这是 PLC 的最基本功能、有着最广泛的应用领域。它取代传统的继电器控制系统，实现逻辑控制、顺序控制、定时功能、计数功能。

2）运动控制功能　PLC 可用于直线运动或圆周运动的控制。早期直接用开关量 I/O 模块连接位置传感器和执行机械，现在一般使用专用的运动控制模块。目前，PLC 制造商已能提供拖动步进电动机或伺服电动机的单轴或多轴位置控制模块。

3）闭环过程控制功能　PLC 通过模拟量的 I/O 模块实现模拟量与数字量的 A-D、D-A 转换，可实现对温度、压力、流量等连续变化的模拟量的 PID 控制。

4）数据处理功能　现代的 PLC 具有数学运算（包括矩阵运算、函数运算、逻辑运算），数据传递、排序和查表、位操作等功能；可以完成数据的采集、分析和处理。

5）通信联网功能　现代 PLC 的网络通信功能很强，除了具有 PLC 与 PLC 之间的通信和联网功能以外，PLC 还可以与上位机和其他智能设备进行通信和联网。因此，PLC 可以适用于各种层次工业自动化网络的不同需要。

并不是所有的 PLC 都具有上述的全部功能，有的小型 PLC 只具有上述部分功能，但价格比较便宜。

### 1.3.2　PLC 的分类

由于 PLC 的品种、型号、规格、功能各不相同，要按统一的标准对它们进行分类十分困难。通常按结构可分为整体式和模块式两类；按 I/O 点数和存储器规模又可划分成大、中、小型三类。

**1. 按结构分类**

1）整体式　整体式 PLC 是将电源、CPU、I/O 等功能模块和通信接口都集中在一个塑料机箱内，构成一台小巧的 PLC。整体式 PLC 本身所带的 I/O 端子有限，根据需要还可以扩展 I/O 模块和其他功能模块。

整体式 PLC 的特点是结构紧凑、体积小、价格低、安装简便，适用于简单控制系统。

2）模块式　模块式 PLC 是按不同功能做成各种模块供选用，设计控制系统时，根据需要选用合适的功能模块与相应的机架，然后将选好的模块插在机架的插槽上，机架背板上的布线将这些功能模块的控制线、数据线以及电源线连接起来，即构成一个控制系统。

模块式 PLC 的特点是配置灵活，可根据需要选配各种功能模块构成不同规模的控制系统，而且装配简单，调试、维护方便，适用于大规模复杂控制系统。

**2. 按规模大小分类**

1）小型 PLC　I/O 点数≤256 点；单 CPU；结构上一般采用整体式，如德国西门子公司的 S7-200 型；美国通用电气（GE）公司 GE-Ⅰ型；美国德州仪器公司的 TI100 型；日本三菱公司的 FX 型；日本欧姆龙公司的 CPM2A 型。

2）中型 PLC　I/O 点数在 256～2048 点之间；双 CPU；结构上一般采用模块式，如德国西门子公司的 S7-300 型；日本欧姆龙公司的 CJ1M 型；美国 GE 公司 GE-Ⅲ 型。

3）大型 PLC　I/O 点数＞2048 点；多 CPU；结构上统一采用模块式，如德国西门子公司的 S7-400 型；美国 GE 公司 GE-Ⅳ型；日本欧姆龙公司的 C-2000 型；日本三菱公司的 K3 型等。

## 1.4 PLC 的特点和工作原理

### 1.4.1 PLC 的特点

与一般控制装置相比较，PLC 具有以下特点：

**1. 可靠性高，维护方便**

工业生产对控制设备的可靠性要求是：无故障工作时间长，故障修复时间短。为此，各 PLC 的生产厂商在硬件和软件设计上采取了多种方法，PLC 的硬件设计中采用了屏蔽、滤波、光电隔离等措施；软件设计中采用了故障检测、信息保护、警戒时钟（看门狗）等措施。使 PLC 的抗干扰能力大大增强，可以适应各种恶劣的工作环境，其平均无故障时间可达几万小时，这比传统的继电-接触器控制系统要高得多。PLC 还便于维护，具有自诊断能力，出现故障后能及时给出出错信息，并可通过更换某个模块或插件迅速排除自身故障。

**2. 通用性强，使用灵活**

PLC 品种齐全的各种硬件装置，可以组成能满足各种要求的控制系统，用户不必自己再设计和制作硬件装置。用户在硬件确定以后，在生产工艺流程改变或生产设备更新的情况下，不必改变 PLC 的硬设备，只需改编程序就可以满足要求。

**3. 功能完善，适应面广**

现代 PLC 不仅有逻辑运算、计时、计数、顺序控制等功能，还具有数字和模拟量的输入输出、功率驱动、通信、人机对话、自检、记录显示等功能；既可以控制一台生产机械，也可以控制一条生产线，又可控制一个生产过程。PLC 在工厂自动化集中控制、网络连接控制中也被大量采用。

**4. 编程简单，容易掌握**

目前，大多数 PLC 都采用继电控制形式的“梯形图编程方式”。既继承了传统控制电路的清晰直观，又考虑到大多数工厂企业电气技术人员的读图习惯及编程水平，所以非常容易接受和掌握。梯形图语言的编程元件的符号和表达方式与继电器控制电路原理图相当接近。通过阅读 PLC 的用户手册或短期培训，电气技术人员很快就能学会用梯形图编制控制程序。

**5. 体积小巧、结构紧凑**

PLC 是将微电子技术应用于工业设备的产品，坚固耐用，体积小，重量轻，功耗低。并且由于 PLC 的抗干扰能力强，易于装入设备内部，是实现机电一体化的理想控制设备。

### 1.4.2 PLC 的工作原理

PLC 采用循环扫描的工作方式，其工作过程如图 1-7 所示。

PLC 通电后，在未进入正式运行前，首先应确定自身的完好性，检查电源系统是否正确，消除各元件的随机状态，进行清零或复位处理，这就是接通电源后的初始化操作。

当 PLC 投入运行后，其工作过程主要分为三个阶段，即输入采样、用户程序执行和输出刷新三个阶段。在整个运行期间，PLC 的 CPU 以一定的扫描速度重复执行上述三个阶段，完成上述三个阶段和一次系统自检称作一个扫描周期，扫描周期的时间长短与 CPU 的执行指令速度和用户程序大小有关，一般 PLC 的扫描周期为几至几十毫秒。

**1. 输入采样阶段**

在输入采样阶段，PLC以扫描方式依次地读入所有输入信号状态和数据，并将它们存入输入映像寄存器的相应单元内。输入采样结束后，转入用户程序执行和输出刷新阶段。在这后两个阶段中，即使输入状态和数据发生变化，输入映像寄存器中的相应单元的状态和数据也不会改变。由于PLC扫描周期一般仅几十毫秒，两次采样之间的间隔时间很短，对一般的开关量而言，可以认为采样是连续的。

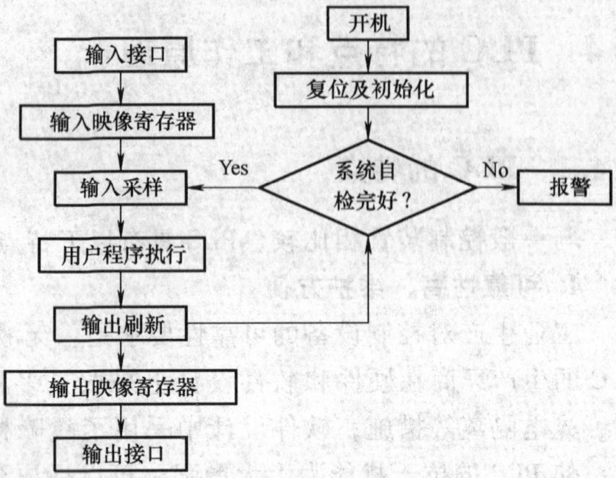

图1-7 PLC工作过程框图

**2. 用户程序执行阶段**

在用户程序执行阶段，PLC总是按先左后右、自上而下的顺序依次地扫描用户程序（梯形图），进行各种运算，然后根据运算的结果，刷新输出映像区中对应位的状态。由于在同一扫描周期内对每一个输入量只采样一次，因此在执行用户程序期间不会发生运算结果混乱。

**3. 输出刷新阶段**

当扫描用户程序结束后，PLC就进入输出刷新阶段。在此期间，CPU按照输出映像寄存器内对应的状态和数据刷新所有的输出锁存电路，并经输出电路驱动相应的外部负载。

## 1.4.3 PLC与继电器控制系统的比较

PLC是从继电器控制系统基础上发展起来的，因此两者既有相似性又有很大区别。与传统的继电-接触器控制系统相比，PLC具有以下优点：

**1. 软件控制、速度提高**

PLC采用软件控制的电子开关（软继电器）取代继电-接触器控制系统中传统意义的物理继电器。软继电器开关速度快、没有机械磨损。每个软继电器的触点的数量和使用次数不受限制。而每个物理继电器所带触点不仅数量有限，而且触点开关速度（几～几十次/s）和使用寿命也受限制（一般为几十万次）。

**2. 使用灵活、适应性强**

PLC硬件为标准积木式结构，外部接线非常简单，控制功能主要由软件来实现，改变控制方案和工艺流程时，一般只需修改软件（用户程序），非常灵活方便。PLC还可像搭积木那样扩充控制系统规模和增加功能。而继电-接触器控制是将各个独立的器件及触点按固定接线方式连接来实现控制要求，所以，一经设计安装完成，哪怕是一点点控制功能的改变，也需要改变线路，而控制方案和工艺流程改变时，则需要重新设计、更改设备并重新安装线路。

**3. 接线简单、调试快捷**

由于PLC采用了软件来取代继电器控制系统中大量的中间继电器、时间继电器、计数器等器件，控制柜的设计安装接线工作量大为减少。同时，PLC的用户程序可以在实验室模拟调试，更减少了现场的调试工作量。

**4. 串行工作，可靠性高**

采用循环扫描工作方式是 PLC 与继电-接触器控制的重要区别之一。继电-接触器控制是按“并行”（即同时执行）方式工作的，只要形成电流通路，就可能有几个继电器同时动作。而 PLC 以反复扫描的方式工作，循环、连续地逐条执行程序，任一时刻 PLC 只能执行一条指令，也就是说 PLC 是以“串行”方式工作的。这种串行工作方式可以避免像继电-接触器控制那样发生触点竞争和时序失配问题，大大提高了其可靠性。由于 PLC 的扫描速度很快，一般察觉不到 PLC 串行工作的动作时延。

**5. 体积小巧，能耗降低**

复杂的控制系统采用 PLC 以后，可以减少大量的中间继电器、时间继电器以及接线和配件，因此控制柜的体积可以大大缩小，节省了原材料的投资，同时系统自身能耗也明显下降。

### 1.4.4 PLC 与其他控制系统的区别

**1. PLC 与微型计算机的区别**

微型计算机是在以往计算机和大规模集成电路的基础上发展起来的，其特点是运算速度快，存储和处理数据与信息量大，有丰富的应用软件和实时操作系统支持，复杂计算和科学管理都离不开它。而 PLC 是面向工业控制的专用计算机，其特点是抗干扰能力强，各种功能模块齐全，设计、安装与维护方便，编程简单，不需要太快的程序执行速度和太大的数据存储空间，适用于组成各种工业控制系统。

**2. PLC 与单片机控制系统的区别**

单片机是基于芯片级的系统，其特点是一般设计成单板结构，适合用于家电、仪器、仪表、电动玩具等大批量产品，但必须有专业人员进行软硬件底层设计，且开发周期长。PLC 本质上就是一个开发好的单片机系统。PLC 的特点是在成品的基础上进行二次开发，适用于工业、制造业领域的自动化生产和工程控制，构成系统简单，编程容易，不需要太多理论知识，普通电气工程技术人员经过短期培训就可以很快掌握 PLC 的基本使用方法。因为这两种控制系统的使用场合和控制对象完全不同，所以在成本上不具有可比性。

**3. PLC 与集散控制系统（DCS）的关系**

PLC 是由继电器逻辑控制发展而来的，而 DCS 是由仪表过程控制发展而来的，但两者的起源都离不开计算机控制技术的发展。早期 PLC 在开关量控制、顺序控制方面有一定优势，DCS 在模拟量过程控制方面有一定优势。如今两者相互渗透、互为补充，差别已不太明显，都可以构成复杂的现场总线式分布控制系统（FCS）。

## 1.5 PLC 的发展动向

### 1.5.1 PLC 的应用现状

随着微电子技术的飞速发展，微处理器的芯片及有关的元件价格大大降低，PLC 的成本大幅下降，功能显著增强，性价比不断提高，因而其应用日益广泛。目前 PLC 的应用领域有钢铁、采矿、水泥、石油、化工、电力、机械制造、汽车、装卸、造纸、纺织、环保等各行各业。

PLC 自问世以来，经过 40 多年的发展，功能越来越强，品种不断翻新，性价比不断提高，全世界每年的总销售量不断上升，已成为重要的产业之一。

目前，世界上有200多个厂家生产PLC，知名度比较高的有德国的SIEMENS（西门子）公司；美国的AB公司、GE（通用电气）公司、MODICON（莫迪康）公司；日本的MITSUBISHI（三菱）公司、FUJI（富士）公司、OMRON（欧姆龙）公司、松下电工公司等；法国的TE公司、SCHNEIDER（施耐德）公司；韩国的三星公司、LG公司等。

### 1.5.2 PLC的发展趋势

1）产品规模向大、小两个方向发展　大型PLC的发展方向是多CPU并行工作、大容量存储器、扫描速度高速化。小型PLC由整体结构向小型模块化结构发展，增加了配置的灵活性，降低了成本。

2）PLC在闭环过程控制中的应用日益广泛。

3）加强集中控制和网络连接能力。

4）不断开发适应不同控制要求的特殊功能模块　高性能的PLC除了主要采用高档CPU以提高处理速度外，还有带处理器和EPROM或RAM的智能I/O模块、高速计数模块、远程I/O模块等专用化模块。

5）编程工具丰富多样，功能不断提高，编程语言趋向标准化。

6）发展容错技术　采用热备用或并行工作、多数表决的工作方式，不断提高可靠性。

7）追求软硬件的标准化。

**【本章小结】**

本章介绍了PLC的定义、发展史和发展趋势。

1）PLC的特点。重点介绍了PLC的结构、各主要部件的功能以及它们之间的关系。

2）PLC采用不断循环、顺序扫描的工作方式。

3）PLC的主要技术性能指标与分类。

4）PLC与继电器控制系统、其他控制系统的区别。

**思考题与习题**

1.1　PLC是由哪几个主要部分组成的？各部分有什么作用？

1.2　PLC主机内部有哪几种存储器？各有什么特点？

1.3　PLC的输入、输出继电器有什么作用？

1.4　为什么称PLC的继电器为软继电器？和物理继电器相比，软继电器在使用上有何特点？

1.5　PLC的输出端口有哪几种类型？

1.6　为什么PLC的输入、输出模块中要设置光耦合器？

1.7　PLC的主要指标有哪些？各指标的意义是什么？

1.8　整机式和模块式PLC各有什么特点？分别适用于什么场合？

1.9　什么是PLC的扫描周期？其扫描过程分为哪几个阶段？各阶段完成什么任务？

1.10　PLC控制与继电器控制的工作方式有何不同？

1.11　与继电-接触器控制系统相比，PLC控制系统有哪些主要优点？两者的主要区别是什么？

1.12　PLC控制系统与微型计算机、单片机控制系统的区别有哪些？

# 第 2 章　S7-200 PLC 的结构与编程基础

S7-200 PLC 是德国西门子公司开发生产的小型 PLC 产品，具有体积小、价格低、功能强大的优点，在我国工业自动化领域得到广泛的应用。

本章主要介绍 S7-200 PLC 的型号、技术参数以及 PLC 的编程基础。

## 2.1　S7-200 PLC 的特点与组成原理

S7-200 PLC 具有以下特点：

1）运算速度快。执行一条基本逻辑控制指令的时间仅为 0.22μs。

2）输入/输出的响应速度快。S7-200 PLC 内部集成的高速输入脉冲计数器，最高计数频率为 200kHz,；高速脉冲输出的最高输出频率可达 100kHz。

3）功能强大的编程软件。编程软件 STEP 7-Micro/WIN V4.0 可以在包括中文在内的多种语言环境下编程，有梯形图、语句表和功能块编程语言，S7-200 PLC 的指令丰富、功能强大，易于掌握。

4）强大的通信功能。S7-200 CPU 模块上带有一个或两个 485 标准的串行通信接口，可用于编程或通信；支持 PLC 与 PLC 之间（PPI）通信，多个通信设备之间（MPI）通信，以及自由端口通信等。

5）丰富的扩展模块，方便系统集成。S7-200 PLC 有多种功能模块供选择，其中 CPU（主机）模块为主机模块，最多可以带 7 个扩展模块。非常方便用户根据需要构成或扩展各种控制系统。此外 S7-200 PLC 还配套有操作面板和触摸屏，方便用户文本显示或人机对话。

## 2.2　S7-200 PLC 的 CPU 模块

S7-200 PLC 的 CPU 模块集 CPU、存储器、I/O 接口、电源于一体，本身就是一个小型整体式 PLC，S7-200 PLC 的 CPU 模块的外形如图 2-1 所示。

图 2-1 中各部分功能如下：

1）状态 LED：用于显示 CPU 所处的工作状态，SF（System Fault）系统错误；RUN 运行；STOP 停止。

2）外接卡插槽：用于插入外接 EEPROM 卡、时钟卡或电池卡。

3）通信口（PORT）：用于连接 RS-485 通信电缆。

4）电源及输出端子：连接供电电源和外部设备的端子。

5）输入端子：连接输入设备的端子。

6）传感器电源：提供给输入设备或传感器的 24V 直流电源。

7）I/O LED 指示灯：用于指示 I/O 端口的状态，当某端口的状态为 ON 时，对应的 LED 指示灯亮。

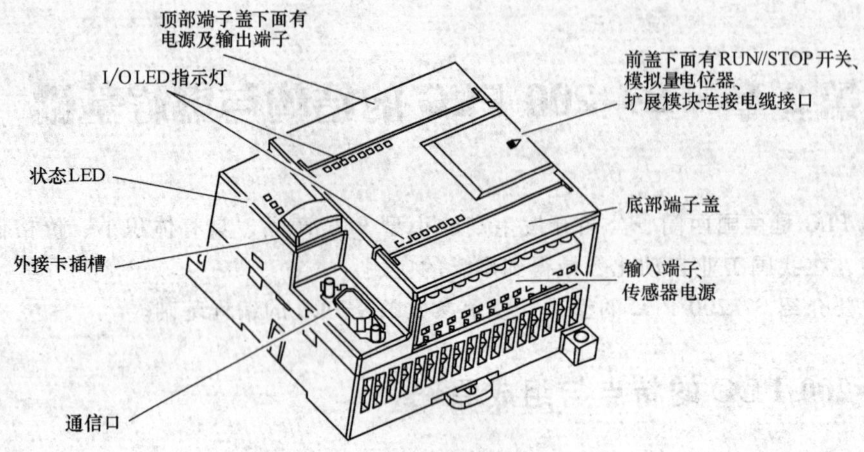


图 2-1 S7-200PLC 的 CPU 模块的外形

8）RUN/STOP 开关：用于手动设定 PLC 的工作模式，编程时将开关拨到 STOP 位置；调试时可将开关拨到监控位置；运行时将开关拨到 RUN 位置。

9）模拟量电位器：可作为模拟量设定接口。

10）扩展模块连接电缆接口：用于连接扩展模块。

S7-200 PLC 的 CPU 模块有 CPU21X 和 CPU22X 两代产品，其中 CPU22X 型是较新一代产品，目前市场上有 CPU 221、CPU 222、CPU 224、CPU 226 四种基本模块。每种模块中又分为直流 24V 电源供电/内部直流供电/晶体管输出（DC/DC /DC）和交流 120 ~240V 电源供电/内部直流供电/继电器输出（ AC/DC/RLY）两种类型，如图 2-2、图 2-3 所示。

每路晶体管输出最大电流 0.75mA（电阻负载），最大延时 130μs。

每路继电器输出最大电流 2A（电阻负载），最大延时 10ms，额定负载下触点寿命 100000 次。

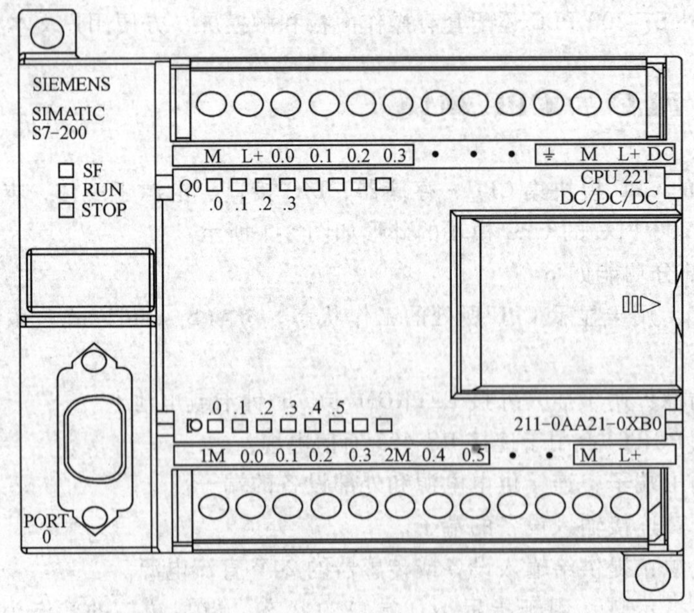


图 2-2 CPU 221（DC/DC/DC）模块正视图

图 2-2 所示 CPU 221（DC/DC/DC）模块下方的端子排中：I0.0～I0.5 为 6 个输入信号接入点；1M 为输入端 I0.0～I0.3 的公共参考点；2M 为输入端 I0.4～I0.5 的公共参考点；右下方 L+和 M 为模块提供的 DC 24V 电源的正极和负极，可作为传感器和输入电路供电电源，一般情况可将 1M、2M 与 M 接在一起。

图 2-2 上方的端子排中：Q0.0～Q0.3 为 4 个晶体管输出信号引出点；左上方 M、L+为输出端 Q0.0～Q0.3 的供电电源接入端；右上方⏚为接地保护端子、L+和 M 为 DC 24V 供电电源的正极和负极供电接入端子。

图 2-3 所示 CPU 222（AC/DC/RLY）模块下方的端子排中：I0.0～I0.7 为 8 个输入信号接入点；1M 为输入端 I0.0～I0.3 的公共参考点；2M 为输入端 I0.4～I0.7 的公共参考点；右下方 L+和 M 为模块提供的 DC 24V 供电电源的正极和负极，可作为传感器和输入电路供电电源，一般情况可将 1M、2M 与 M 接在一起。

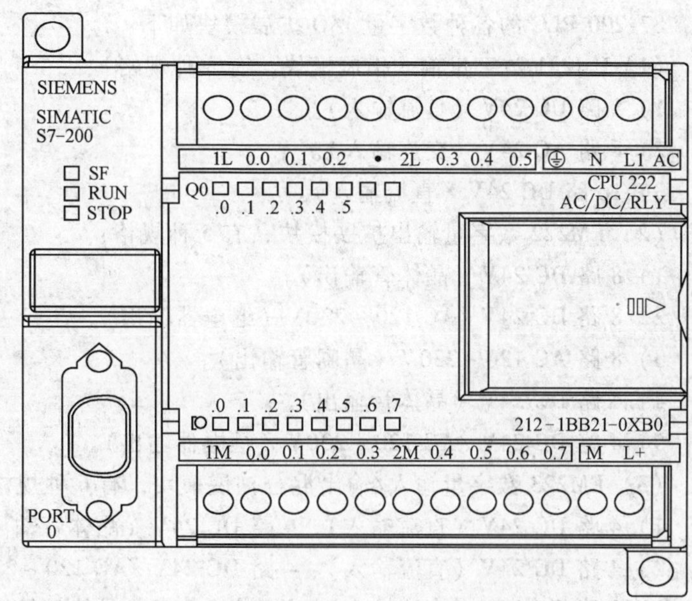


图 2-3　CPU 222（AC/DC/RLY）模块正视图

图 2-3 上方的端子排中：Q0.0～Q0.5 为 6 个输出继电器信号引出点；1L 为输出端 Q0.0～Q0.2 的公共参考点，2L 为输出端 Q0.3～Q0.5 的公共参考点；右上方⏚为接地保护端子；L1（相线）、N（中性线）为交流供电电源输入点。

CPU22X（主机）模块主要技术参数见表 2-1。

**表 2-1　CPU22X（主机）模块主要技术参数**

| 主要参数 | CPU221 | CPU222 | CPU224 | CPU224XP | CPU226 |
|---|---|---|---|---|---|
| 主机数字量 I/O | 6 入/4 出 | 8 入/6 出 | 14 入/10 出 | 14 入/10 出 | 24 入/16 出 |
| 主机模拟量 I/O | 无 | 无 | 无 | 2 入/1 出 | 无 |
| 可扩展模块数量 | 0 | 2 个 | 7 个 | 7 个 | 7 个 |
| 最大可扩展数字量 I/O 点数 | 0 | 78 | 168 | 168 | 248 |
| 最大可扩展模拟量 I/O 点数 | 0 | 10 | 35 | 38 | 35 |
| 用户程序存储容量/运行模式 | 4096 字节 | 4096 字节 | 8192 字节 | 12288 字节 | 16384 字节 |
| 数据存储容量 | 2048 字节 | 2048 字节 | 8192 字节 | 10240 字节 | 10240 字节 |
| 高速计数输入:单相 | 4 路 30kHz | 4 路 30kHz | 6 路 30kHz | 4 路 30kHz<br>2 路 200kHz | 6 路 30kHz |
| 双相 | 2 路 20kHz | 2 路 20kHz | 4 路 30kHz | 3 路 20kHz<br>1 路 100kHz | 4 路 20kHz |
| 高速脉冲输出(DC) | 2 路 20kHz | 2 路 20kHz | 2 路 20kHz | 2 路 100kHz | 2 路 20kH |
| 模拟量调节电位器/8 位 | 1 个 | 1 个 | 2 个 | 2 个 | 2 个 |
| RS-485 通信接口 | 1 | 1 | 1 | 2 | 2 |
| 实时时钟 | 外加时钟卡 | | 内置 | | |
| 外形尺寸/(mm×mm×mm) | 90×80×62 | 90×80×62 | 120×80×62 | 140×80×62 | 196×80×62 |

CPU22X（主机）模块掉电后内部超级电容可使数据保持 50～100h，若外接电池卡，数据可保持 200 天。

除了 CPU221 外，其他均可以在 CPU22X（主机）模块基础上扩展模块，主机模块与扩展模块需要用专用扁平电缆连接。

## 2.3 S7-200 PLC 的数字量 I/O 扩展模块

S7-200 PLC 的各种数字量 I/O 扩展模块如下：

（1）EM221 数字量输入扩展模块，有 3 种规格：

1）8 路 DC 24V（直流输入）。

2）8 路 AC 24V（交流输入）。

3）16 路 DC 24V（直流输入）。

（2）EM222 数字量输出扩展模块，有 5 种规格：

1）8 路 DC 24V（晶体管输出）。

2）8 路 DC 24V /AC 120～230V（继电器输出）。

3）8 路 AC 120～230V（晶闸管输出）。

4）4 路 DC 24V（晶体管输出）。

5）4 路 DC 24V /AC 120～230V（继电器输出）。

（3）EM223 数字量输入/输出混合扩展模块，有 6 种规格：

1）4 路 DC 24V（直流输入）、4 路 DC 24V（晶体管输出）。

2）4 路 DC 24V（直流输入）、4 路 DC 24V /AC 120～230V（继电器输出）。

3）8 路 DC 24V（直流输入）、8 路 DC 24V（晶体管输出）。

4）8 路 DC 24V（直流输入）、8 路 DC 24V /AC 120～230V（继电器输出）。

5）16 路 DC 24V（直流输入）、16 路 DC 24V（晶体管输出）。

6）16 路 DC 24V（直流输入）、16 路 DC 24V /AC 120～230V（继电器输出）。

## 2.4 S7-200 PLC 的模拟量 I/O 扩展模块

在工业控制中，有许多电压、电流、温度、压力等随时间连续变化的模拟信号，S7-200 PLC 中提供了专用的模拟量 I/O 扩展模块。

1）EM231　4 路模拟量输入模块。

2）EM231TC　4 路热电偶温度输入模块。

3）EM231RTC　2 路热电阻温度输入模块。

4）EM232　2 路模拟量输出模块。

5）EM235　4 路模拟量输入/1 路模拟量输出模块。

## 2.5 S7-200 PLC 的通信扩展模块

S7-200 PLC 除了主机带有的 RS-485 通信接口外，还可以连接通信扩展模块，来扩大其接口数量和联网能力。

1）EM277　Profibus-DP 从站模块，同时也支持 MPI 从站通信。

2）EM241　调制解调器（Modem）通信模块。

3）CP243-1　工业以太网通信模块。

4）CP243-1 IT　工业以太网通信模块，同时提供 Web/E-mail 等 IT 应用。

5）CP243-2　AS-Interface 主站模块，最多可连接 62 个 Interface 从站。

## 2.6　PLC 控制系统的配置原则

PLC 控制系统的配置即 PLC 控制系统的硬件构成，是 PLC 控制系统设计的第一步。合理进行 PLC 控制系统的配置，充分发挥 PLC 的功能与作用，是控制系统取得较好经济效益的关键环节。PLC 控制系统配置应遵循的原则是：

**1. 系统的完整性**

在系统配置前充分了解使用系统的目的，即 PLC 控制系统的控制对象、控制规模，以及完成什么任务。根据系统要求从 CPU（主机）模块、电源模块、扩展模块、内存等方面全面考虑，必须做到所配置的系统既不能丢项，又要在性能上略高于系统的实际要求。

**2. 系统的可靠性**

控制系统的可靠性设计一方面要考虑所选择的 PLC 质量、技术指标，另一方面必须考虑增加必要的软硬件可靠性措施。

**3. 系统的可扩展性**

系统设计时就要考虑到随着生产技术、生产规模的未来发展，PLC 控制系统可以进行进一步扩展。

**4. 经济性**

进行 PLC 控制系统设计时需从 PLC 的性价比、技术服务，系统本身的全部费用，系统的经济效益等方面综合考虑、全面衡量，配置出既符合用户要求又经济可靠的控制系统。

## 2.7　PLC 的编程语言

PLC 的生产厂家众多，编程体系和指令系统各不相同。国际电工委员会（IEC）1994 年 5 月公布了 PLC 语言标准 IEC61131-3，详细说明了 PLC 的 5 种编程语言的标准，分别介绍如下：

**1. 梯形图**（Ladder Diagram，LAD）

梯形图是最常用的 PLC 编程语言，梯形图与继电器控制系统原理图相似，具有直观、易懂的优点，成为电气工程技术人员最容易接受和掌握的语言。

梯形图由触点、线圈和功能块组成，触点通常表示逻辑输入条件，线圈通常表示逻辑输出结果，功能块则表示定时器、计数器或者数学运算等指令。

S7-200 PLC 的梯形图编程要点：

1）S7-200 PLC 的编程软件生成的梯形图程序中有网络（Network）标号，一个网络即为一个独立回路。在每一个网络中，程序的逻辑运算按照从左至右的方向执行，整个程序按照各个网络标号排列顺序由上至下的方向执行。因此，用户应按照执行顺序编写程序。

2）梯形图的左右两侧各有一条垂直的母线，S7-200 PLC 的梯形图中省略了右侧的电源线，梯形图的每一行必须由左侧的母线开始。

3）如图 2-4 所示，梯形图由触点、线圈和功能块组成。触点通常表示逻辑输入；线圈用括号表示，通常代表逻辑输出；功能块用方框表示，通常代表定时器、计数器、数字运算等指令。

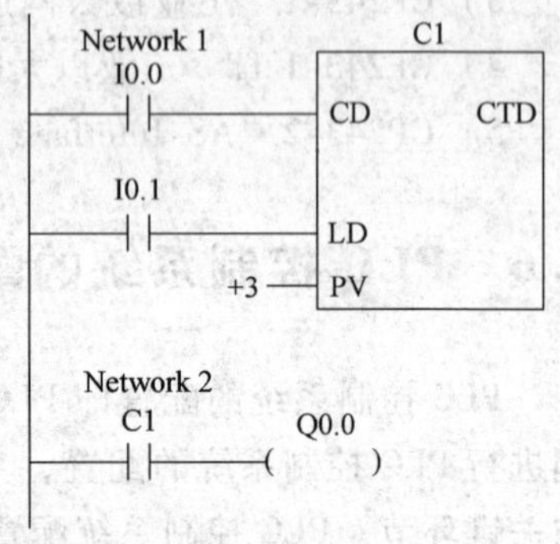

图 2-4　S7-200 PLC 梯形图示例

有关 S7-200 PLC 的梯形图的详细编程规则见第 4 章。

**2. 语句表**（Statement　List，STL）

语句表是用指令助记符进行编程的语言，类似于汇编语言。语句表编写容易，但直观性差，不便于检查、修改程序。

**3. 功能块图**（Function Block Diagram，FBD）

功能块图是一种类似于数字逻辑图的编程语言，它是将具有各种与、或、非、异或等逻辑关系的功能块图按一定的控制逻辑组合起来，具有逻辑直观、使用方便的优点。

**4. 顺序功能图**（Sequential Function Chart，SFC）

顺序功能图也称为流程图或状态转移图，使用 SFC 可以对具有并发、选择等复杂结构的系统进行编程，特别适用于工业顺序控制系统。

**5. 结构文本**（Structured Text，ST）

结构文本是一种较新的 PLC 高级编程语言，和 PASCAL 语言结构相似，使用 ST 语言编程可以实现复杂的数据处理和控制运算。

## 2.8　S7-200 PLC 的程序结构

S7-200 PLC 的用户控制程序由使用者编写，用户控制程序由主程序、子程序和中断服务程序组成。

**1. 主程序**

主程序是程序的主体，每一个项目都必须并且只能有一个主程序。在主程序中可以调用子程序和执行中断服务程序。主程序通过指令控制整个应用程序的执行，每个扫描周期都要执行一次主程序。

**2. 子程序**

子程序是可选的，仅在被其他程序调用时执行。同一个子程序可以在不同的地方被多次调用。使用子程序可以提高编程效率和减少扫描时间。设计得好的子程序可以植入到其他适用的项目中去。

S7-200 PLC 的主程序最多可以有 64 个子程序，名称分别定义为 SBR0 ~ SBR63。

**3. 中断服务程序**

中断服务程序也是可选的，用来及时处理不能预测发生时间的突发事件。中断服务程序不是由用户程序调用，而是在中断事件发生时由操作系统调用的。S7-200 PLC 最多允许有

128 个中断服务程序，能够引发中断的事件有输入中断、定时中断、计数中断和通信中断等。

## 2.9 S7-200 PLC 的数据类型

### 2.9.1 S7-200 PLC 中数据的表示方式

**1. 二进制数**

S7-200 PLC 以二进制数为基础表示各种数据。

二进制数遵循逢二进一的运算规则。

S7-200 PLC 中在数据前边加 2#表示二进制常数。

例如：2#1101 表示一个 4 位二进制数，对应的十进制数为 $1\times2^3+1\times2^2+0\times2^1+1\times2^0=13$。

**2. 十六进制数**

S7-200 PLC 中在数据前边加 16#表示十六进制常数，十六进制数使用 0 ~ 9 和 A ~ F 共 16 个符号表示十进制数的 0 ~ 15，4 位二进制数可以用一位十六进制数表示。

例如：16#A6 表示一个 2 位十六进制数，对应的二进制数为 2#10100110，对应的十进制数为 $10\times16^1+6\times16^0=166$。

**3. BCD 码**

用 4 位二进制数表示 1 位十进制数称为 BCD 码。S7-200 PLC 中采用 8421BCD 码。

例如：十进制数 47 的 BCD 码为 2#01000111 或 16#47。

**4. 有符号整数**

PLC 中用二进制补码表示有符号数，规定其最高位为符号位，最高位为 0 为正号，最高位为 1 为负号，后边都是数据位。负数的补码是数据位取反加 1 就得到该数的绝对值，正数的补码就是数据位本身。

例如：8 位二进制数表示的有符号整数的范围为 2#10000000 ~ 2#01111111，对应的十进制数有符号整数的范围为 -128 ~ +127。16 位二进制数表示的有符号整数范围是 16#8000 ~ 16#7FFF，对应的十进制有符号整数的范围是 -32768 ~ +32767。

**5. 实数**

在 S7-200 PLC 中实数也称为浮点数，浮点数由数符、尾数、阶符和阶码 4 个部分组成。在 ANSI/IEEE754-1985 标准中，正数的范围是 +1.175495E-38 到 +3.402823E+38，负数的范围是 -1.175495E-38 到 -3.402823E+38。

**6. 字符串**

每个字符均以字节的形式存储，第一个字节定义字符串的长度，最大长度为 255 个字节。

### 2.9.2 S7-200 PLC 中的数据存储类型

S7-200 PLC 中所有的数据存储类型均以二进制形式表示，有如下几种数据存储类型：

**1. 位（bit）**

PLC 用一位二进制数表示开关量，也称为布尔型，只有 0 和 1 两种取值，可以表示一个软继电器的状态。当某一位开关量取值为 1 时，表示该继电器线圈通电，其常开触点处于闭合状态，常闭触点处于断开状态，称为该继电器为 1 态或 ON 状态；当该位开关量取值为 0 时，表示该继电器线圈断电，其常开触点处于断开状态，常闭触点处于闭合状态，称为该继电器为 0 态或 OFF 状态。

**2. 字节**（B）

8 位二进制数称为一个字节（Byte），如图 2-5 所示。

**3. 字**（W）

相邻的两个字节组成一个字（Word），如图 2-6 所示，图中 V 表示区域标识符，W 表示字，注意 VW100 的高字节是 VB100。

**4. 双字**（D）

相邻的四个字节组成一个双字，如图 2-7 所示，图中 V 表示区域标识符，D 表示双字，注意 VD100 的最高字节是 VB100。

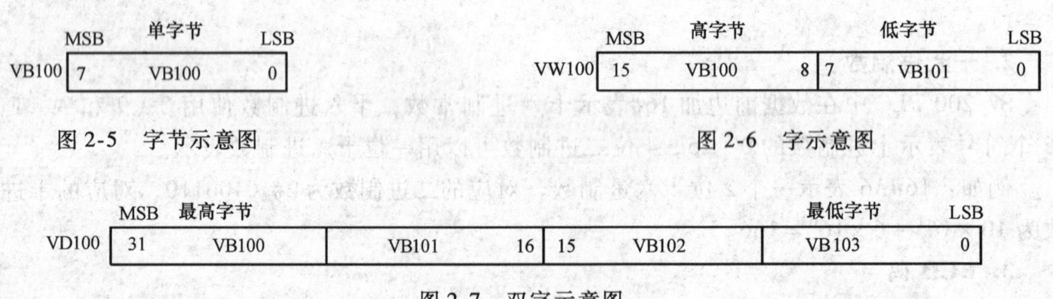


图 2-5　字节示意图

图 2-6　字示意图

图 2-7　双字示意图

不同形式的数据如何存放和调用完全由系统程序自动管理。

## 2.10　S7-200 PLC 的数据存储区

S7-200 PLC 的数据存储区分为 13 个部分，即输入映像寄存器 I、输出映像寄存器 Q、变量寄存器 V、位寄存 M、特殊寄存器 SM、定时器 T、计数器 C、高速计数器 HC、模拟量输入寄存器 AIW、模拟量输出寄存器 AQW、累加器 AC、局部变量寄存器 L、顺序控制继电器 S。

其中的 I 、Q、V、M、SM、S、L 是以字节为单位的寄存器，可以按位、字节、字或双字等方式来存取。

**1. 输入映像寄存器 I**（输入继电器）

S7-200 PLC 有 I0 ~ I15 共 16 个字节存储单元，能存储 128 个输入点信息，如图 2-8 所示。例如 I0.0 表示输入映像寄存器中第 0 个字节的第 0 位。

输入映像寄存器 I 的每一位称为一个输入继电器，对应一个外部输入点，如图 2-9 所示。

输入映像寄存器 I 的作用是接受、存储来自现场的输入信号。在每个扫描周期的开始，CPU 对每一个输入点进行采样，并将结果存入输入映像寄存器中。

输入继电器线圈只能由外部信号驱动，不能用程序指令驱动，其常开触点和常闭触点供用户编程使用。

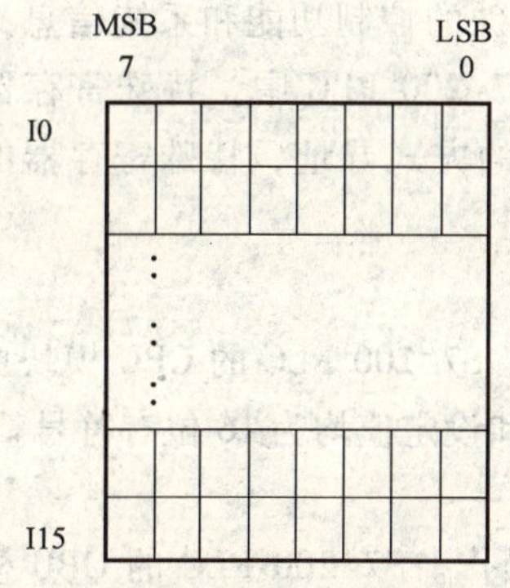


图 2-8 输入映像寄存器 I 的数据存储区示意图

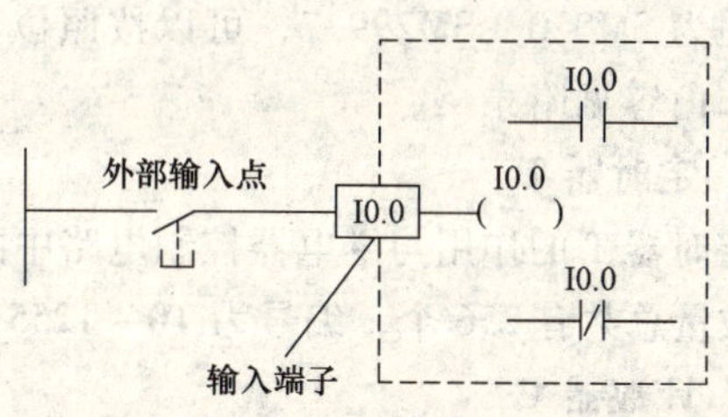


图 2-9 单个输入继电器示意图

**2. 输出映像寄存器 Q**（输出继电器）

S7-200 PLC 有 Q0～Q15 共 16 个字节存储单元，能存储 128 个输出点信息，如图 2-10 所示。例如 Q0.0 表示输入映像寄存器中第 0 个字节的第 0 位。

输出映像寄存器 I 的每一位称为一个输出继电器，对应一个外部输出点，如图 2-11 所示。

输出映像寄存器 Q 的作用是存储、传送 PLC 的输出信号。在每个扫描周期结束前，CPU 将输出映像寄存器的数据传送到各个输出模块，再由输出模块驱动外部负载。输出继电器只能用程序指令驱动。

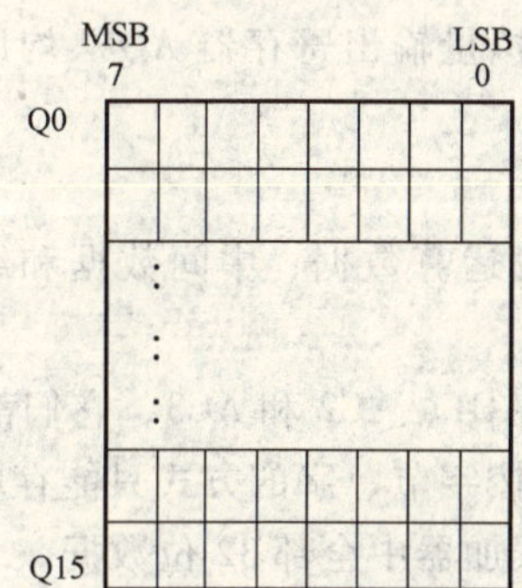


图 2-10 输出映像寄存器 Q 的数据存储区示意图

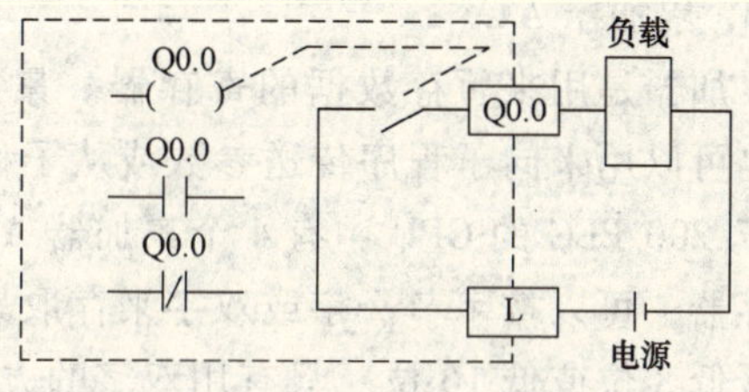


图 2-11 单个输出继电器示意图

**3. 变量寄存器 V**（变量存储器）

变量寄存器 V 用来存放程序执行过程中控制逻辑操作的中间结果，或者用来保存数据运算、参数设置、模拟量控制等有关数据。

**4. 位寄存器 M**（辅助继电器）

位寄存器 M 的功能与传统的继电器控制电路中的中间继电器相同，不能直接驱动负载。编址范围为 M0.0～M31.7。

**5. 特殊寄存器 SM**（特殊继电器）

特殊继电器 SM 用来存储系统的状态变量及有关的控制参数和信息。它是用户程序与系统程序之间的界面，PLC 通过特殊继电器为用户提供一些特殊的控制功能和系统信息，用户也可以将对操作的特殊要求通过特殊继电器通知 PLC。在 S7-200 PLC 中，特殊寄存器的编址范围为 SM0.0 ~ SM299.7，可以按照位、字节、字或双字的方式寻址，特殊寄存器的具体数值和内容见附录 A。

**6. 定时器 T**

定时器 T 的作用与继电器控制电路中的时间继电器相似，S7-200 PLC 的 CPU 模块中定时器的数量总共有 256 个，编号为 T0 ~ T255。定时器的当前值和设定值均为 16 位有符号整数。

**7. 计数器 C**

计数器 C 用来对输入脉冲的个数进行累计，实现计数操作。S7-200 PLC 的 CPU 模块中计数器的数量总共有 256 个，编号为 C0 ~ C255。计数器的当前值和设定值均为 16 位有符号整数。

**8. 高速计数器 HC**

高速计数器 HC 用来累计比 CPU 扫描速率更快的事件。高速计数器的当前值和设定值均为 32 位有符号整数。

**9. 模拟量输入寄存器 AIW**

S7-200 PLC 将输入的模拟量通过 A-D 转换器转换为 1 个字长的数字量，存放到模拟量输入寄存器 AIW 中。由于其数据长度是 2 个字节，因此模拟量输入寄存器 AIW 均以偶数号字节进行编址，如 AIW2、AIW4。

**10. 模拟量输出寄存器 AQW**

S7-200 PLC 将 1 个字长的数字量通过 D-A 转换器按比例转换为模拟量，存放到模拟量输出寄存器 AQW 中。由于其数据长度是 2 个字节，因此模拟量输出寄存器 AQW 均以偶数号字节进行编址，如 AQW6、AQW8。

**11. 累加器 AC**

累加器是用来暂存数据的寄存器。累加器可以用来存放运算数据、中间数据和结果数据，也可以用来向子程序传送参数或从子程序返回参数。

S7-200 PLC 的 CPU 中有 4 个累加器 AC，分别为 AC0、AC1、AC2 和 AC3，它们都是 32 位寄存器，可以按字节、字或双字来存取累加器中的数据。按字节、字的方式只能存取累加器的最低 8 位或低 16 位。只有用双字的方式才能一次存取累加器中全部 32 位数据。

**12. 局部变量寄存器 L**（局部变量存储器）

局部变量寄存器 L 是 S7-200 PLC 的 CPU 中为局部变量建立的存储区。S7-200 PLC 中有 64 个字节的局部变量寄存器，其中 60 个可以暂时用作存储器或者给子程序传送参数。

**13. 顺序控制继电器 S**

顺序控制继电器 S 用于在顺序控制中组织设备的顺序操作。

## 2.11 S7-200 PLC 的寻址方式

在 S7-200 PLC 中每条指令分为两部分：一部分是操作码，另一部分是操作数。操作码指出指令的功能，操作数则指明了操作码操作的对象。所谓寻址就是通过地址寻找操作数的过程，S7-200 PLC 有 3 种寻址方式。

**1. 立即寻址方式**

在一条指令中，如果操作数本身就是操作码所需要的数据，这种指令的寻址方式就是立即寻址。

例如：MOVW  16#2A06  VW30

该指令的功能是将十六进制数 2A06 传送到存储器 VW30 中，指令中的源操作数 16#2A06 即为立即数，其寻址方式就是立即寻址方式。

**2. 直接寻址方式**

在一条指令中，如果操作数是以其所在地址编号的形式出现的，这种指令的寻址方式就是直接寻址方式。

例如：MOVB  VB30  VB40

该指令的功能是将存储器 VB30 中的字节数据传送到存储器 VB40 中，指令中的源操作数 VB30 为要寻找数据的地址，这个数据的寻址方式就是直接寻址方式。

数据直接地址表示方法如图 2-12 所示。

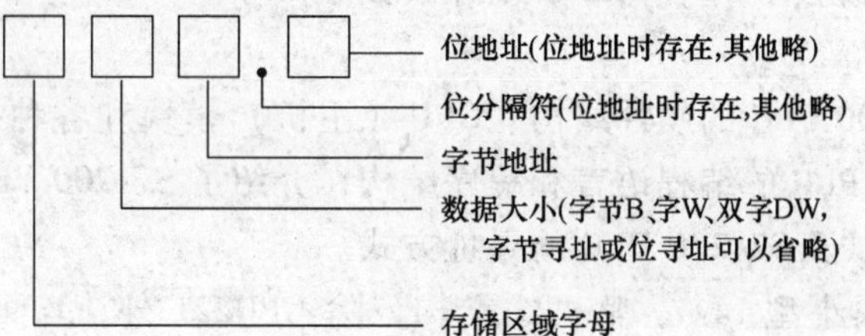


图 2-12  数据直接地址表示方法

直接寻址方式中又有位、字节、字和双字寻址方式。

一般对单个继电器的操作多采用位寻址方式，如图 2-13 所示，位地址就是输入继电器 I7.4 位置。

这种以给出操作数地址进行寻址的方式就是直接寻址。前面所述 S7-200 PLC 的 13 个数据存储区均可以进行直接寻址。

**3. 间接寻址方式**

在一条指令中，如果操作数是以其所在地址的地址形式出现的，这种指令的寻址方式就是间接寻址。操作数地址的地址也称为地址指针。间接寻址指令中在操作数前加符号“＊”表示地址指针。

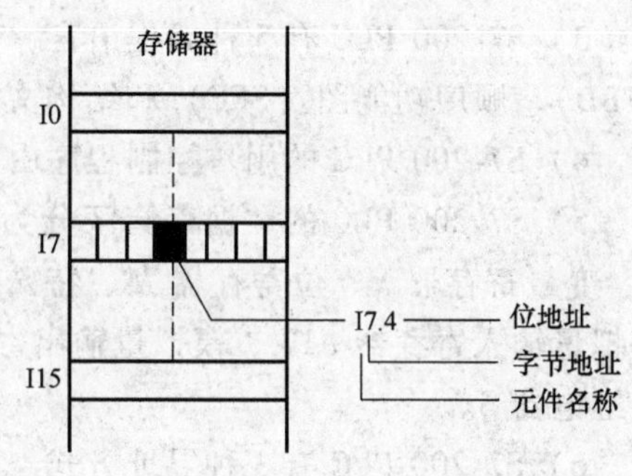


图 2-13  位寻址方式示意图

例如：MOVW  2000  ＊VD40

这条指令中＊VD40 就是地址指针，在 VD40 中存放的是一个地址，该地址是源操作数 2000 要存放的地址。如果 VD40 中存放的是 VW0，则该指令的功能就是将十进制数 2000 存放到 VW0 地址中。

S7-200 PLC 中可以进行间接寻址方式的存储区有 I、Q、V、M、S、T（仅当前值）和 C（仅当前值）。

为了对某一存储区的某一地址进行间接寻址，首先要为该地址建立指针。指针的长度为双字节，用来存放另一个存储器的地址。间接寻址只能用 V、L、AC1、AC2 和 AC3 作为指针。为了生成指针，必须用双字指令 MOVD，将需要间接寻址的存储器地址送到指针中。指令的输入操作数前必须使用符号“&”表示其是某一位置的地址，而不是它其中的数据。

例如：MOVE &VB200，AC1 ；建立指针

MOVW ＊AC1， AC0 ；间接寻址并传送数据

第 1 条指令的功能是将 VB200 送到 AC1 中，而不是将 VB200 中存放的数据送到 AC1 中，该指令执行后，AC1 即成为间接寻址的指针。第 2 条指令的功能是将存于 AC1 中的 VB200 作为地址指针，进行寻址和数据传送，该指令执行后，将存于 VB200 和 VB201 的数据传送到累加器 AC0 的低 16 位。如图 2-14 所示，设 VB200 中存放数字 12，VB201 中存放数字 34。

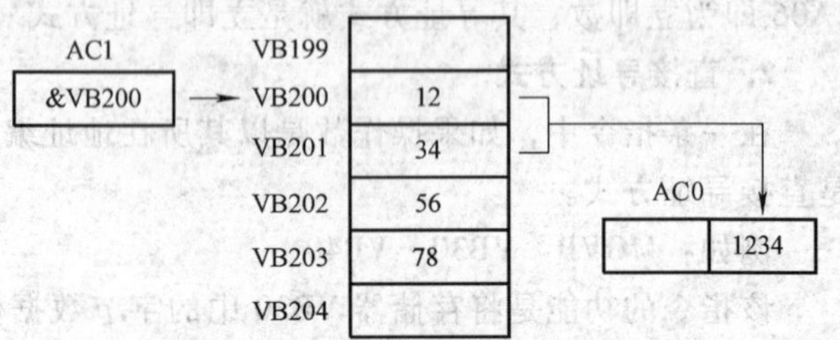


图 2-14 建立指针、间接寻址示意图

【本章小结】

本章介绍了 S7-200 PLC 的硬件结构、CPU（主机）模块和各种扩展模块的功能和技术参数；介绍了 S7-200 PLC 的编程语言和程序结构；介绍了 S7-200 PLC 的数据表示方法、数据存储类型和存储区以及 S7-200 PLC 的寻址方式。

1）S7-200 PLC 属小型 PLC、整机式结构，除 CPU221 外，均可以在 CPU22X（主机）模块基础上进行功能扩展，根据需要组成不同的 PLC 硬件系统。

2）S7-200 PLC 在编程时用到的数据类型可以是位（布尔型）、字节（B）、字（W）和双字（D）型。

3）S7-200 PLC 有 5 种编程语言，分别是：梯形图（LAD）、语句表（STL）、功能图块（FBD）、顺序功能图（SFC）和结构文本（ST），其中使用最多的当属梯形图。

4）S7-200 PLC 的用户控制程序由主程序、子程序和中断服务程序组成。

5）S7-200 PLC 的数据存储区分为 13 个部分，即输入映像寄存器 I、输出映像寄存器 Q、变量寄存器 V、位寄存器 M、特殊寄存器 SM、定时器 T、计数器 C、高速计数器 HC、模拟量输入寄存器 AIW、模拟量输出寄存器 AQW、累加器 AC、局部变量寄存器 L、顺序控制继电器 S。

6）S7-200 PLC 有 3 种寻址方式，分别是立即寻址、直接寻址和间接寻址。

## 思考题与习题

2.1 S7-200 PLC 有几种 CPU（主机）模块？它们本身的 I/O 点数、用户程序存储容量和数据存储容量分别有多少？

2.2 一个 PLC 控制系统需要 12 个开关量输入、30 个开关量输出、7 个模拟量输入和 2 个模拟量输出。试问：（1）选用哪种 CPU（主机）模块？（2）如何选择扩展模块？（3）请画出 PLC 系统连接图。

2.3 S7-200 PLC 有几种编程语言？各有什么特点？

2.4 S7-200 PLC 的程序包括哪几部分？PLC 的用户控制程序包括哪几部分？

2.5 为什么 PLC 的布尔型数据存储器又称为软继电器？为什么软继电器的触点可以无限制数目和次数地使用？

2.6 S7-200 PLC 有哪几种数据表示方法？又有哪几种数据存储类型？

2.7 S7-200 PLC 的数据存储区分为多少个？它们的名词和功能是什么？

2.8 S7-200 PLC 有哪几种寻址方式？直接寻址与间接寻址有何区别？

2.9 M0.0、MB0、MW0 和 MD0 有何区别？

2.10 S7-200 PLC 变量寄存器区和位寄存器区的数据特点和功能是什么？

2.11 VD10 由哪些字节组成？VD10 的数据为 09FF0AA0 时，对应的各字节的数据为多少？

2.12 S7-200 PLC 顺序控制继电器区的数据特点和功能是什么？

2.13 S7-200 PLC 局部寄存器和变量寄存器的区别是什么？

2.14 S7-200 PLC 计数器区的数据特点是什么？

# 第3章　S7-200 PLC的指令系统

掌握PLC的使用方法，首先必须学会它的常用指令。S7-200 PLC具有丰富的指令系统，按功能可分为：位逻辑指令、定时器和计数器指令、传送和比较指令、运算指令、程序控制指令、转换指令、字符串指令、时钟指令。其中前两种使用较多，称为基本指令，而后六种指令使用较少，称为功能指令。本章只介绍前三种指令，其余指令见附录B S7-200指令系统表。

## 3.1　位逻辑指令

### 3.1.1　取指令

(1) 取指令的语句表格式

取指令：LD　b

取反指令：LDN　b

(2) 指令功能　取指令LD (Load) 用于网络块开始的常开触点（指令格式中操作数b为常开触点的位地址）；取反指令LDN (Load Not) 用于网络块开始的开始常闭触点（指令格式中操作数b表示常闭触点的位地址）。

(3) 取指令的梯形图符号　取指令的梯形图如图3-1所示。

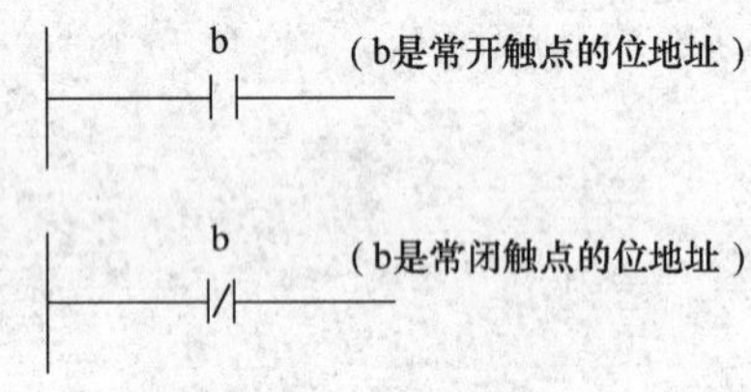


图3-1　取指令的梯形图

(4) 说明

1) LD、LDN指令用于将常开或常闭触点与左母线相连。

2) 操作数b可以是数据区中的I、Q、M、SM、T、C、V、S、L的某一位，在同一程序中，同一触点b可以多次重复使用。

### 3.1.2　触点串联与并联指令

**1. 触点串联指令**

(1) 触点串联指令的语句表格式

常开触点串联指令：A　b

常闭触点串联指令：AN　b

(2) 指令功能　A　b指令实现单个常开触点b与其前面触点的串联；AN b实现单个常闭触点b与其前面触点的串联。

(3) 触点串联指令的梯形图表示　触点串联指令的梯形图如图3-2所示。

(4) 说明

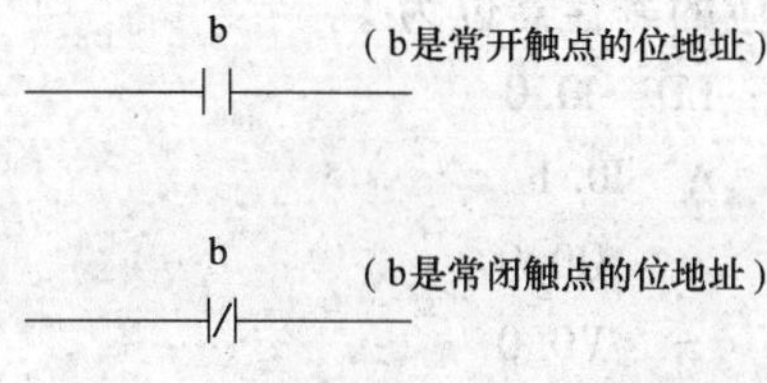

图 3-2　触点串联指令的梯形图

1）触点串联指令 A（And）、AN（And Not）相当于两个触点的逻辑与，紧接在取指令后面，可连续多次使用。

2）操作数 b 可以是数据区中的 I、Q、M、SM、T、C、V、S、L 的某一位，在同一程序中，同一触点 b 可以多次重复使用。

**2. 并联指令**

（1）触点并联指令的语句表格式

常开触点并联指令：O　b

常闭触点并联指令：ON　b

（2）指令功能　O　b 指令实现单个常开触点 b 与其他触点的并联，ON　b 指令实现单个常闭触点 b 与其他触点的并联。

（3）触点并联指令的梯形图表示　触点并联指令的梯形图如图 3-3 所示。

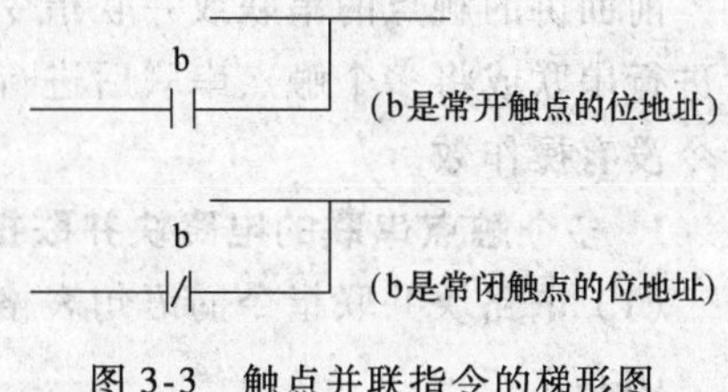

图 3-3　触点并联指令的梯形图

（4）说明

1）触点并联指令 O（Or）、ON（Or Not）相当于两个触点的逻辑或，该指令紧跟在取指令后面，可连续多次使用。

2）b 可以是数据区中的 I、Q、M、SM、T、C、V、S、L 的某一位，在同一程序中，同一触点 b 可以多次重复使用。

## 3.1.3　输出指令

（1）输出指令的语句表格式

=　b

（2）指令功能　驱动指定的线圈。

（3）输出指令的梯形图表示　输出指令的梯形图如图 3-4 所示。

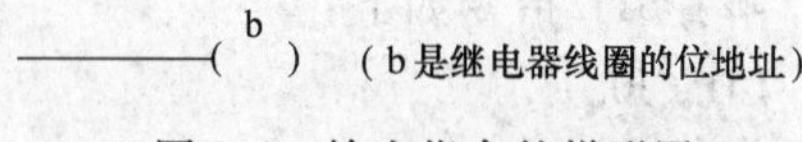

图 3-4　输出指令的梯形图

（4）说明

1）该指令通常放在梯形图的最右边，表示一个逻辑行的结束。

2）该输出指令可以多次并联使用，但不可以串联使用。

3）操作数 b 可以是数据区中的 I、Q、M、SM、T、C、V、S、L，同一程序中，同一地址 b 的输出指令不可以重复使用。

【**例 3-1**】　触点指令的应用。已知梯形图如图 3-5 所示，写出对应的 STL 指令表。

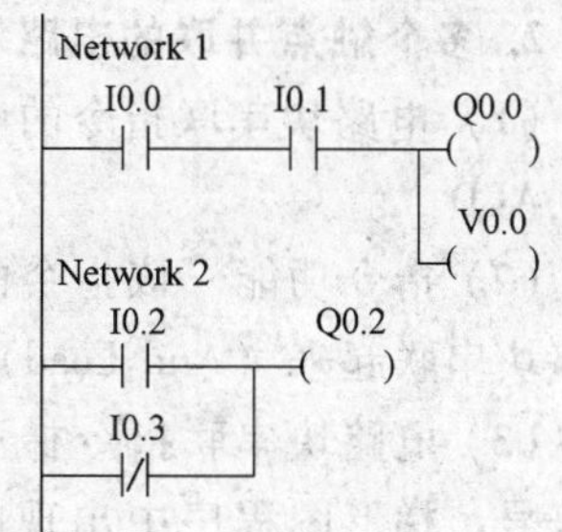

图 3-5　触点指令的应用举例

**解**：STL 指令表如下：

Network1　//当输入接口 I0.0 和 I0.1 的外部信号为 1 时，I0.0 和 I0.1 同时为闭合状态，线圈 Q0.0 与 V0.0 接通，对应的寄存器位为1。

```
LD   I0.0
A   I0.1
=   Q0.0
=   V0.0
```

Network2 //当输入接口 I0.2 的外部信号为 1 或 I0.3 的外部信号为 0 时，常开触点 I0.2 闭合或常闭触点 I0.3 为闭合状态，线圈 Q0.2 接通，即输出映像寄存器位 Q0.2 为 1。

```
LD   I0.2
ON   I0.3
=    Q0.2
```

### 3.1.4 逻辑电路块连接指令

前面讲的触点的串联或并联指令只能用于单个触点的串联或并联，若想将多个触点并联后进行串联或将多个触点串联后进行并联则需要用逻辑电路块的连接指令。逻辑电路块连接指令没有操作数。

**1. 多个触点串联的电路块并联指令**

(1) 电路块并联指令的语句表格式

OLD

(2) 指令功能　将多个触点串联后形成的电路块并联起来（Or Load）。

(3) 电路块并联指令的梯形图表示　此指令没有自身的梯形图符号，梯形图程序中出现电路块并联指令时自动生成，如图3-6所示。

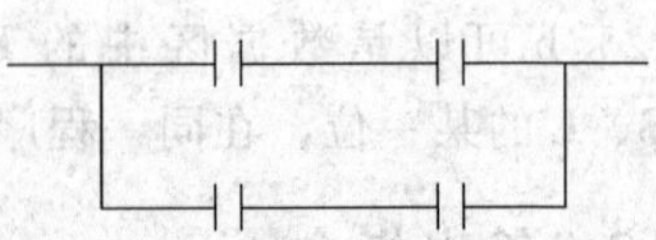

图3-6　电路块并联指令的梯形图表示

**【例3-2】** 电路块并联指令应用。已知梯形图如图3-7所示，写出对应的STL指令表。

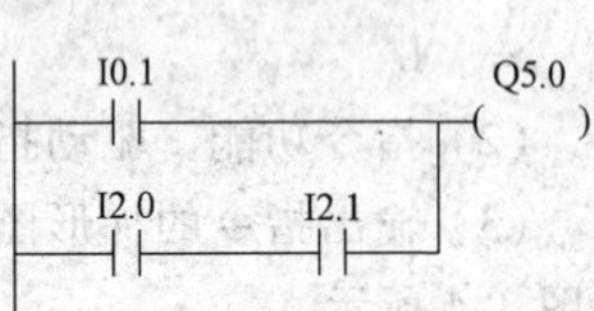

图3-7　电路块并联指令应用

**解：** STL指令如下：

```
LD   I0.1
LD   I2.0
A   I2.1
OLD
=   Q5.0
```

**2. 多个触点并联的电路块串联指令**

(1) 电路块串联指令的语句表格式

ALD

(2) 指令功能　该指令的功能是将多个触点并联后形成的电路块串联起来（And Load）。

(3) 电路块串联指令梯形图表示　此指令没有自身的梯形图符号，梯形图程序中出现电路块串联指令时自动生成，如图3-8所示。

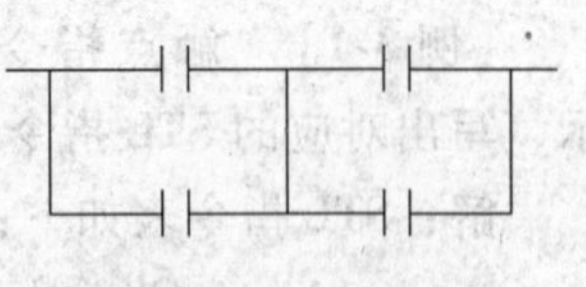
图3-8　电路块串联指令的梯形图表示

【例 3-3】 电路块串联指令应用。已知梯形图如图 3-9 所示，写出对应的 STL 指令表。

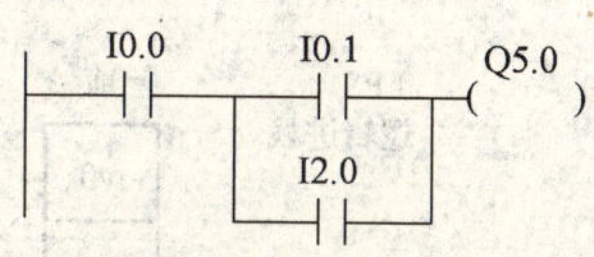


图 3-9 电路块串联指令应用

**解**：STL 指令如下：

```
LD   I0.0
LD   I0.1
O    I2.0
ALD
=    Q5.0
```

## 3.1.5 堆栈指令

堆栈指令主要用于梯形图具有分支结构的复杂逻辑输出的处理，也称为多重输出指令。以下三条堆栈指令没有操作数。

**1. 逻辑入栈指令**

（1）逻辑入栈指令的语句表格式

LPS

（2）指令功能　LPS（Logic Push）指令的功能是用于表示分支电路逻辑块的开始。

（3）逻辑入栈指令梯形图表示　此指令没有自身的梯形图符号，梯形图程序中出现分支电路逻辑块时自动生成。

（4）说明　执行此指令时，复制栈顶的值并压入堆栈，原栈底值丢失。

**2. 逻辑出栈指令**

（1）逻辑出栈指令的语句表格式

LPP

（2）指令功能　LPP（Logic Pop）指令的功能是用于表示结束 LPS 指令开始的分支电路逻辑块。

（3）逻辑出栈指令梯形图表示　此指令没有自身的梯形图符号，梯形图程序中出现结束分支电路逻辑块时自动生成。

（4）说明

1）执行此指令时，栈顶数据被弹出，原堆栈数据依次上弹，栈底填入随机数值。

2）LPS 指令与 LPP 指令必须成对出现。

3）由于堆栈只有 9 层，LPS、LPP 指令连续嵌套使用次数不能超过 9 次。

**3. 逻辑读栈指令**

（1）逻辑读栈指令的语句表格式

LRD

（2）指令功能　处理 LPS 指令开始的分支电路逻辑块的中间支路电路逻辑块。

（3）逻辑读栈指令梯形图表示　此指令没有自身的梯形图符号，梯形图程序中出现 LPS 指令开始后的其余分支电路（第二个及以后的）逻辑块时自动生成。

（4）说明　该指令将堆栈中的第二位数据复制到栈顶，堆栈中其余数据不变。

**4. 堆栈指令对堆栈的影响**

堆栈指令对堆栈的影响如图 3-10 所示。

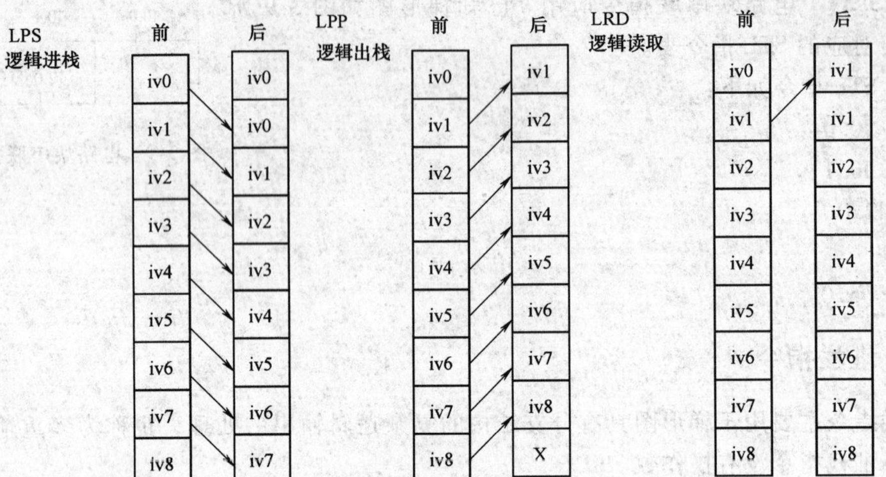


图 3-10　堆栈指令对堆栈的影响

【例 3-4】　堆栈指令的应用，梯形图程序如图 3-11 所示，写出对应的 STL 语句表。

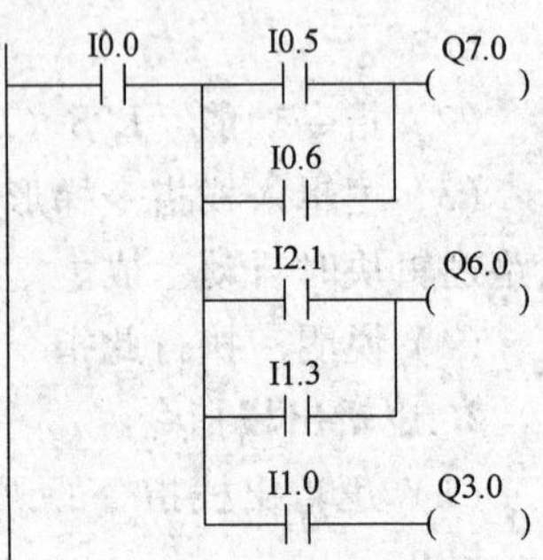


图 3-11　堆栈指令的应用

**解**：STL 语句表如下：

```
LD   I0.0
LPS
LD   I0.5
O   I0.6
ALD
=    Q7.0
LRD
LD   I2.1
O   I1.3
ALD
=    Q6.0
LPP
A   I1.0
=    Q3.0
```

### 3.1.6　置位、复位指令

（1）置位、复位指令的语句表格式

置位指令：S　b，N

复位指令：R　b，N

（2）指令功能　置位（Set）指令将存储区 b 开始的 N 个寄存器置 1；复位（Reset）指令将存储区 b 开始的 N 个寄存器清零。

(3) 置位、复位指令梯形图符号　置位、复位指令的梯形图如图 3-12 所示。

b
——( S )
N

a) 置位指令

b
——( R )
N

b) 复位指令

图 3-12　置位、复位指令的梯形图

(4) 说明

1) N 值的范围为 1 ~255。

2) b 可以是数据区中的 I、Q、M、SM、T、C、V、S、L 某一位地址。

**【例 3-5】** 置位及复位指令应用，梯形图如图 3-13 所示，写出对应的 STL 语句表。

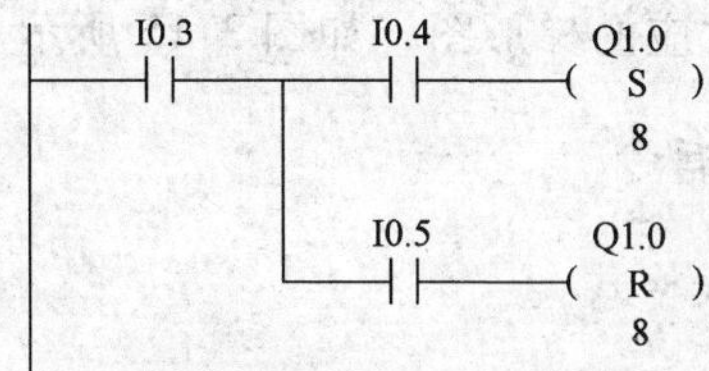


图 3-13　置位及复位指令应用举例

**解**：STL 语句表如下：

```
LD    I0.3
LPS
A     I0.4
S     Q1.0, 8
LPP
A     I0.5
R     Q1.0, 8
```

## 3.1.7　取反指令

(1) 取反指令的语句表格式

NOT

(2) 指令功能　该指令的功能是将前面的逻辑取反。

(3) 取反指令的梯形图符号　取反指令的梯形图符号如图 3-14 所示。

——| NOT |——

图 3-14　取反指令的梯形图符号

(4) 说明　此指令使用较少。

## 3.1.8　立即触点指令

S7-200 PLC 中还有一类立即触点指令，这些指令可以对 I/O 触点进行快速的存取，不依赖于 S7-200 PLC 扫描循环更新；注意执行这类指令时，对输出触点的操作会立即更新对应的输出过程映像寄存器的状态；但对输入触点的操作并不更新对应的输入过程映像寄存器。

立即触点指令的格式，是在原有触点指令的后面上加字母 I 构成，具体如下：

立即取：LDI　b；b 只能为 I

立即取反：LDNI　b；b 只能为 I

立即输出：=I　b；b 只能为 Q

立即与：AI　b；b 只能为 I

立即与反：ANI　b；b 只能为 I

立即或：OI　b；b 只能为 I

立即或反：ONI　b；b 只能为 I

立即置位：SI　b；b 只能为 Q

立即复位：RI　b；b 只能为 Q

而立即触点指令对应的梯形图符号是在触点符号中间加“I”。例如，LDI 和 LDNI 指令对应的梯形图，如图 3-15 所示。

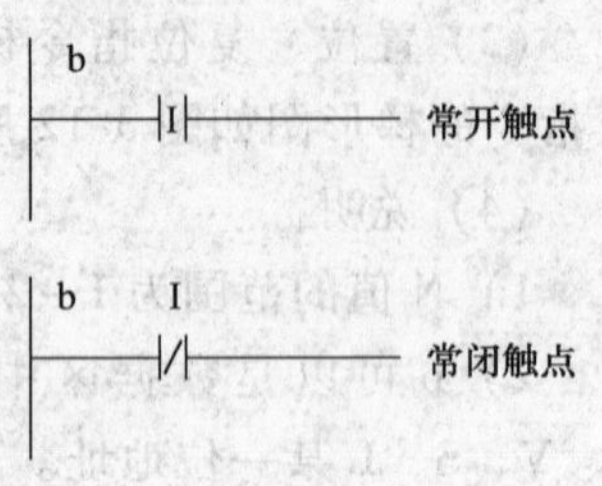


图 3-15　立即触点指令梯形图符号

### 3.1.9　脉冲跳变（微分）指令

（1）脉冲跳变指令的语句表格式

正向脉冲跳变指令：EU

负向脉冲跳变指令：ED

（2）指令功能　EU（Edge Up）指令检测到输入信号的上升沿时，触点接通一个扫描周期；ED（Edge Down）指令检测到输入信号的下降沿时，触点接通一个扫描周期。

（3）正向、负向脉冲跳变指令的梯形图符号　正向、负向脉冲跳变指令的梯形图分别如图 3-16a、b 所示。

P　　　N

a) 正向脉冲跳变　　b) 负向脉冲跳变

图 3-16　脉冲跳变指令的梯形图

（4）说明　EU 指令检测到其前面的逻辑运算结果的正向跳变时，产生一个宽度为一个扫描周期的脉冲；ED 指令检测到其前面的逻辑运算结果的负向跳变时，产生一个宽度为一个扫描周期的脉冲。

**【例 3-6】**　脉冲跳变指令应用。已知梯形图如图 3-17所示，写出对应的 STL 指令表并画出其时序图。

**解：**

1）STL 指令表如下：

```
Network1
LD   I0.0
EU
 =   M0.0
Network2
LD   M0.0
S   Q0.0
Network3
LD   I0.1
ED
 =   M0.1
Network4
LD   M0.1
R   Q0.0
```

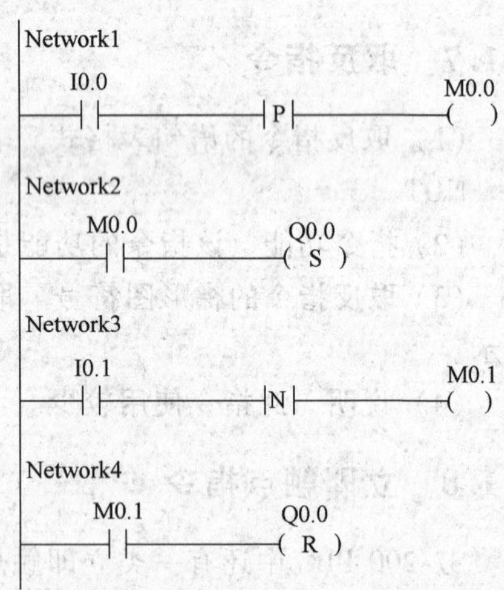


图 3-17　脉冲跳变指令应用举例的梯形图

2）时序图如图 3-18 所示。

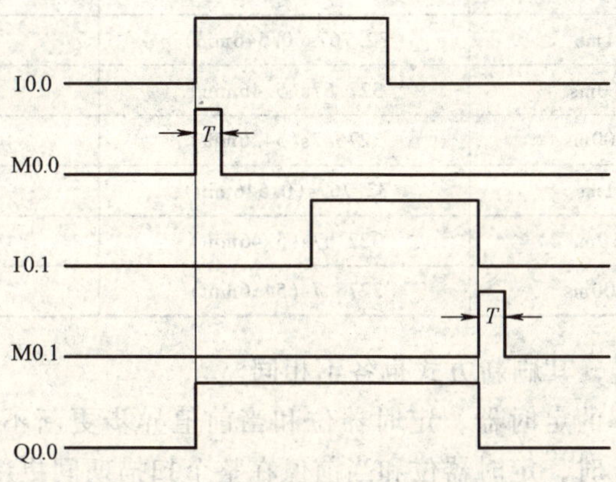


图 3-18　脉冲跳变指令应用举例时序图

### 3.1.10　RS 触发器指令

（1）指令格式　RS 触发器指令无语句表格式。

（2）RS 触发器指令的梯形图符号　RS 触发器指令的梯形图符号如图 3-19 所示。

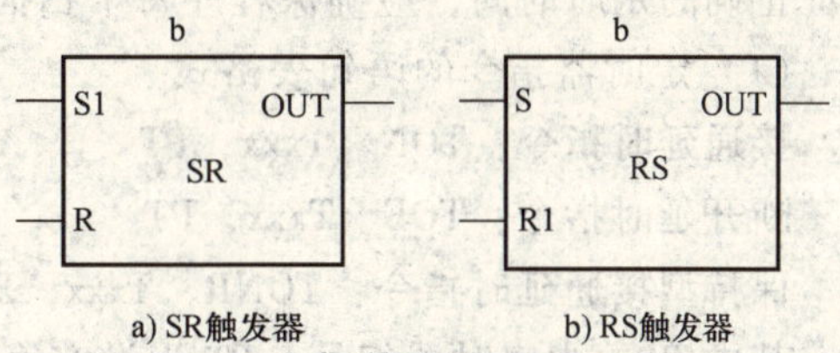


图 3-19　RS 触发器梯形图符号

（3）指令功能　RS 触发器指令的基本功能与置位、复位指令功能相同。SR 是置位优先触发器，当置位信号 S1 和复位信号 R 同时有效时，输出被置位（OUT 为 1），RS 是复位优先触发器，当置位信号 S 和复位信号 R1 同时有效时，输出被复位（OUT 为 0）。

（4）说明

1）S1、R、R1 可以是数据区中的 I、Q、V、M、SM、S、T、C。

2）b 可以是数据区中的 I、Q、V、M、S。

## 3.2　定时器和计数器指令

### 3.2.1　定时器指令

S7-200 PLC 的定时器有三种，分别为接通延时定时器（TON）、断开延时定时器（TOF）和保持型接通延时定时器（TONR）。定时器的编号范围为 T0 ~ T255，其设定值为 16 位二进制有符号数，最大是 32767。

定时器计数的时间间隔称为分辨率（或时基）。例如，在 10ms 计时器上计数 50 代表 500ms。S7-200 PLC 定时器有三种分辨率：1ms、10ms 和 100ms。不同编号的定时器有不同的分辨率，见表 3-1。从表 3-1 中可以看出，TON 定时器和 TOF 定时器编号相同，在使用时，它们不能共享相同的定时器编号。

表 3-1 定时器编号和分辨率

| 定时器类型 | 分辨率 | 定时最大值 | 定时器编号 |
|---|---|---|---|
| TONR | 1ms | 32.767s(0.546min) | T0、T64 |
| | 10ms | 327.67s(5.46min) | T1 ~ T4,T65 ~ T68 |
| | 100ms | 3276.7s(54.6min) | T5 ~ T31,T69 ~ T95 |
| TON、TOF | 1ms | 32.767s(0.546min) | T32、T96 |
| | 10ms | 327.67s(5.46min) | T33 ~ T36,T97 ~ T100 |
| | 100ms | 3276.7s(54.6min) | T37 ~ T63,T101 ~ T255 |

不同分辨率的定时器，其刷新方式也各不相同。

对于具有 1ms 分辨率的定时器，定时器位和当前值异步更新不受扫描周期和程序的影响。当扫描周期大于 1ms 时，定时器位和当前值在整个扫描期间更新多次。

对于具有 10ms 分辨率的定时器，定时器位和当前值在每次扫描循环的开始更新。定时器位和当前值在整个扫描期间保持常量，在每次扫描开始时将扫描期间累计的时间间隔添加到当前值。

对于具有 100ms 分辨率的定时器，定时器位和当前值在执行指令时更新。因此，为了保证正确的定时时间，应确保程序每个扫描循环只为 100ms 定时器执行指令一次。

(1) 定时器指令的语句表格式

接通延时指令：TON　Txxx，PT

断开延时指令：TOF　Txxx，PT

保持型接通延时指令：TONR　Txxx，PT

其中 Txxx 为定时器编号，PT 为设定值。

(2) 三种定时器指令的梯形图符号　定时器指令梯形图符号如图 3-20 所示。

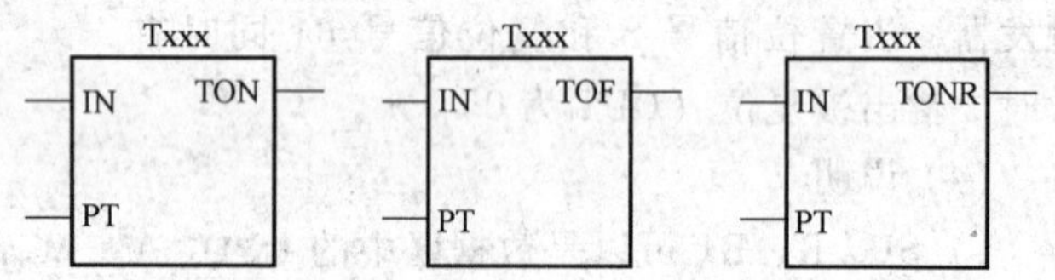


图 3-20　定时器指令梯形图符号

(3) 定时器指令的功能

1) TON 指令　当其输入端 IN 接通时开始计时，当前值大于设定值 PT 时，定时器位置 1，当前值继续增大，直到 32767 时停止计时。在输入端 IN 断开时，定时器自动复位，当前值清零，定时器位清零。

2) TOF 指令　在输入端 IN 接通时，定时器位置 1，当前值清零。输入端 IN 断开后，开始从零计时，计数值等于设定值 PT 时，定时器位清零，当前值保持不变，直到输入端 IN 接通。

3) TONR 指令　其功能同 TON 指令，其区别在于当输入端 IN 断开时，当前值保持不变。若要将其当前值清零，定时器位清零，只能使用复位指令。

**【例 3-7】** 三种定时器的应用。

1) 接通延时　输入继电器 I0.0 接通，V0.0 自锁，定时器 T37（TON）开始计时，3s 后，T37 置 1，输出继电器 Q0.0 通电，其梯形图程序和时序图如图 3-21a、b 所示。

2) 断开延时　当输入继电器 I0.0 接通时，定时器 T37（TOF）立即置 1，输出继电器

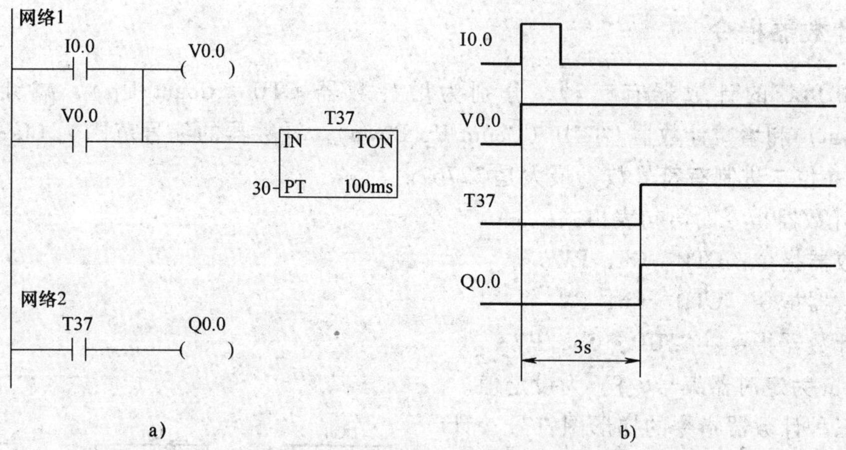


图 3-21 接通延时定时器示例

Q0.0 接通；输入继电器 I0.0 断开时，T37 开始计时，3s 后 T37 清零，Q0.0 断开，其梯形图程序和时序图如图 3-22a、b 所示。

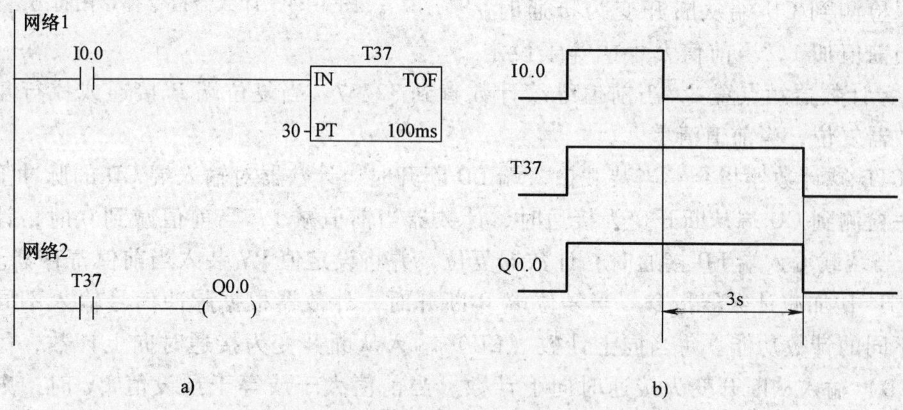


图 3-22 断开延时定时器示例

3）累计计时 输入继电器 I0.0 累计接通 3s，定时器 T5（TONR）置 1，输出继电器 Q0.0 通电，其梯形图程序和时序图如图 3-23a、b 所示。

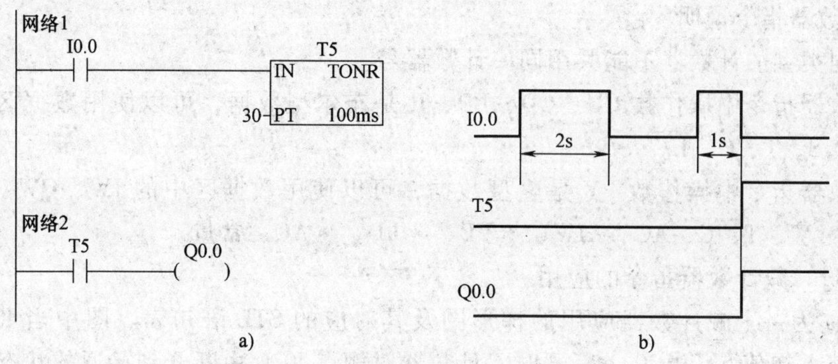


图 3-23 保持（累计延时）定时器示例

### 3.2.2 计数器指令

S7-200 PLC 的计数器有三种，分别为增计数器 CTU（Count Up）、减计数器 CTD（Count Down）和增减计数器 CTUD（Count Up Down）。计数器的编号范围为 C0 ~ C255，其设定值为 16 位二进制有符号数，最大是 32767。

（1）计数器指令的语句表格式

加计数器指令：CTU　Cn，PV

减计数器指令：CTD　Cn，PV

加减计数器指令：CTUD　Cn，PV

其中 Cn 为定时器编号，PV 为设定值。

（2）三种计数器指令的梯形图符号　计数器指令梯形图符号如图 3-24 所示。

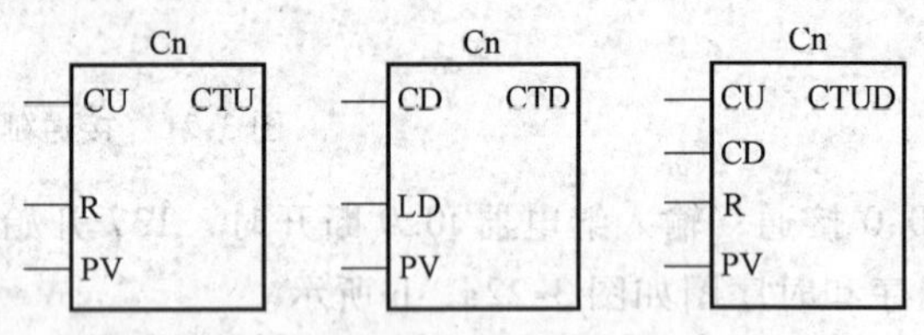


图 3-24　计数器指令梯形图符号

（3）计数器指令功能

1）CTU 加计数器指令　当复位端 R 断开时，计数器对输入端 CU 的脉冲上升沿计数，即每检测到 CU 端从断开变为接通时，计数器当前值加 1，当前值大于或等于设定值 PV 时，计数器触点置 1，当前值继续计数直到 32767。当复位端 R 接通或执行复位指令时，计数器复位，当前值清零。

2）CTD 减计数器指令　当装载输入端 LD 断开时，计数器对输入端 CD 的脉冲上升沿计数，即每检测到 CU 端从断开变为接通时，计数器当前值减 1，当前值减到 0 时，计数器触点置 1。当装载输入端 LD 接通时，计数器复位，并将设定值 PV 装入当前值寄存器。

3）CTUD 加减计数器指令　当复位端 R 断开时，计数器根据脉冲信号输入不同的输入端完成不同的计数功能。每当向上计数（CU）输入从断开变为接通时向上计数，每当向下计数（CD）输入从断开变为接通时向下计数。当前值大于或等于预设值 PV 时，则计数器触点置 1。当计数值达到最大数值 32767 时，下一个向上计数输入处的上升沿使当前计数变为最小数值 -32768。当计数值达到最小数值 -32768 时，下一个向下计数输入处的上升沿使当前计数变为最大数值 32767。当复位端 R 接通或执行复位指令时，计数器复位，当前值清零。

（4）计数器指令说明

1）不同类型的计数器不能共用同一计数器号。

2）计数器指令中操作数 CU、CD、LD、R 是布尔型数据，可以使用数据区中的 I、Q、V、M、SM、S、T、C、L。

3）计数器指令中操作数 PV 是整型数据，可以使用数据区中的 IW、QW、VW、MW、SMW、SW、LW、T、C、AC、AIW、*VD、*LD、*AC、常量。

**【例 3-8】**　减计数器指令的应用。

图 3-25a 为一个减计数器应用的梯形图及其对应的 STL 语句表。图中当 I0.1 接通时，计数器 C1 载入初值 5；当 I0.1 断开时，计数器对触点 I0.0 由断开到接通的状态进行减 1 计数，当减到 0 时，计数器 C1 置 1，驱动 Q0.0 输出。图 3-25b 为其时序图。

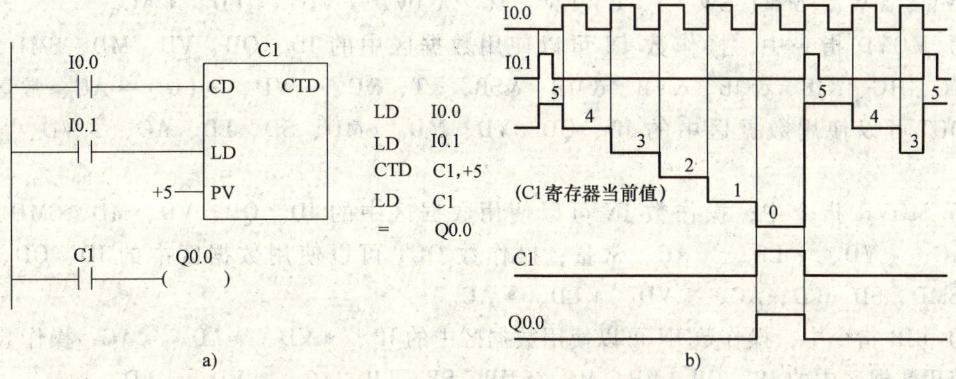


图 3-25 减计数器指令的应用

## 3.3 数据处理指令

### 3.3.1 数据传送指令

#### 1. 数据传送指令格式及功能说明

数据传送指令的格式及功能见表 3-2。

表 3-2 数据传送指令的格式及功能

| 语句表指令格式 | 功能描述 | 说明 |
|---|---|---|
| MOVB IN,OUT | 将输入数据 IN 传送到输出 OUT 中,IN 中数据不变 | 字节传送:IN 和 OUT 为字节型数据 |
| MOVW IN,OUT | 将输入数据 IN 传送到输出 OUT 中,IN 中数据不变 | 字传送:IN 和 OUT 为字型数据 |
| MOVD IN,OUT | 将输入数据 IN 传送到输出 OUT 中,IN 中数据不变 | 双字传送:IN 和 OUT 为双字型数据 |
| MOVR IN,OUT | 将输入数据 IN 传送到输出 OUT 中,IN 中数据不变 | 实数传送:IN 和 OUT 为实型数据 |
| BIR IN,OUT | 读输入数据 IN 的物理值,并将其传送到输出 OUT 中,输入映像存储区内容不刷新 | 立即字节读 |
| BIW IN,OUT | 将输入数据 IN 写入到物理输出 OUT 中,同时刷新输出映像存储区内容 | 立即字节写 |
| BMB IN,OUT,N | 将从输入地址 IN 开始的 *N* 个数据传送到 OUT 开始的 *N* 个单元 | 字节移动,*N* 的值为 1 ~ 255 |
| BMW IN,OUT,N | 将从输入地址 IN 开始的 *N* 个数据传送到 OUT 开始的 *N* 个单元 | 字移动,*N* 的值为 1 ~ 255 |
| BMD IN,OUT,N | 将从输入地址 IN 开始的 *N* 个数据传送到 OUT 开始的 *N* 个单元 | 双字移动,*N* 的值为 1 ~ 255 |
| SWAP IN | 交换输入数据 IN 的高字节与低字节 | IN 为字型数据 |

#### 2. 传送指令操作数说明

1）MOVB 指令中，操作数 IN 可以使用数据区中的 IB、QB、VB、MB、SMB、SB、LB、AC、＊VD、＊LD、＊AC、常量；操作数 OUT 可以使用数据区中的 IB、QB、VB、MB、SMB、SB、LB、AC、＊VD、＊LD、＊AC。

2）MOVW 指令中，操作数 IN 可以使用数据区中的 IW、QW、VW、MW、SMW、SW、T、C、LW、AC、AIW、＊VD、＊AC、＊LD、常量；操作数 OUT 可以使用数据区中的 IW、

QW、VW、MW、SMW、SW、T、C、LW、AC、AQW、＊VD、＊LD、＊AC。

3）MOVD 指令中，操作数 IN 可以使用数据区中的 ID、QD、VD、MD、SMD、SD、LD、AC、HC、&IB、&QB、&VB、&MB、&SB、&T、&C、＊VD、＊LD、＊AC、常量；操作数 OUT 可以使用数据区中的 ID、QD、VD、MD、SMD、SD、LD、AC、＊VD、＊LD、＊AC。

4）MOVR 指令中，操作数 IN 可以使用数据区中的 ID、QD、VD、MD、SMD、SD、LD、AC、＊VD、＊LD、＊AC、常量；操作数 OUT 可以使用数据区中的 ID、QD、VD、MD、SMD、SD、LD、AC、＊VD、＊LD、＊AC。

5）BIR 指令中，操作数 IN 可以使用数据区中的 IB、＊VD、＊LD、＊AC；操作数 OUT 可以使用数据区中的 IB、QB、VB、MB、SMB、SB、LB、AC、＊VD、＊LD、＊AC。

6）BIW 指令中，操作数 IN 可以使用数据区中的 IB、QB、VB、MB、SMB、SB、LB、AC、＊VD、＊LD、＊AC、常量；操作数 OUT 可以使用数据区中的 QB、＊VD、＊LD、＊AC。

7）BMB 指令中，操作数 IN 和 OUT 可以使用数据区中的 IB、QB、VB、MB、SMB、SB、LB、AC、＊VD、＊LD、＊AC。

8）BMW 指令中，操作数 IN 和 OUT 可以使用数据区中的 IW、QW、VW、MW、SMW、SW、T、C、LW、AIW、＊VD、＊LD、＊AC。

9）BMD 指令中，操作数 IN 和 OUT 可以使用数据区中的 ID、QD、VD、MD、SMD、SD、LD、＊VD、＊LD、＊AC。

10）块传递指令 BMB、BMW、BMD 中操作数 N 为字节型数据，可以使用数据区中的 IB、QB、VB、MB、SMB、SB、LB、AC、常量、＊VD、＊LD、＊AC。

**3. 传送指令梯形图符号**

传送指令的梯形图符号如图 3-26 所示。

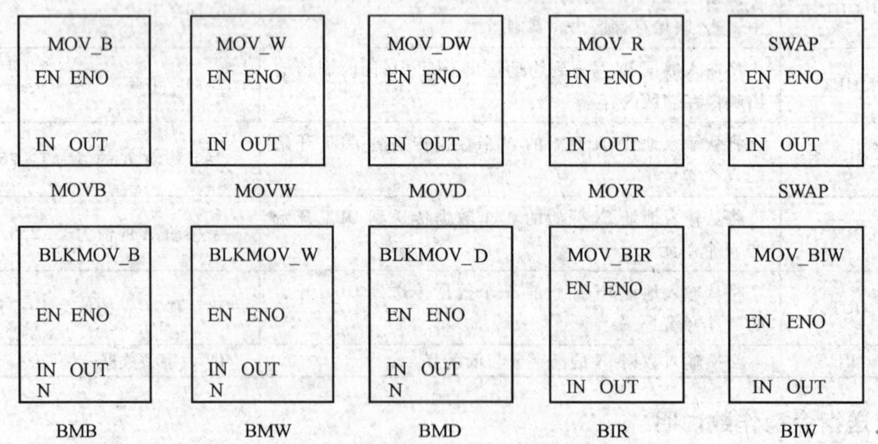


图 3-26　传送指令的梯形图符号

**【例 3-9】**　传送指令应用示例。

1）字传送指令应用示例　在输入继电器 I0.1 接通时，将 VW100 中的字数据传送到 VW200 中。梯形图与语句表程序如图 3-27 所示。

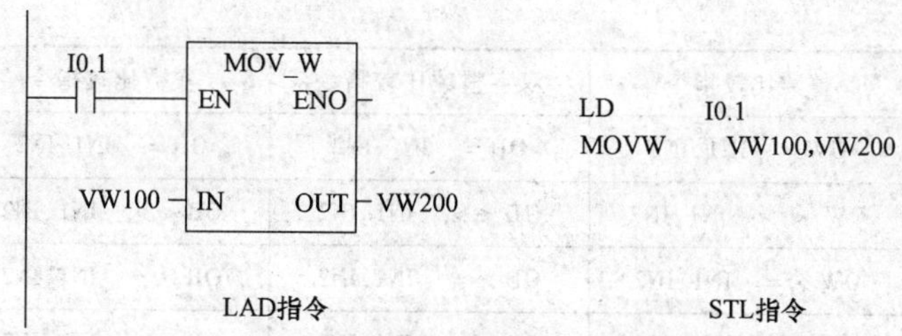


图 3-27　字传送指令应用示例

2）实数传送指令应用示例　在输入继电器 I0.1 接通时，将常数 3.14 传送到双字单元 VD200 中。梯形图与语句表程序如图 3-28 所示。

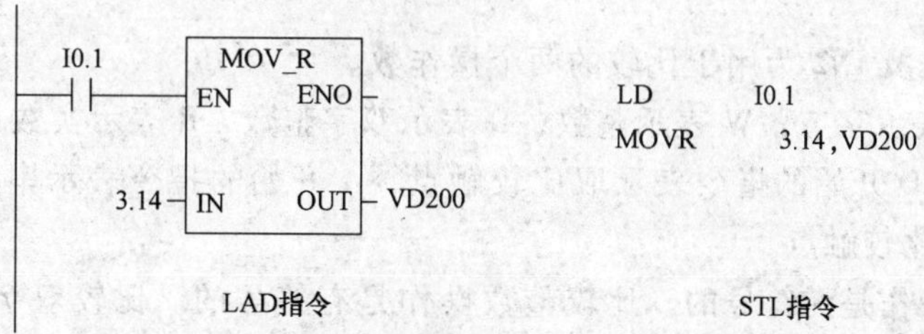


图 3-28　实数传送指令应用示例

## 3.3.2　比较指令

比较指令用于比较两个数值或字符，当满足比较关系式给出的条件时，触点闭合。数值比较运算符有六种，分别为 =（等于）、< >（不等于）、<（小于）、>（大于）、< =（小于等于）、> =（大于等于）；字符串比较运算符有两种：= 和 < >。

比较指令包括字节比较、整数比较、双字整数比较、实数比较和字符串比较五种。比较指令的语句表格式见表 3-3。

**表 3-3　比较指令的语句表格式**

| 字节比较指令 | 整数比较指令 | 双字整数比较指令 | 实数比较指令 | 字符串比较指令 |
|---|---|---|---|---|
| LDB =　IN1,IN2 | LDW =　IN1,IN2 | LDD =　IN1,IN2 | LDR =　IN1,IN2 | LDS =　IN1,IN2 |
| LDB < >　IN1,IN2 | LDW < >　IN1,IN2 | LDD < >　IN1,IN2 | LDR < >　IN1,IN2 | LDS < >　IN1,IN2 |
| LDB > =　IN1,IN2 | LDW > =　IN1,IN2 | LDD > =　IN1,IN2 | LDR > =　IN1,IN2 | AS =　IN1,IN2 |
| LDB < =　IN1,IN2 | LDW < =　IN1,IN2 | LDD < =　IN1,IN2 | LDR < =　IN1,IN2 | AS < >　IN1,IN2 |
| LDB >　IN1,IN2 | LDW >　IN1,IN2 | LDD >　IN1,IN2 | LDR >　IN1,IN2 | OS =　IN1,IN2 |
| LDB <　IN1,IN2 | LDW <　IN1,IN2 | LDD <　IN1,IN2 | LDR <　IN1,IN2 | OS < >　IN1,IN2 |
| AB =　IN1,IN2 | AW =　IN1,IN2 | AD =　IN1,IN2 | AR =　IN1,IN2 | |
| AB < >　IN1,IN2 | AW < >　IN1,IN2 | AD < >　IN1,IN2 | AR < >　IN1,IN2 | |
| AB > =　IN1,IN2 | AW > =　IN1,IN2 | AD > =　IN1,IN2 | AR > =　IN1,IN2 | |
| AB < =　IN1,IN2 | AW < =　IN1,IN2 | AD < =　IN1,IN2 | AR < =　IN1,IN2 | |
| AB >　IN1,IN2 | AW >　IN1,IN2 | AD >　IN1,IN2 | AR >　IN1,IN2 | |
| AB <　IN1,IN2 | AW <　IN1,IN2 | AD <　IN1,IN2 | AR <　IN1,IN2 | |

（续）

| 字节比较指令 | 整数比较指令 | 双字整数比较指令 | 实数比较指令 | 字符串比较指令 |
|---|---|---|---|---|
| OB = IN1,IN2 | OW = IN1,IN2 | OD = IN1,IN2 | OR = IN1,IN2 | |
| OB < > IN1,IN2 | OW < > IN1,IN2 | OD < > IN1,IN2 | OR < > IN1,IN2 | |
| OB > = IN1,IN2 | OW > = IN1,IN2 | OD > = IN1,IN2 | OR > = IN1,IN2 | |
| OB < = IN1,IN2 | OW < = IN1,IN2 | OD < = IN1,IN2 | OR < = IN1,IN2 | |
| OB > IN1,IN2 | OW > IN1,IN2 | OD > IN1,IN2 | OR > IN1,IN2 | |
| OB < IN1,IN2 | OW < IN1,IN2 | OD < IN1,IN2 | OR < IN1,IN2 | |

指令相关说明：

1）指令中 IN1 及 IN2 为用于比较的两个操作数。

2）指令中 B 表示字节，W 表示整数，D 表示双字整数，R 表示实数，S 表示字符串。

3）指令中以 LD 开始的指令表示取比较触点，A 开始的指令表示串联比较触点，O 开始的指令表示并联比较触点。

4）比较字节操作是无符号的。比较整数操作是有符号的。比较双字操作是有符号的。比较实数操作是有符号的。比较字符串即比较其 ASCII 字符。

5）当比较结果为真时，比较指令将 1 载入堆栈的顶部，再将 1 与堆栈顶部的值做“与”或者“或”运算（对于 STL）。

6）梯形图表示如图 3-29 所示（仅以 LDB =、AW > =、OD < =、AR < >、AS = 为例，其余类同）。梯形图中触点中间的 B、I、D、R、S 分别表示字节、整数、双字、实数和字符串比较。

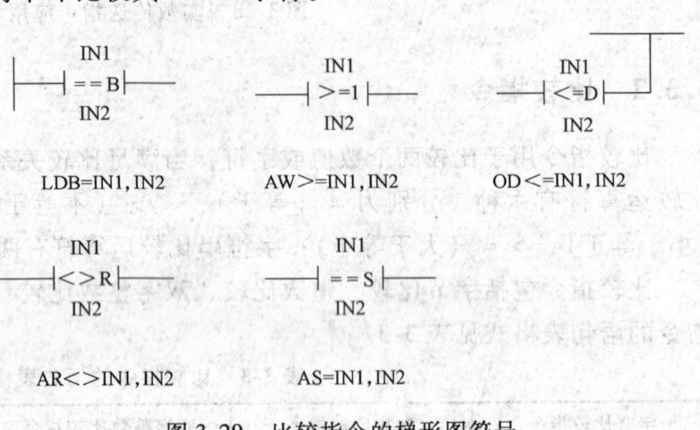


图 3-29　比较指令的梯形图符号

7）字节比较时，IN1、IN2 可以为数据区的 IB、QB、VB、MB、SMB、SB、LB、AC、* VD、* LD、* AC、常量；

整数比较时，IN1、IN2 可以为数据区的 IW、QW、VW、MW、SMW、SW、T、C、LW、AC、AIW、* VD、* AC、* LD、常量；

双字整数比较时，IN1、IN2 可以为数据区的 ID、QD、VD、MD、SMD、SD、LD、AC、HC、* VD、* LD、* AC、常量；

实数比较时，IN1、IN2 可以为数据区的 ID、QD、VD、MD、SMD、SD、LD、AC、* VD、* LD、* AC、常量；

字符串比较时，IN1、IN2 可以为数据区的 VB、LB、* VD、* LD、* AC；

比较指令输出为布尔型数据，可以为数据区的 I、Q、V、M、SM、S、T、C、L、功率流。

**【例 3-10】** 比较指令应用示例，一自动仓库存放某种货物，最多 6000 箱，需对所存的货物进出计数。控制要求如下：

1）货物多于1000箱，灯L1亮；货物多于5000箱，灯L2亮。

2）L1和L2分别受Q0.0和Q0.1控制，数值1000和5000分别存储在VW20和VW30字存储单元中。

**解**：实现上述控制要求的梯形图和语句表程序如图3-30所示。

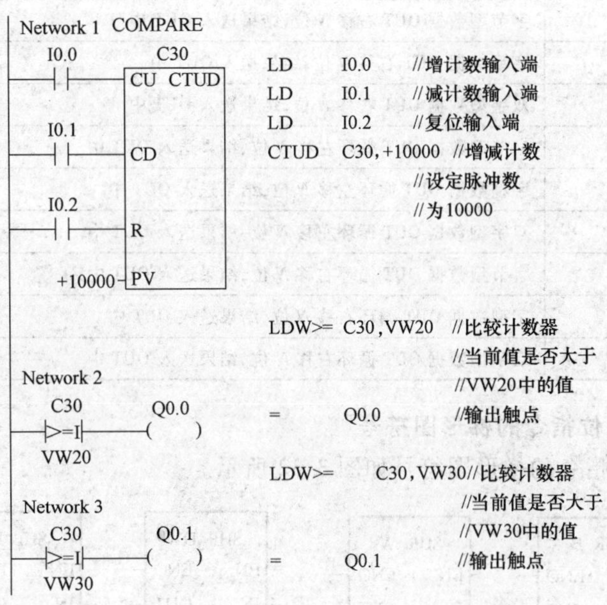


图3-30 比较指令应用示例

## 3.3.3 移位指令

移位指令的功能是将一个二进制数$N$按位向左或向右移动。可分为左移、右移、循环左移和循环右移四种。将$N$左移一位后，其最低位补0；将$N$右移一位后，其最高位补0；将$N$循环左移一位后，移出的最高位填入最低位；将$N$循环右移一位后，移出的最低位填入最高位。移位功能示意图如图3-31所示。

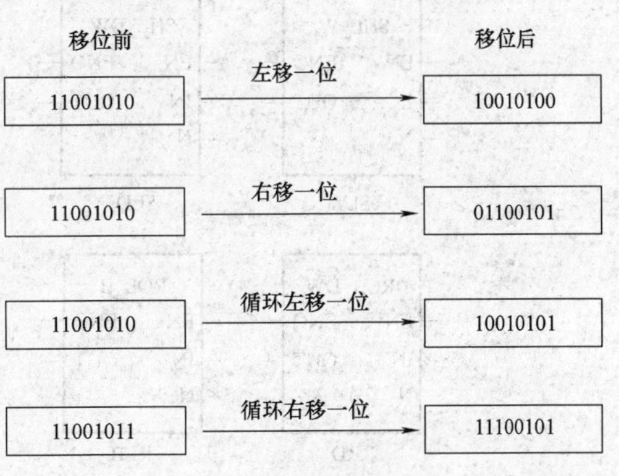


图3-31 移位功能示意图

在S7-200 PLC中，左、右移位指令每次移出的位将送入特殊标志SM1.1中，循环移位指令每次移出的位除送入另一端外，也将送入特殊标志SM1.1中。若左移、右移指令中移位次数大于数据$N$的位数，则特殊标志SM1.1置位。

S7-200 PLC移位指令的操作数可以为字节型（8位）、字型（16位）和双字型（32位）。

**1. 移位与循环移位指令的语句表格式及功能**

移位与循环移位指令的语句表格式及功能见表3-4。

表 3-4 移位与循环移位指令的语句表格式及功能

| 指令格式 | 功能描述 |
| --- | --- |
| SLB OUT,N | 字节型数据 OUT 左移 $N$ 位,结果送入 OUT 中 |
| SLW OUT,N | 字型数据 OUT 左移 $N$ 位,结果送入 OUT 中 |
| SLD OUT,N | 双字型数据 OUT 左移 $N$ 位,结果送入 OUT 中 |
| SRB OUT,N | 字节型数据 OUT 右移 $N$ 位,结果送入 OUT 中 |
| SRW OUT,N | 字型数据 OUT 右移 $N$ 位,结果送入 OUT 中 |
| SRD OUT,N | 双字型数据 OUT 右移 $N$ 位,结果送入 OUT 中 |
| RLB OUT,N | 字节型数据 OUT 循环左移 $N$ 位,结果送入 OUT 中 |
| RLW OUT,N | 字型数据 OUT 循环左移 $N$ 位,结果送入 OUT 中 |
| RLD OUT,N | 双字型数据 OUT 循环左移 $N$ 位,结果送入 OUT 中 |
| RRB OUT,N | 字节型数据 OUT 循环右移 $N$ 位,结果送入 OUT 中 |
| RRW OUT,N | 字型数据 OUT 循环右移 $N$ 位,结果送入 OUT 中 |
| RRD OUT,N | 双字型数据 OUT 循环右移 $N$ 位,结果送入 OUT 中 |

**2. 移位与循环移位指令的梯形图符号**

移位和循环移位指令的梯形图符号如图 3-32 所示。

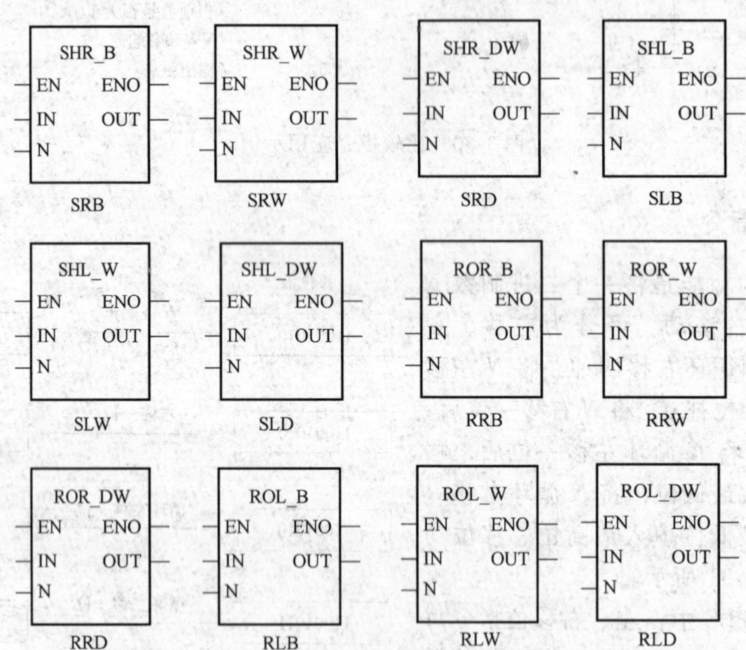


图 3-32 移位和循环移位指令的梯形图符号

**3. 移位与循环移位指令说明**

1）移位指令中字节操作是无符号的。对于字和双字操作，当使用有符号数据类型时符号位同样被移位。

2）字节移位时，其输入操作数 IN 可以使用数据区中的 IB、QB、VB、MB、SMB、SB、LB、AC、＊VD、＊LD、＊AC、常量；OUT 可以使用数据区中的 IB、QB、VB、MB、SMB、

SB、LB、AC、＊VD、＊LD、＊AC。

3）字移位时，其输入操作数 IN 可以使用数据区中的 IW、QW、VW、MW、SMW、SW、T、C、LW、AC、AIW、＊VD、＊LD、＊AC、常量；OUT 可以使用数据区中的 IW、QW、VW、MW、SMW、SW、T、C、LW、AIW、AC、＊VD、＊LD、＊AC。

4）双字移位时，其操作数 IN 可以使用数据区中的 ID、QD、VD、MD、SMD、SD、LD、AC、HC、＊VD、＊LD、＊AC、常量；OUT 可以使用数据区中的 ID、QD、VD、MD、SMD、SD、LD、AC、＊VD、＊LD、＊AC。

5）移位次数 N 为字节型数据，可以使用数据区中的 IB、QB、VB、MB、SMB、SB、LB、AC、＊VD、＊LD、＊AC、常量。

**4. 移位寄存器指令**

"移位寄存器"指令可以将数值移入"移位寄存器"。此指令提供用于排序和控制产品流或数据的方法。

（1）移位寄存器指令的语句表格式

SHRB　DATA，S_　BIT，N

（2）移位寄存器指令的梯形图符号　移位寄存器指令梯形图符号如图 3-33 所示。

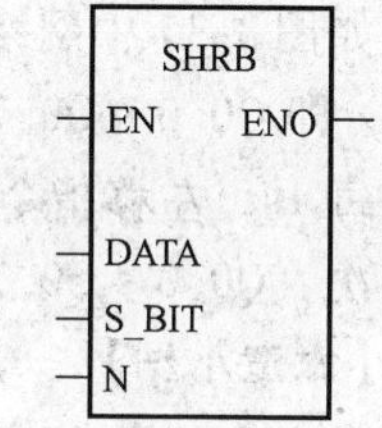


图 3-33　移位寄存器指令梯形图符号

（3）指令功能　将 DATA 端输入的数据移入移位寄存器中。

（4）指令说明

1）S_　BIT 用于指定移位寄存器的最低位地址。

2）N 用于指定移位寄存器的长度和移位的方向。当 N 为正数时，正向移位，寄存器中数据由低位向高位移动一位，DATA 端数据移入寄存器最低位，寄存器最高位移入 SM1.1。当 N 为负数时，反向移位，寄存器中数据由高位向低位移动一位，DATA 端数据移入寄存器最高位，寄存器最低位移入 SM1.1。

3）寄存器移位指令的操作数为字节型数据。操作数 DATA 和 S_　Bit 可以使用数据区中的 I、Q、V、M、SM、S、T、C、L；N 可以使用数据区中的 IB、QB、VB、MB、SMB、SB、LB、AC、＊VD、＊LD、＊AC、常量。

【例 3-11】　利用循环移位指令编写一个跑马灯程序，控制要求：8 个灯从左往右循环点亮，即 Q0.0～Q0.7 每隔 1s 点亮一个灯，周期循环。

**解**：实现上述控制要求的梯形图程序如图 3-34 所示。

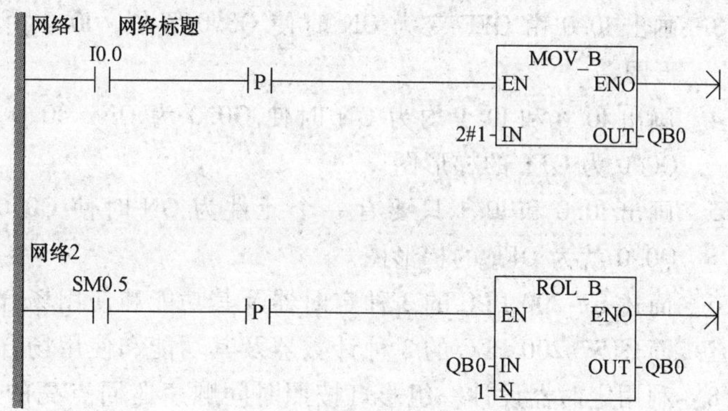


图 3-34　利用循环移位指令编写的跑马灯程序

如图 3-34 中网络 1 所示，当 I0.0 接通时，将 1 赋值给 QB0，即 QB0 的第一位 Q0.0 接通，由于正跳变指令的存在，即使 I0.0 一直接通，此传送指令也仅执行一次，网络 2 是一个循环左移指令，由于 SM0.5 是 1s 时钟脉冲，所以每 1s，循环左移指令执行一次，在 I0.0 接通一次后，Q0.0 ~ Q0.7 依次接通，每 1s 改变一次，循环往复。

**【例 3-12】** 利用移位指令编写 8 个灯先全部亮，接着 8 个灯从左往右依次熄灭，即 Q0.0 ~ Q0.7 每隔 1s 熄灭一个灯的控制程序。

**解：** 实现上述要求的梯形图程序如图 3-35 所示。

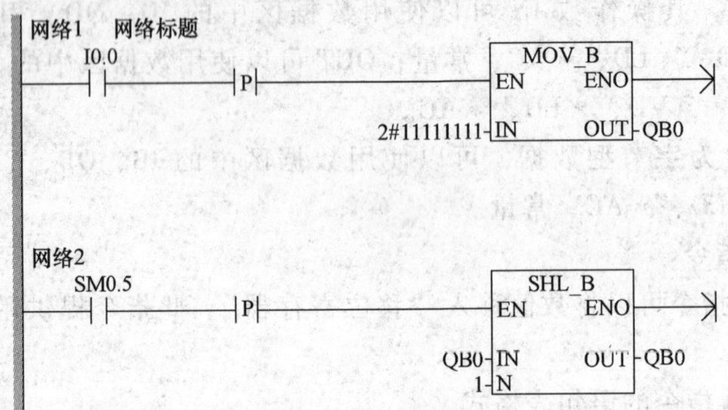


图 3-35 利用移位指令编写的灯程序

如图 3-35 中网络 1 所示，当 I0.0 接通时，产生一个正跳变，这时将 2#11111111 赋值给 QB0，即 Q0.0 ~ Q0.7 均被赋值为 1，网络 2 是一个左移指令，由于 SM0.5 是 1s 时钟脉冲，所以每 1s，左移指令执行一次，在 I0.0 接通一次后，Q0.0 ~ Q07 全部接通，而后，每 1s 改变一次，Q0.0 ~ Q0.7 依次熄灭。

**【本章小结】**

本章介绍了 S7-200 PLC 的指令系统，其中最重要的是基本指令，这些基本指令是 PLC 编程的基础。要求学生熟练掌握各种基本指令的梯形图和语句表使用方法。

1）理解各种基本指令的功能，熟练掌握位逻辑指令的使用方法。

2）理解定时器和计数器的工作原理。

3）了解传送、比较指令的功能。

4）S7-200 PLC 的 SIMATIC 指令系统速查可见附录 B 。

## 思考题与习题

3.1 举例说明输出指令和置位指令的区别。

3.2 举例说明脉冲跳变（微分）指令的特点和功能。

3.3 画出 I0.0 由 OFF 变为 ON 时使 Q0.0 置位，I0.0 由 ON 变为 OFF 时使 Q0.0 复位的梯形图。

3.4 画出 I0.0 和 I0.1 均为 ON 时使 Q0.0 为 ON，I0.0 和 I0.1 只要有一个元件为 OFF 则 Q0.0 为 OFF 的梯形图。

3.5 画出 I0.0 和 I0.1 只要有一个元件为 ON 时使 Q0.0 为 ON，I0.0 和 I0.1 均为 OFF 则 Q0.0 就为 OFF 的梯形图。

3.6 简述 S7-200 PLC 的 3 种定时器及其功能和使用场合。

3.7 简述 S7-200 PLC 的 3 种计数器及其功能和使用场合。

3.8 利用定时器设计一组彩灯按照时间顺序巡回点亮的程序。共有 4 个彩灯，启动开关闭合以后，彩灯根据要求运行。启动开关断开，彩灯结束运行。运行要求每个相邻彩灯的接通时间相隔 1s，每个彩灯接通后亮 4s。

3.9　写出图 3-36 所示梯形图对应的语句表程序。

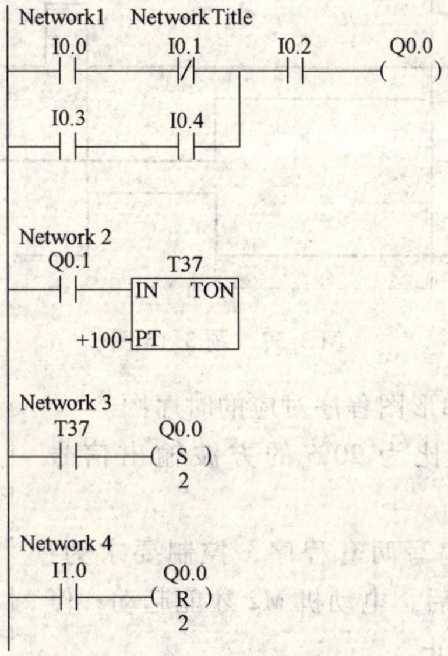

Network1　Network Title

I0.0　I0.1　I0.2　Q0.0

I0.3　I0.4

Network 2

Q0.1　T37

IN　TON

+100-PT

Network 3

T37　Q0.0

S

2

Network 4

I1.0　Q0.0

R

2

图 3-36　题 3.9 图

3.10　画出下列语句表程序对应的梯形图程序。

**Network 1**　Network Title

```
LD      I0.1
LD      I0.2
O       I0.3
A       I0.4
OLD
A       I0.5
=       Q1.0
```

**Network 2**

```
LD      I1.0
O       Q1.1
AN      I1.1
=       Q1.1
```

3.11　用自复位式定时器设计一个周期为 5s，脉冲为一个扫描周期的脉冲串信号。

3.12　设计一个计数范围为 60000 的计数器。

3.13　用置位、复位指令设计一台电动机的起、停控制。

3.14　用循环移位指令设计一个彩灯控制程序，8 路彩灯串按 H1→H2→H3→…→H8 的顺序依次点亮，且不断重复循环。要求：起动按钮按下，彩灯开始顺序点亮，停止按钮按下时，8 路彩灯同时熄灭，各路彩灯之间点亮的间隔时间为 1s。

3.15　用移位寄存器指令设计一个路灯照明系统的控制程序，要求 3 路灯按 H1→H2→H3 的顺序依次点亮。各路灯之间点亮的间隔时间为 30min。

3.16　设计满足图 3-37 所示时序图的梯形图程序。

3.17　立即 I/O 指令有何特点？它应用于什么场合？

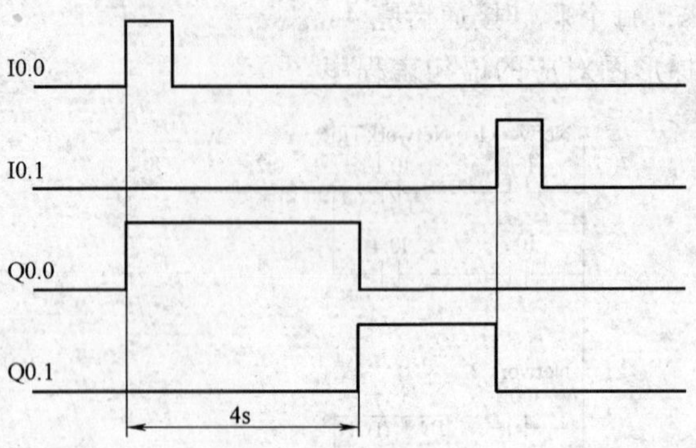


图 3-37　题 3.16 图

3.18　画出执行图 3-38 所示梯形图程序对应的时序图。

3.19　设计周期为 5s，占空比为 20% 的方波输出信号程序。

使用置位、复位指令，编写两套程序，控制要求为：

(1) 起动时，电动机 M1 起动后，电动机 M2 才能起动；停止时，电动机 M1、M2 同时停止。

(2) 起动时，电动机 M1、M2 同时起动；停止时，只有在 M2 停止后，电动机 M1 才能停止。

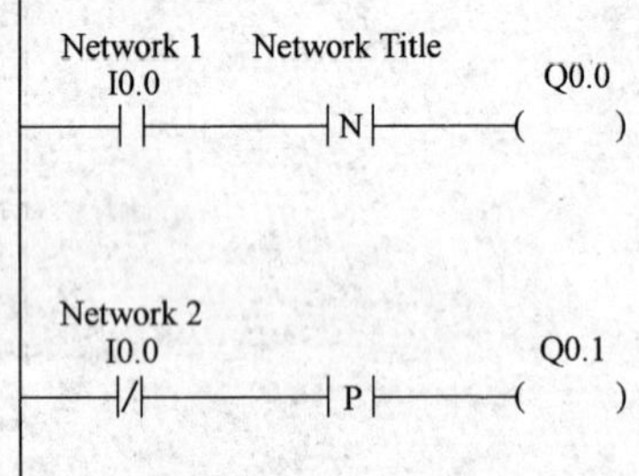


图 3-38　题 3.18 图

3.20　设计完成满足要求的程序。按钮 I0.0 按下后，Q0.0 变为 1 状态并保持，I0.1 输入 3 个脉冲后（用 C1 计数），T37 开始定时，10s 后，Q0.0 变为 0 状态，同时 C1 被复位。

3.21　已知 I0.0 的时序图，执行图 3-39 所示梯形图程序，画出 Q0.0 的时序图。

3.22　按下按钮 AN1 后，红灯、绿灯、黄灯（L0、L1、L2）按图 3-40 所示时序图变化，设计并画出梯形图程序。

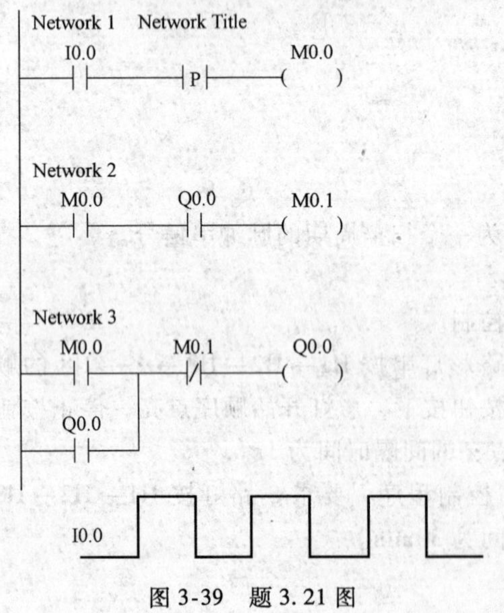


图 3-39　题 3.21 图

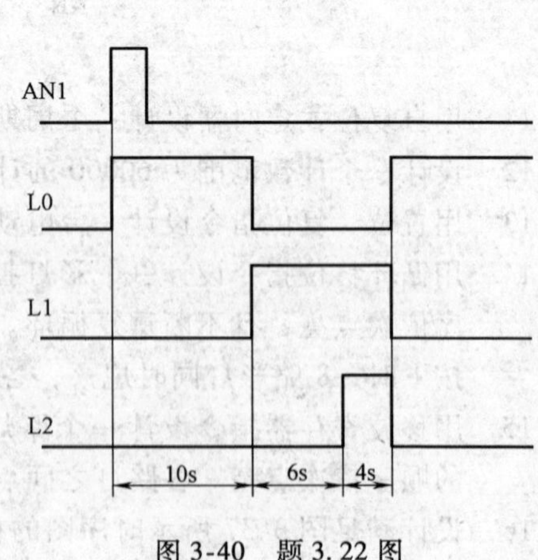


图 3-40　题 3.22 图

# 第4章　PLC编程软件STEP 7-Micro/WIN的应用

西门子S7-200 PLC的编程工具包括编程器和编程软件。STEP 7-Micro/WIN编程软件是西门子公司专为S7-200 PLC研制开发的，作为西门子S7-200 PLC最主要的编程工具。它是基于Windows平台的应用软件，功能强大，既可用于开发用户程序，又可实时监控用户程序的执行状态，设置更改PLC的工作方式等。本章在4.1节介绍STEP 7-Micro/WIN编程软件的安装方法及其主要功能，随后在4.2节介绍常用的编程规则，以及编制一个程序的方法和步骤，最后在4.3节以一个实际的例程介绍了使用STEP 7-Micro/WIN进行程序开发与调试的主要步骤。在学习本章时，建议先按照4.1节软件的安装方法，将软件正确安装在计算机上，接着了解软件的各部分功能以及编程规则，最后依照4.3节给出的实际例子，初步学习编制并调试一个程序的方法。

## 4.1　编程软件STEP 7-Micro/WIN的安装方法及主要功能

STEP 7-Micro/WIN编程软件具有参数设置、编程调试、在线诊断、指令向导和密码保护等功能，软件包含多种协议库、指令库、PID整定控制和数据归档等。使用PPI协议编程电缆实现计算机与PLC之间的通信、上传和下载程序。下面将介绍该软件的安装方法及主要功能等内容。

### 4.1.1　编程软件STEP 7-Micro/WIN的安装方法

**1. 系统配置要求**

STEP 7-Micro/WIN编程软件可以安装在个人计算机或西门子的编程器上使用，运行该编程软件的计算机系统要求见表4-1。

表4-1　安装STEP 7-Micro/WIN编程软件系统要求

| | |
|---|---|
| CPU | 400MHz PII处理器以上 |
| 内存 | 128MB以上 |
| 硬盘 | 500MB以上 |
| 操作系统 | Windows ME, Windows 2000, Windows XP, Windows 7等 |
| 计算机 | IBM PC及兼容机 |

**2. 软件安装**

STEP 7-Micro/WIN编程软件可以从西门子公司的网站上下载，也可以用光盘安装，安装步骤如下：

1）将“STEP 7 -Micro/WIN”安装光盘插入光驱中，或将“STEP 7 -Micro/WIN”安装软件复制到计算机硬盘中，双击“STEP 7-Micro/WIN”的安装文件“setup. exe”，屏幕上弹出如图4-1所示“STEP 7-Micro/WIN-InstallShield Wizard”对话框，单击对话框中“Next”

按钮，弹出“选择设置语言”对话框。

2）当“选择设置语言”对话框弹出后，在对话框中的下拉列表中选择“英语”，然后单击对话框中的“确定”按钮，开始软件的安装，如图4-2所示。

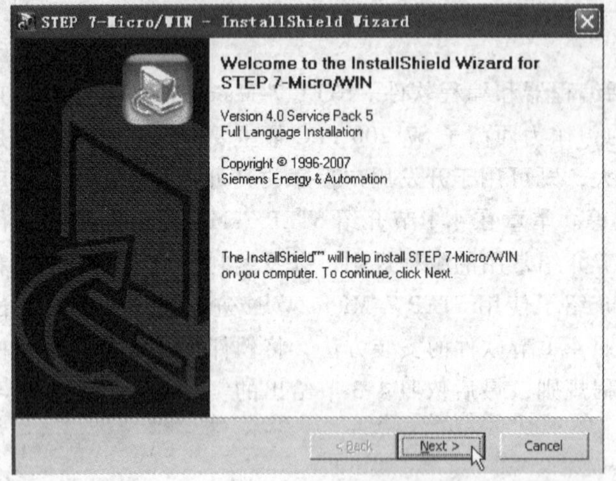


图4-1 “STEP 7-Micro/WIN-InstallShield Wizard”对话框

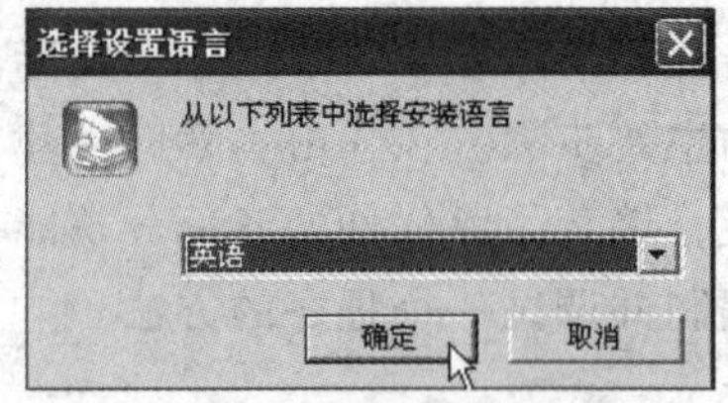


图4-2 “选择设置语言”对话框

3）单击“确定”按钮后，弹出许可认证的对话框，如图4-3所示。

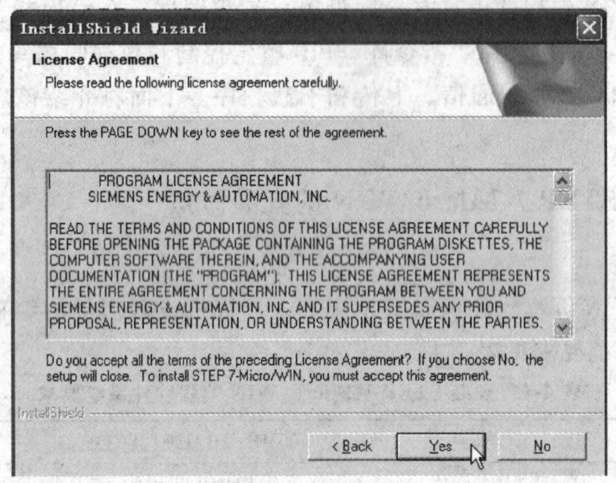


图4-3 “InstallShield Wizard”对话框

4）单击“Yes”按钮，即可完成认证许可。同时弹出选择安装路径的对话框，如图4-4所示。如果使用程序默认的安装路径，则在对话框右下角直接单击“Next”按钮，进行下一步的安装；如果需要更改安装路径，单击“Browse...”按钮，选择自定义的安装路径后，再单击“Next”按钮进行下一步的安装。

5）完成安装路径的设置后，单击“Next”按钮，将出现如图4-5所示的对话框。稍等片刻，直到安装程序准备完毕。

6）安装程序准备完成后进入自动安装过程，在安装过程中会自动打开和关闭相关对话框。当出现“Set PG/PC Interface”（PG/PC接口设定）对话框后，如图4-6所示。可以设置通信驱动程序，用于选择PC和PLC间连接的通信协议。可以在这个地方选择某一协议，

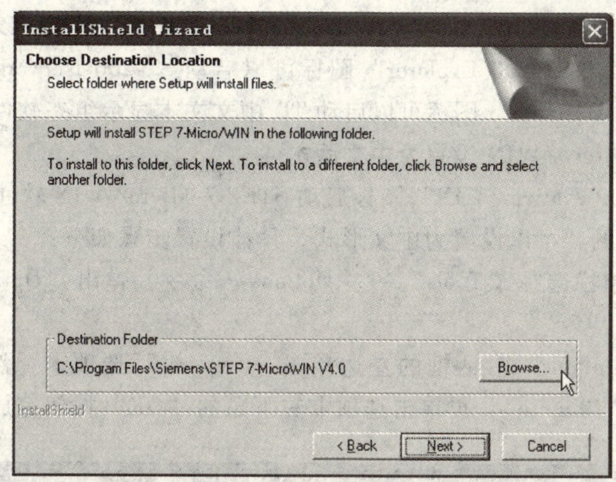


图 4-4 “InstallShield Wizard” 对话框

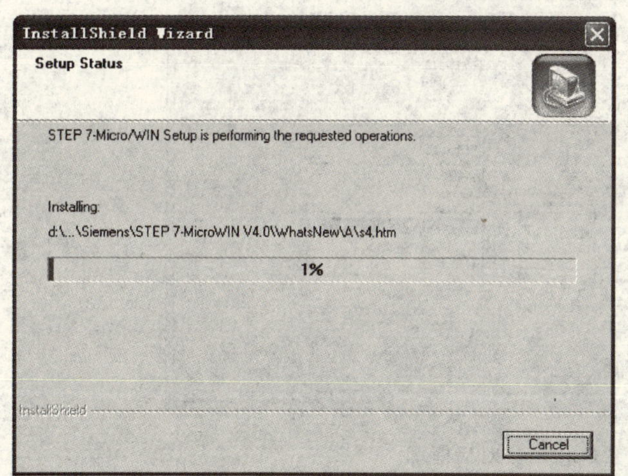


图 4-5 “InstallShield Wizard” 对话框

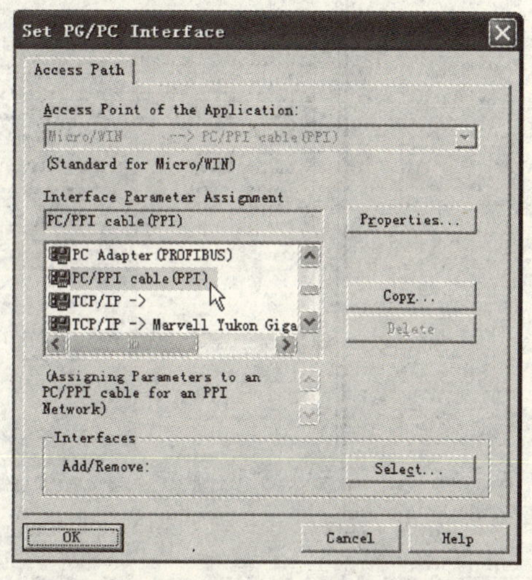


图 4-6 “Set PG/PC Interface”通信接口设置对话框

然后单击左下角的“OK”按钮；也可以选择右下角的“Cancel”按钮，退出选择窗口，等程序安装完成后再设置“PG/PC 接口”参数。

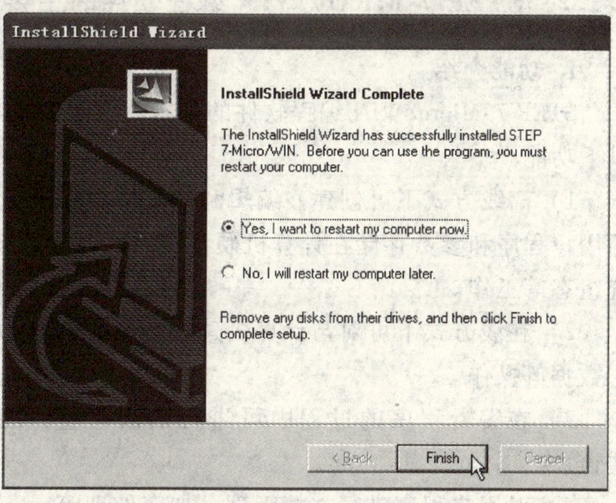


图 4-7 “InstallShield Wizard” 对话框

7）完成 PG/PC 接口设定对话框的参数设定后，安装程序再次进入自动安装过程。当自动安装完成后弹出如图 4-7 所示对话框，提示要求立刻重新启动计算机或稍后重新启动计算机，建议用户选择默认项，单击“Finish”按钮以完成程序的安装。

软件安装成功后，在计算机桌面

上生成打开软件的快捷方式。双击“V4.0 STEP 7 Micro/WIN”图标可以启动 STEP 7-Micro/WIN 软件；双击“V2.0 S7-200 Explorer”图标可以启动 S7-200 Network 设备浏览界面；双击“V1.0 TD Keypad Designer”图标可以启动 TD 中文文本显示组态软件。

**3. 将 STEP 7 -Micro/WIN 设置为中文版本**

双击“V4.0 STEP 7 Micro/WIN”图标启动 STEP 7-Micro/ WIN 软件。首次启动软件时，界面和菜单都是英文的，可以设置为中文形式，具体设置步骤如下：

1）在程序的菜单栏选择“Tools”→“Options”命令，弹出“Options”对话框，如图 4-8 所示。

2）在弹出的“Options”对话框的左边单击“General”选项卡，然后在右边的“Language”选项中选择“Chinese”，再单击选项卡右下角的“OK”按钮完成设置。

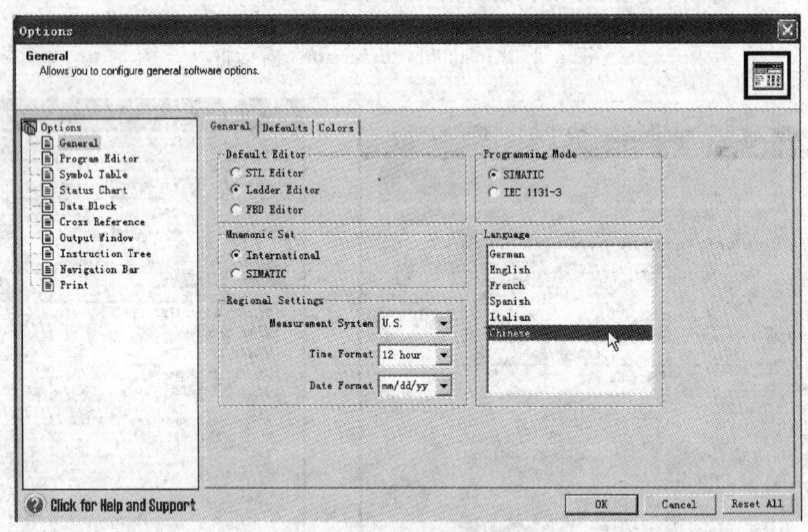


图 4-8 “Options”对话框

3）退出编程软件后再重新打开软件，这时软件界面、菜单等都由中文方式显示了。

## 4.1.2 STEP 7-Micro/WIN 编程软件的主要功能

**1. 功能介绍**

STEP 7-Micro/WIN 编程软件的基本功能是协助用户完成应用程序的开发，其主要实现以下功能：

1）离线方式下可创建、编辑和修改用户程序。该方式下，计算机不与 PLC 连接，编写的用户程序和参数存储在计算机硬盘上。此时能完成大部分的基本功能，如编程、编译、系统组态等工作。

2）在线方式下可对与计算机建立连接的 PLC 直接进行上载、下载用户程序，监视和组态数据等操作。

3）在编辑程序的过程中可进行语法检查，能避免一些语法错误和数据类型方面的错误。

4）对用户程序进行文档管理、加密处理等。

5）设置 PLC 的参数、工作方式等。

**2. 软件主界面各部分功能介绍**

STEP 7-Micro/WIN 编程软件主界面如图 4-9 所示。

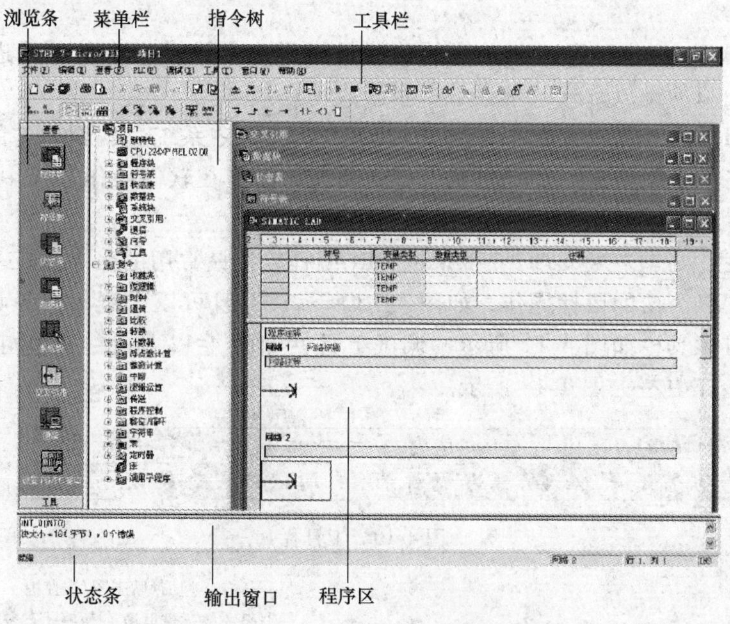


图 4-9 STEP 7-Micro/WIN 编程软件主界面

主界面主要包含菜单栏、工具栏、浏览条、指令树、输出窗口、状态条和程序区（可同时或分别打开 5 个用户窗口）等。

（1）菜单栏　在菜单栏中共有 8 个主菜单选项，包括文件、编辑、查看、PLC、调试、工具、窗口和帮助，各主菜单项的功能如下：

1）文件（File）　文件菜单项提供了如新建、打开、关闭、保存文件、另存、导入和导出、上载和下载程序、文件的页面设置、打印预览和打印设置、最近使用文件和退出等基本操作。

2）编辑（Edit）　编辑菜单项提供了编辑程序用的各种工具，如撤销、剪切、复制、粘贴、全选程序块或数据块的操作，以及插入、删除、查找、替换和转到等功能。

3）查看（View）　查看菜单项可以选择不同语言的程序编辑器（LAD、STL 或 FBD），在组件中进行程序块、数据块、符号表、状态表、系统块、交叉引用、通信、PG/PC 接口参数的设置，选择注解、网络注解显示与否，打开和关闭其他辅助窗口（如浏览条窗口、指令树窗口、输出窗口、工具条按钮区），对程序的属性进行设置。

4）可编程控制器（PLC）　PLC 菜单项用于实现与 PLC 联机时的操作，如改变 PLC 的运行方式（运行、停止），对用户程序在线或离线编译，清除 PLC 程序和数据、电源启动重置、查看 PLC 的信息、时钟、存储卡的操作、程序比较以及 PLC 的类型选择和通信设置等。

5）调试（Debug）　调试菜单项用于联机时的动态调试，有首次扫描、多次扫描、程序状态监控、状态表监控、单次读取、全部写入、用程序状态模拟运行条件（强制、取消强制、全部取消强制和读取全部强制）等选项。

6）工具（Tools） 工具菜单项提供复杂指令向导（如 PID 指令、NETR/NETW 指令和 HSC 指令）和文本显示器 TD200 设置向导，改变用户界面风格（如设置按钮及按钮样式、添加工具项），用“选项”子菜单可以设置三种程序编辑器的风格（如字体、指令盒的大小等样式）。

7）窗口（Windows） 窗口菜单项的功能是打开一个或多个窗口，并进行窗口间的切换。可以设置窗口的排放方式（如层叠、水平或垂直）。

8）帮助（Help） 帮助菜单项提供 S7-200 PLC 的指令系统及编程软件的所有信息，可以方便地检索各种帮助信息，还提供网上查询功能，而且在软件操作过程中可随时按 F1 键来显示在线帮助。

（2）工具栏 工具栏将 STEP 7-Micro/WIN 编程软件最常用的命令或工具以按钮形式设定到主窗口，提供简便的鼠标操作，如图 4-10 所示，并且可以定制每个工具条的内容和外观。其中，标准工具栏如图 4-11 所示，调试工具栏如图 4-12 所示，常用工具栏如图 4-13 所示，LAD 指令工具栏如图 4-14 所示。

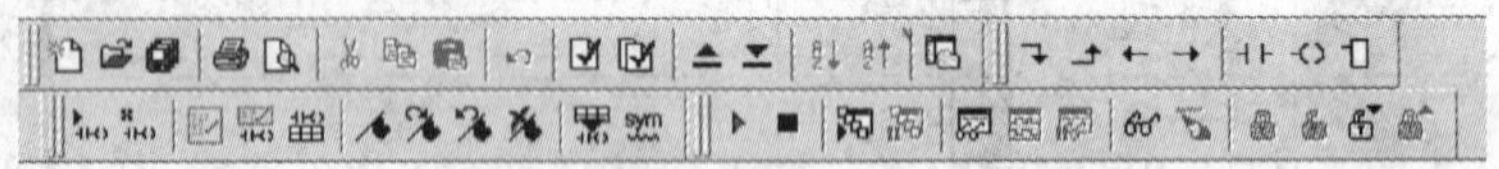

图 4-10 工具栏

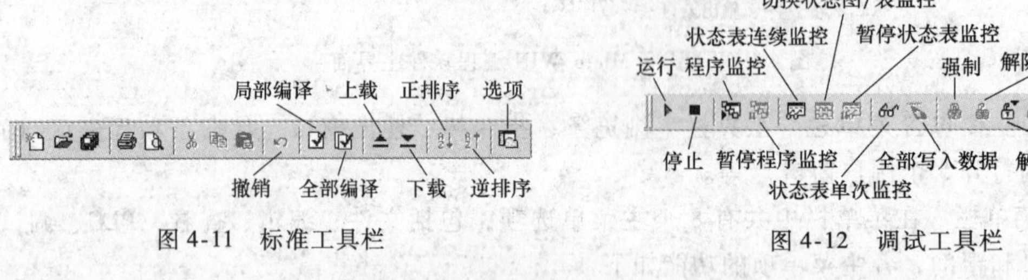


图 4-11 标准工具栏

图 4-12 调试工具栏



图 4-13 常用工具栏



图 4-14 LAD 指令工具栏

（3）浏览条 浏览条为编程提供按钮控制的快速窗口切换功能。该条可用“查看（View）”菜单中的“框架”选项来选择是否打开。浏览条包含程序块（Program Block）、符号表（Symbol Table）、状态图表（Status Chart）、数据块（Data Block）、系统块（System Block）、交叉引用（Cross Reference）、通信（Communication）和设置 PG/PC 接口等图标按钮。单击任何一个按钮，则主窗口切换成该按钮对应的窗口。执行“工具”→“选项”菜单命令，选择“浏览条”标签，可在浏览条中编辑字体。

浏览条中的所有操作都可用“指令树（InstructionTree）”窗口或通过“查看（View）”菜单来完成。在浏览条中的窗口自上而下排列如下所述：

1）程序块（Program Block） 程序块由可执行的程序代码和注释组成。程序块由主程序（OB1）、可选的子程序（SBR0）和中断程序（INT0）组成。可执行的程序代码可以下载到 PLC 中，而注释则被忽略。

2）符号表（Symbol Table） 符号表用来建立自定义符号与直接地址间的对应关系，并可附加注释，用户可以使用具有实际意义的符号作为编程元件，增加程序的可读性。例如，某一系统的起动按钮的输入地址是 I0.0，则可以在符号表中将 I0.0 的地址定义为“start”，这样梯形图所有地址为 I0.0 的编程元件都由“start”代替。

当程序编译完成后，将程序下载到 PLC 中时，所有的符号地址都将被转换成绝对地址，而符号表中的信息不能下载到 PLC 中。用下列方法可以打开符号表：在浏览条中单击“符号表”按钮；执行“查看”→“组件”→“符号表”菜单命令；打开指令树中的符号表或全局变量文件夹，然后双击一个表格图标。

3）状态表（Status Chart） 状态表用于联机调试时监视程序各变量的状态和当前值。只需在地址栏中写入需要监视的变量地址，在数据格式栏中标明变量的类型，就可以在运行时监视这些变量的状态和当前值。状态表不能下载到 PLC 中，只是监视用户程序运行的一种工具。

4）数据块（Data Block） 数据块窗口可以对变量寄存器 V 进行初始数据的赋值或修改，并可附加必要的注释说明。

5）系统块（System Block） 系统块主要用于系统组态。系统组态主要包括设置通信端口、数字量或模拟量输入滤波的延迟时间、设置脉冲捕捉、配置输出表、定义存储器保持范围、设置密码等。

6）交叉引用（Cross Reference） 交叉引用表列举出程序中是否已经使用和在何处使用某一符号名或内存赋值，并可以识别在程序中使用的全部操作数，并能够识别 POU（程序组织单元）、网络或行位置，以及每次使用的操作数指令上下文，还可以查看哪些内存区已经被使用，以及作为位还是作为字节、字或双字使用。使得 PLC 资源的使用情况一目了然。只有在程序编辑完成后，才能看到交叉引用表的内容。在交叉引用表中双击某个操作数时，可以显示含有该操作数的那部分程序。下面列举了不同语言的程序编辑器（LAD、FBD 或 STL）交叉引用列表的例子。LAD 交叉引用列表举例如图 4-15 所示，FBD 交叉引用列表举例如图 4-16所示，STL 交叉引用列表举例如图 4-17 所示。

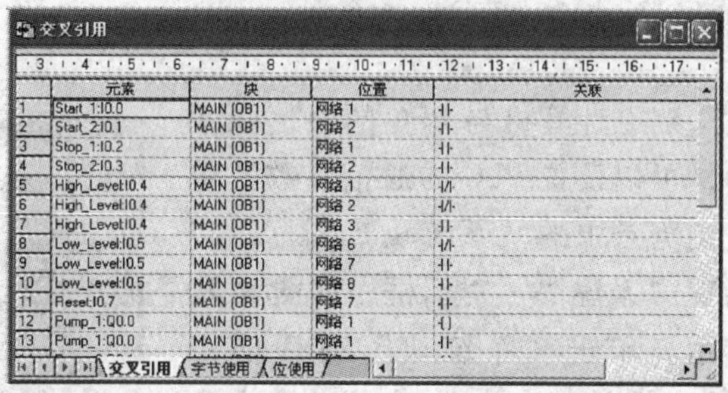

交叉引用

<table>
<tr><th></th><th>元素</th><th>块</th><th>位置</th><th>关联</th></tr>
<tr><td>1</td><td>Start_1:I0.0</td><td>MAIN (OB1)</td><td>网络 1</td><td>-| |-</td></tr>
<tr><td>2</td><td>Start_2:I0.1</td><td>MAIN (OB1)</td><td>网络 2</td><td>-| |-</td></tr>
<tr><td>3</td><td>Stop_1:I0.2</td><td>MAIN (OB1)</td><td>网络 1</td><td>-| |-</td></tr>
<tr><td>4</td><td>Stop_2:I0.3</td><td>MAIN (OB1)</td><td>网络 2</td><td>-| |-</td></tr>
<tr><td>5</td><td>High_Level:I0.4</td><td>MAIN (OB1)</td><td>网络 1</td><td>-|/|-</td></tr>
<tr><td>6</td><td>High_Level:I0.4</td><td>MAIN (OB1)</td><td>网络 2</td><td>-|/|-</td></tr>
<tr><td>7</td><td>High_Level:I0.4</td><td>MAIN (OB1)</td><td>网络 3</td><td>-| |-</td></tr>
<tr><td>8</td><td>Low_Level:I0.5</td><td>MAIN (OB1)</td><td>网络 6</td><td>-|/|-</td></tr>
<tr><td>9</td><td>Low_Level:I0.5</td><td>MAIN (OB1)</td><td>网络 7</td><td>-| |-</td></tr>
<tr><td>10</td><td>Low_Level:I0.5</td><td>MAIN (OB1)</td><td>网络 8</td><td>-| |-</td></tr>
<tr><td>11</td><td>Reset:I0.7</td><td>MAIN (OB1)</td><td>网络 7</td><td>-| |-</td></tr>
<tr><td>12</td><td>Pump_1:Q0.0</td><td>MAIN (OB1)</td><td>网络 1</td><td>-( )</td></tr>
<tr><td>13</td><td>Pump_1:Q0.0</td><td>MAIN (OB1)</td><td>网络 1</td><td>-| |-</td></tr>
</table>

交叉引用 / 字节使用 / 位使用

图 4-15 LAD 交叉引用列表举例

7）通信（Communications）和设置 PG/PC 接口 “通信”和“设置 PG/PC 接口”用来建立计算机与 PLC 之间的通信连接，以及通信参数的设置和修改。

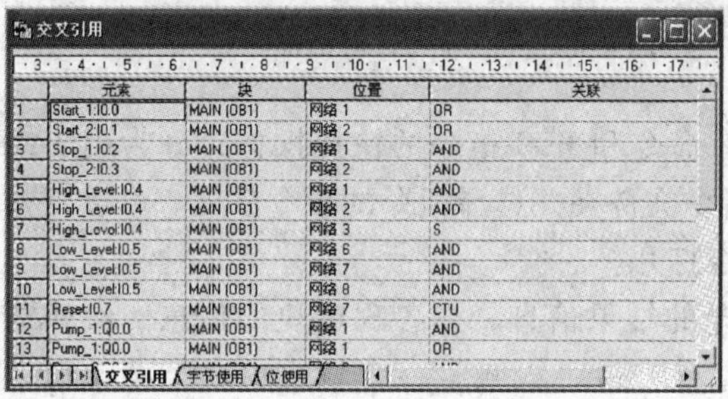

交叉引用

| | 元素 | 块 | 位置 | 关联 |
|---|---|---|---|---|
| 1 | Start_1:I0.0 | MAIN (OB1) | 网络 1 | OR |
| 2 | Start_2:I0.1 | MAIN (OB1) | 网络 2 | OR |
| 3 | Stop_1:I0.2 | MAIN (OB1) | 网络 1 | AND |
| 4 | Stop_2:I0.3 | MAIN (OB1) | 网络 2 | AND |
| 5 | High_Level:I0.4 | MAIN (OB1) | 网络 1 | AND |
| 6 | High_Level:I0.4 | MAIN (OB1) | 网络 2 | AND |
| 7 | High_Lovol:I0.4 | MAIN (OB1) | 网络 3 | S |
| 8 | Low_Level:I0.5 | MAIN (OB1) | 网络 6 | AND |
| 9 | Low_Level:I0.5 | MAIN (OB1) | 网络 7 | AND |
| 10 | Low_Level:I0.5 | MAIN (OB1) | 网络 8 | AND |
| 11 | Reset:I0.7 | MAIN (OB1) | 网络 7 | CTU |
| 12 | Pump_1:Q0.0 | MAIN (OB1) | 网络 1 | AND |
| 13 | Pump_1:Q0.0 | MAIN (OB1) | 网络 1 | OR |

交叉引用 / 字节使用 / 位使用

图 4-16 FBD 交叉引用列表举例

交叉引用

| | 元素 | 块 | 位置 | 关联 |
|---|---|---|---|---|
| 1 | Start_1:I0.0 | MAIN (OB1) | 网络 1, 行 1 | LD |
| 2 | Start_2:I0.1 | MAIN (OB1) | 网络 2, 行 1 | LD |
| 3 | Stop_1:I0.2 | MAIN (OB1) | 网络 1, 行 3 | A |
| 4 | Stop_2:I0.3 | MAIN (OB1) | 网络 2, 行 3 | A |
| 5 | High_Level:I0.4 | MAIN (OB1) | 网络 1, 行 4 | AN |
| 6 | High_Level:I0.4 | MAIN (OB1) | 网络 2, 行 4 | AN |
| 7 | High_Level:I0.4 | MAIN (OB1) | 网络 3, 行 1 | LD |
| 8 | Low_Level:I0.5 | MAIN (OB1) | 网络 6, 行 2 | AN |
| 9 | Low_Level:I0.5 | MAIN (OB1) | 网络 7, 行 1 | LD |
| 10 | Low_Level:I0.5 | MAIN (OB1) | 网络 8, 行 1 | LD |
| 11 | Reset:I0.7 | MAIN (OB1) | 网络 7, 行 3 | LD |
| 12 | Pump_1:Q0.0 | MAIN (OB1) | 网络 1, 行 2 | O |
| 13 | Pump_1:Q0.0 | MAIN (OB1) | 网络 1, 行 5 | = |

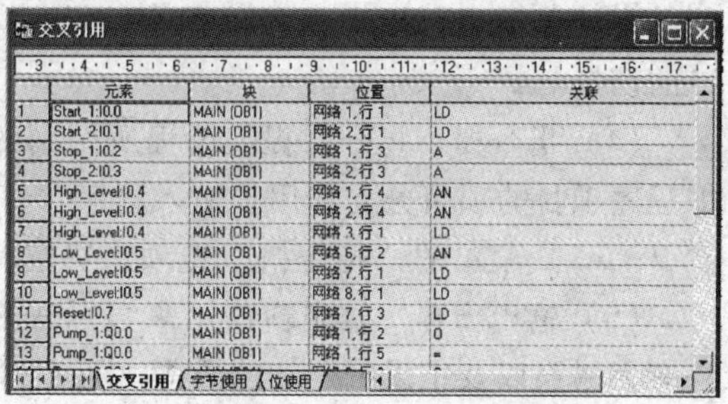

交叉引用 / 字节使用 / 位使用

图 4-17 STL 交叉引用列表举例

在浏览条中单击“设置 PG/PC 接口”进入 PG/PC 接口设置对话框（见图 4-18）或者单击“通信”图标，在弹出的“通信”对话框中单击其中的“设置 PG/PC 接口”按钮，也将弹出“PG/PC”接口对话框，此时可以安装或删除通信接口，检查各参数设置是否正确，其中波特率的初始默认值是 9600。

设置好参数后，就可以建立与 PLC 的通信联系。双击“通信”对话框中的“刷新”图标，如图 4-19 所示。STEP 7-Micro/WIN 将检查所有已连接的 S7-200 的 CPU 站，并为每一个站建立一个 CPU 图标。

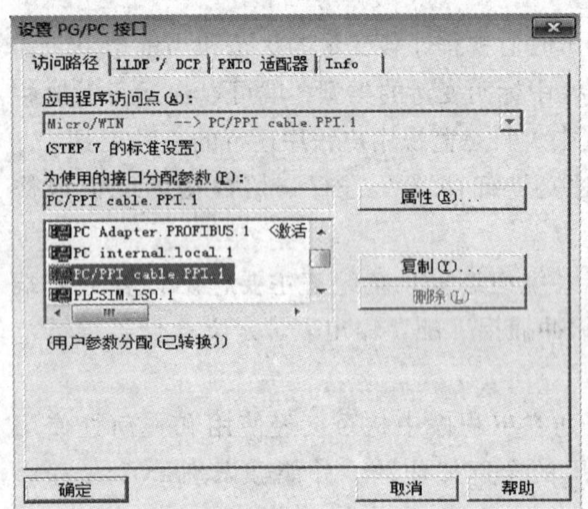


图 4-18 “设置 PG/PC 接口”通信接口设置对话框

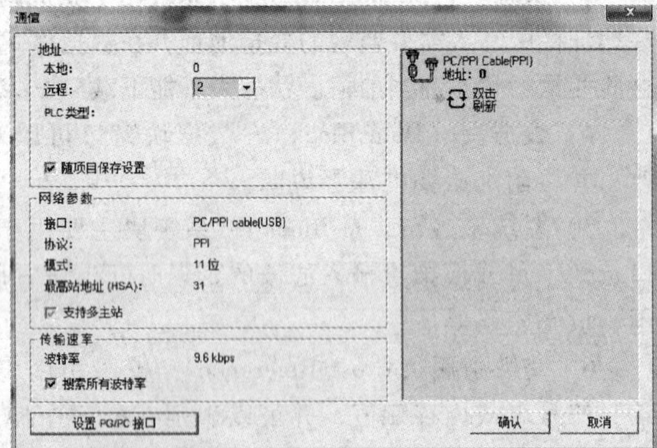


图 4-19 “通信”设置对话框

建立计算机与 PLC 的通信联系后，可以设置 PLC 的通信参数。单击浏览条中的“系统块”图标，将出现“系统块”对话框，如图 4-20 所示。单击“系统块”对话框中“通信端口（Port）”选项，检查和修改各参数，确认无误后，单击“确认”按钮。最后单击工具条的“下载”按钮，即可把确认后的参数下载到 PLC 主机。

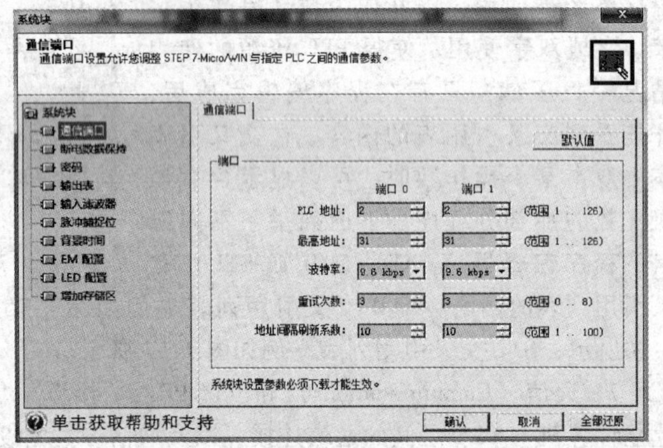


图 4-20 “系统块”对话框

用指令树窗口或查看（View）菜单中的选项也可以实现各编程窗口的切换。

（4）指令树 指令树提供编程所用到的所有命令和 PLC 指令的快捷操作，分为用于组织程序项目的项目分支和用于输入程序、打开指令文件夹并选择指令的指令分支。可以用查看（View）菜单的“指令树”选项来决定其是否打开。

（5）输出窗口 输出窗口用来显示程序编译的结果信息。如各程序块的信息、编译结果有无错误以及错误编码和位置等。可通过“查看”→“框架”→“输出窗口”菜单命令打开或关闭输出窗口。

(6) 状态条 状态条提供用户在 STEP 7-Micro/WIN 中操作时的操作状态信息。当用户在编辑模式时，显示编辑器信息。状态栏根据具体情形显示下列信息：简要状态说明；当前网络号码；光标位置（用于 STL 编辑器的行和列；用于 LAD 或 FBD 编辑器的行和列）；当前编辑模式：插入或覆盖；表示背景任务状态的图标：例如保存或打印。

打开程序状态监控或状态表监控时，可使用在线状态信息。状态栏根据具体情形显示下列信息：用于通信的本地硬件配置；波特率；本地站和远程站的通信地址；PLC 操作模式；存在致命或非致命错误的状况（如果有）；一个强制图标，如果至少有一个地址在 PLC 中被强制。

(7) 程序区 在程序区中，程序块、数据块、系统块、符号表、状态表、局部变量表、交叉引用可以同时或分别打开。可以用梯形图、语句表或功能表图程序编辑器编写和修改用户程序。

(8) 局部变量表 每个程序块都对应一个局部变量表，在带参数的子程序调用中，参数的传递就是通过局部变量表进行的。在程序区中将水平分裂条下拉即可显示局部变量表，将水平分裂条拉至程序区的顶部，局部变量表不再显示，但仍旧存在。

## 4.2 S7-200 PLC 梯形图的编程规则及编程方法

### 4.2.1 S7-200 PLC 梯形图的编程规则

PLC 的梯形图程序是从继电器控制系统的基础上发展起来的一种编程语言。它是以从左到右、自上而下逐行扫描的方式工作的。因此在编制梯形图时，必须按照 PLC 的梯形图设计原则和规律进行。

**1. 梯形图编程元素的工作原理**

在梯形图中，触点代表电流可以通过的开关；线圈代表逻辑输出结果，例如，灯负载、电动机起动器、中间继电器或者内部输出条件等；指令盒代表电流到达此框时执行指令盒的功能，例如，计数、定时或数学操作等。

**2. 梯形图的编程规则**

在 PLC 梯形图中，“能流”的概念很重要，利用“能流”这一概念，可以更好地理解、分析和编写梯形图程序。假设在两个触点接通时，有一个假想的“概念电流”从左向右流动，这一方向与执行用户程序时的逻辑运算的顺序是一致的，只能起始于左母线，从左向右流动，触点接通的地方，可以理解为“概念电流”流过的地方，当这种“概念电流”流过线圈时，线圈就能“得电”动作，这种所谓的“概念电流”就称为“能流”。

梯形图采用水平布置画法，梯形图最左边的竖线称为左母线，右边的竖线称为右母线，S7-200 PLC 编程软件“STEP 7-Micro/WIN”的右母线省略不画，左右母线相当于电源线。网络必须从触点开始，以线圈或没有 ENO 端的指令盒结束。指令盒有 ENO 端时，电流扩展到指令盒以外，能在指令盒后放置指令。基本编程规则总结如下：

1）梯形图的触点应画在水平线上，不能画在垂直分支上，举例如图 4-21 所示。

2）梯形图的输入总是在图形的左边，输出总是在图形的右边，在一个梯级中，左、右母线之间是一个完整的“电路”（举例如图 4-22 所示），不允许“短路”（举例如图 4-23 所

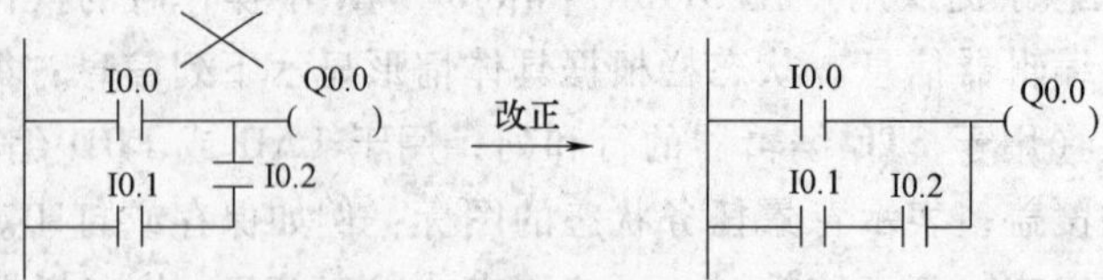


图 4-21　触点画在垂直分支的错误梯形图及更正后的梯形图

示)、“开路”(举例如图 4-24 所示), 也不允许“能流”反向流动(举例如图 4-25 所示)。否则将无法编译下载。

图 4-22　缺少输入触点的梯形图及改正后的梯形图

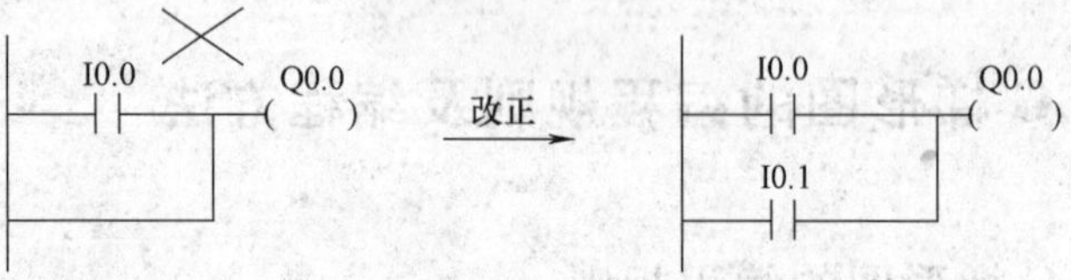

图 4-23　具有短路的错误梯形图及改正后的梯形图

图 4-24　具有开路的错误梯形图及改正后的梯形图

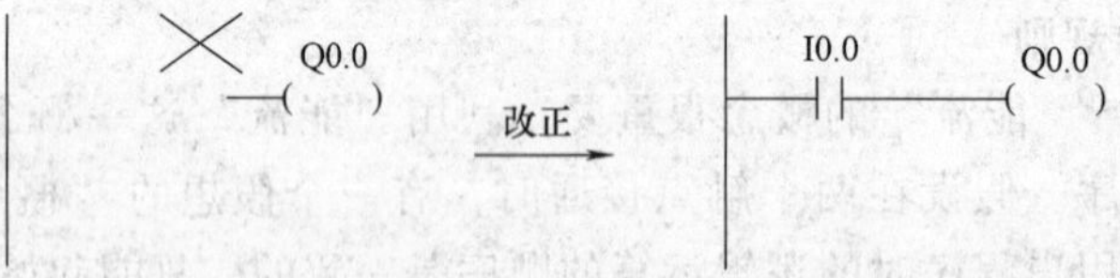

图 4-25　具有能流方向逆转的错误梯形图及改正后的梯形图

3) 梯形图中不能将触点画在线圈右边, 所有输入触点均在线圈左侧靠近左母线段。举例如图 4-26 所示。

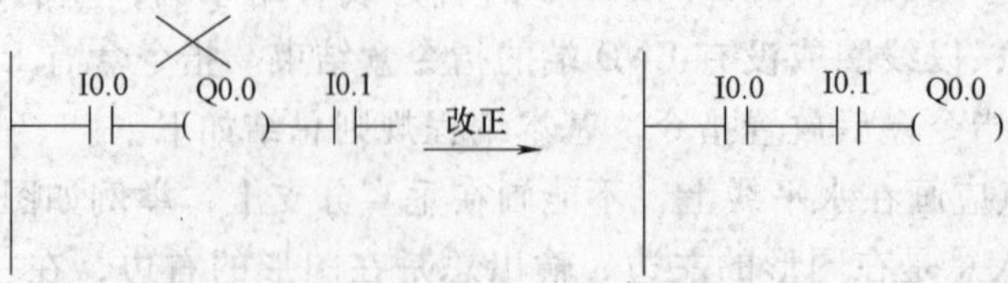

图 4-26　触点画在线圈右侧的错误梯形图及改正后的梯形图

4）梯形图中一个网络梯级不能出现两条能流线，若出现两条能流线，需将两条能流分开画在两个网络梯级中。举例如图 4-27 所示。

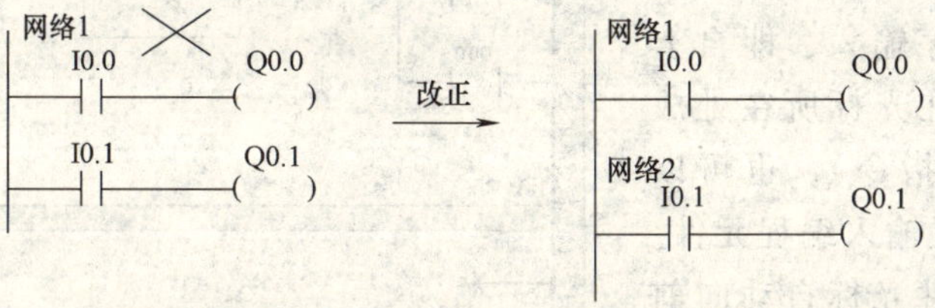

图 4-27　一个网络梯级出现两条能流的错误梯形图及改正后的梯形图

5）梯形图中右侧多个输出线圈不能串联在一条水平线上，需采用并联画法。举例如图 4-28 所示。

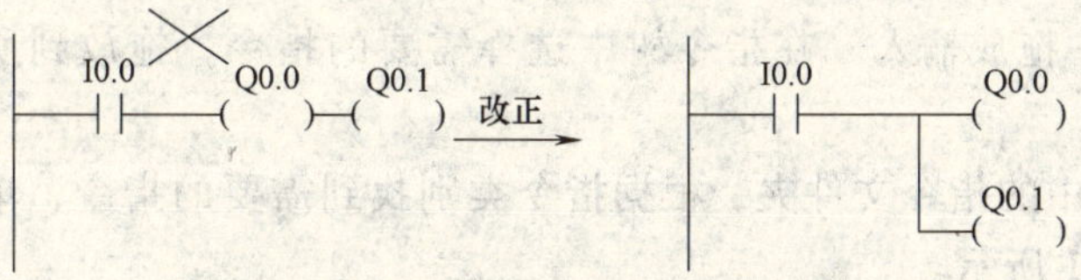

图 4-28　多个输出线圈串联的错误梯形图及改正后的梯形图

6）梯形图在绘制的过程中不要出现复杂的混联电路，需将其描述为逻辑清晰的梯形图，举例如图 4-29 所示。

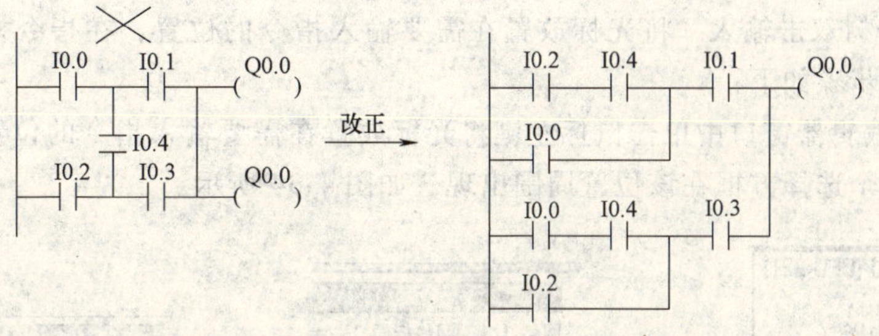


图 4-29　复杂混合电路梯形图及改正后的梯形图

### 4.2.2　S7-200 PLC 梯形图的编程方法

西门子 S7-200 PLC 常用的有三种程序编辑器（LAD、STL、FBD），其中梯形图（LAD）编辑器使用广泛，本书主要介绍使用梯形图编辑器进行编程。下面介绍梯形图程序的编程方法。

**1. 进入梯形图（LAD）编辑器**

执行菜单栏“查看”→“组件”→“程序编辑器”选项或单击主界面左侧浏览条中的“程序块”，可以进入梯形图编辑状态，程序编辑窗口显示梯形图编辑图标。梯形图程序编辑器界面如图 4-30 所示。

**2. 编程元件的输入方法**

梯形图中的程序被划分为若干个网络，一个网络中包含有触点、线圈和指令盒等元素。一个网络只能有一个独立的电路，有时一条指令（如 SCRE）也算是一个网络。梯形图的每一个网络必须从触点开始，以线圈或没有 ENO 输出的指令盒结束。线圈不允许串联使用。

程序一般是顺序输入，即自上而下、自左而右地在光标所在处放置编程元件（输入指令），也可以移动光标在任意位置输入编程元件。每输入一个编程元件光标自动向前移到下一列。换行时单击下一行位置移动光标。如图 4-30 所示，图中方框即为光标。

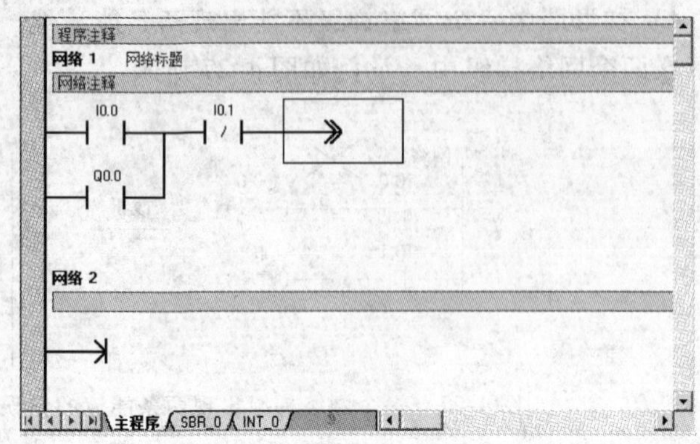


图 4-30 梯形图程序编辑器界面

下面主要介绍梯形图程序输入指令的三种方法。

（1）从指令树中拖放输入　在指令树中选择需要的指令，拖放到所需的网络位置。具体步骤如下：

1）打开指令树中的指令文件夹，根据指令类别找到需要的指令，单击鼠标左键选择需要的指令，如图 4-31 所示。

2）选中指令后不要松开鼠标左键，将所选指令拖曳至编程器界面中网络 1 左侧母线光标的位置，如图 4-32 所示。

3）将指令拖曳完成后松开鼠标左键按钮，指令将放置在网络 1 左侧母线旁的位置，光标向右跳动一格，如图 4-33 所示。再单击编程元件符号上方的“?? . ?”，输入地址或其他操作数。

（2）从指令树双击输入　将光标放置在需要输入指令的位置，在指令树中双击需要放置的指令。具体步骤如下：

1）在程序编辑器窗口中单击鼠标左键将光标放置在需要输入指令的位置，如网络 1 的左侧母线处，一个选择方框在该位置周围出现，如图 4-34 所示。

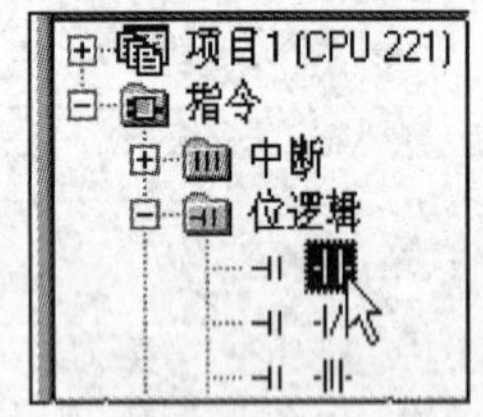


图 4-31 指令树中位逻辑指令选择界面

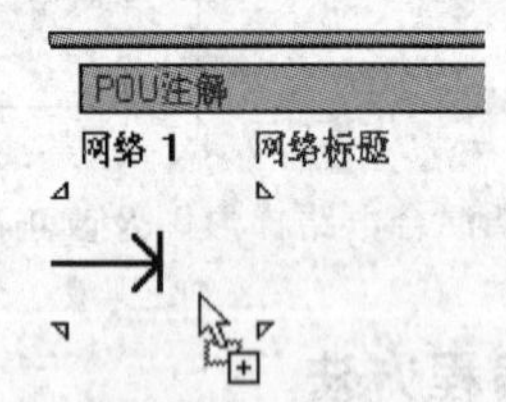


图 4-32 指令放置位置界面

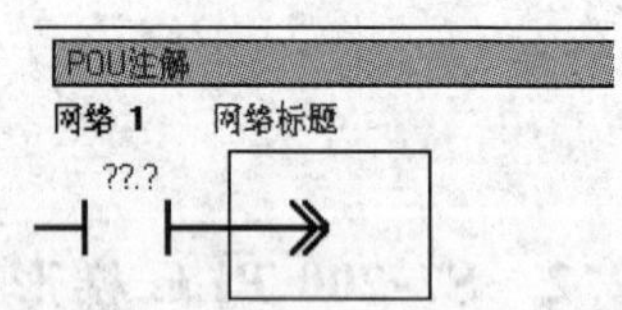


图 4-33 指令放置完成后的界面

2）然后打开指令树中的指令文件夹，浏览指令类别找到所需的指令并双击该指令。这里举例选择的是位逻辑指令中的常开触点，如图 4-35 所示。

3）双击该常开触点后，该指令在程序编辑器窗口中光标位置显示，同时光标向右移动一格，如图 4-36 所示。再单击编程元件符号上方的“?? . ?”，输入地址或其他操作数。

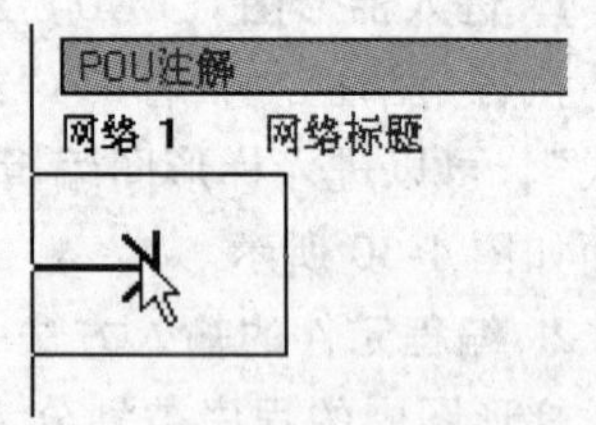


图 4-34 编程器中光标位置图

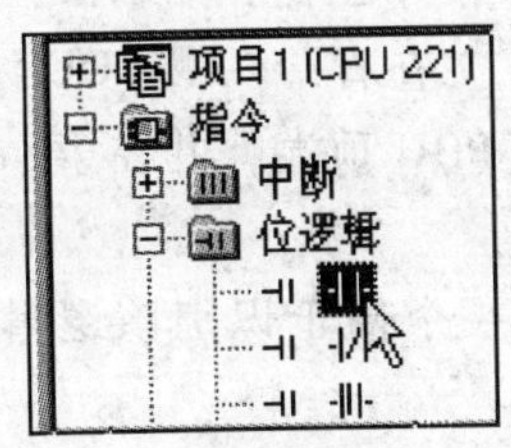


图 4-35　指令树中位逻辑指令选择界面

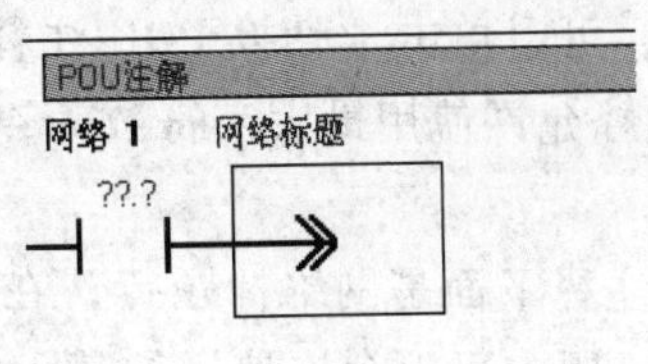


图 4-36　指令放置完成的界面

（3）工具条按钮/功能键的方式输入　单击工具栏指令按钮或使用功能键输入指令，具体步骤如下：

1）在程序编辑器窗口中单击鼠标左键将光标放在所需的位置，如网络 1 的左侧母线处，一个选择方框在该位置周围出现，如图 4-37 所示。

2）单击适当的工具条按钮，或者使用适当的功能键（F4 为触点、F6 为线圈、F9 为指令盒）打开一个通用指令窗口，选择需要的指令。该工具条有 7 个编程按键，前 4 个为不同方向的连接导线，后 3 个为触点、线圈、指令盒。图 4-38 所示为 LAD 指令工具栏。

3）当单击工具条中触点按钮后，出现一个下拉列表，如图 4-39 所示。滚动浏览至所需的指令。例如常开触点，单击常开触点指令或使用 Enter 键插入该指令。

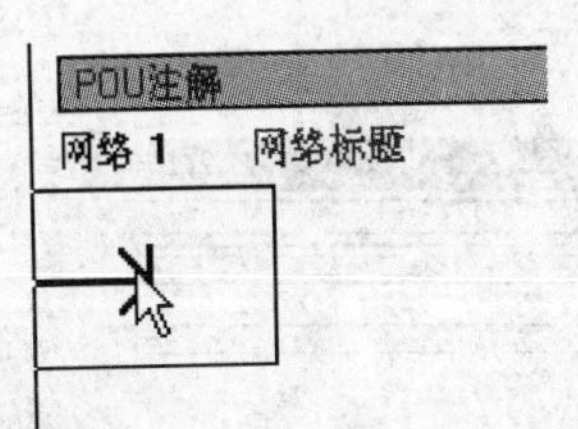


图 4-37　编辑器中光标位置图

图 4-38　LAD 指令工具栏

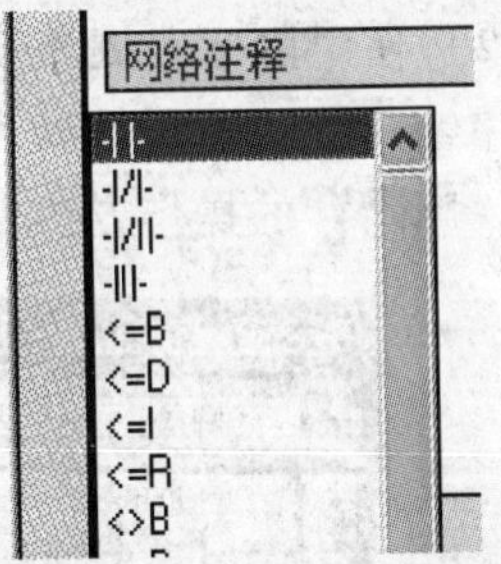


图 4-39　触点指令下拉列表图

4）将光标选中元件符号上方的“??.?”，输入地址或其他操作数后按 Enter 键确认，然后用移位键将光标移到下一层，输入新的程序，如图 4-40 所示。

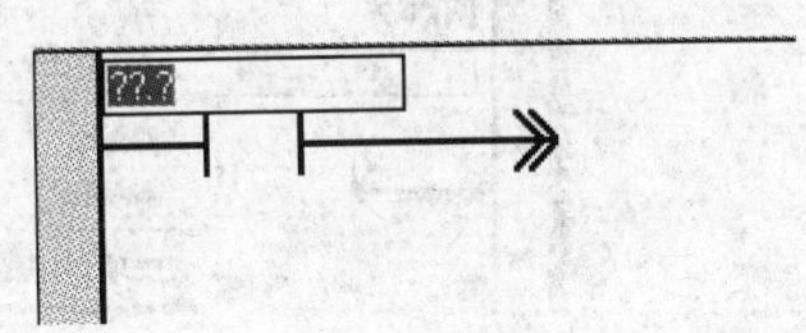


图 4-40　修改元件符号地址图

当输入操作数语法有误时，操作数显示为红色。当输入地址、符号超出范围或与指令类型不匹配时，在该值下面会出现红色波浪线，如图 4-41 所示。

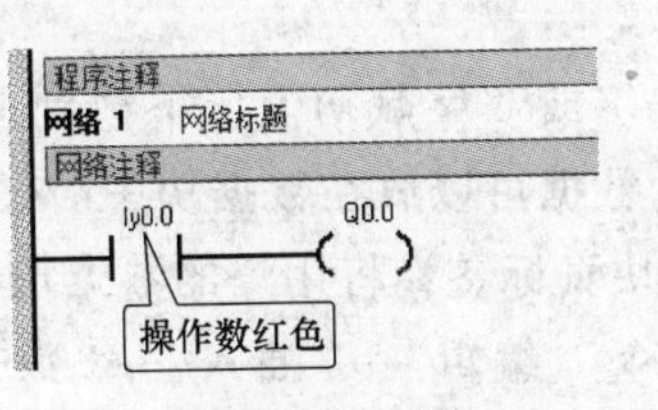


a) 操作数语法错误

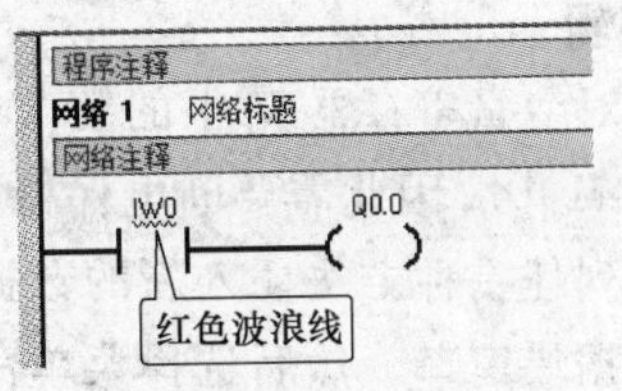


b) 输入地址与指令类型不匹配

图 4-41　输入操作数错误图

在“网络 1”上方的灰色方框中单击鼠标左键，可以输入程序注释。如果要打开或关闭程序注释，可以单击“切换 POU 注释”按钮或单击菜单命令“查看”→“POU 注释”。每条 POU 注释允许使用最大字符数为 4096。可视时，始终位于 POU 顶端，并在第一个网络之前显示。

POU 注释下面是网络标题行，在网络标题行中可以输入一个便于识别该逻辑网络的标题。网络标题中可以允许使用的最大字符数为 127。

网络标题下方灰色方框为网络注释，将光标移到灰色方框中，可以对网络的内容进行简单的说明，以便于程序的理解和阅读。网络注释中允许使用的最大字符数为 4096。如果要打开或关闭网络注释，可以在常用工具栏中单击“切换网络注释”按钮（如图 4-42 所示）或者执行“查看”→“网络注释”菜单命令。

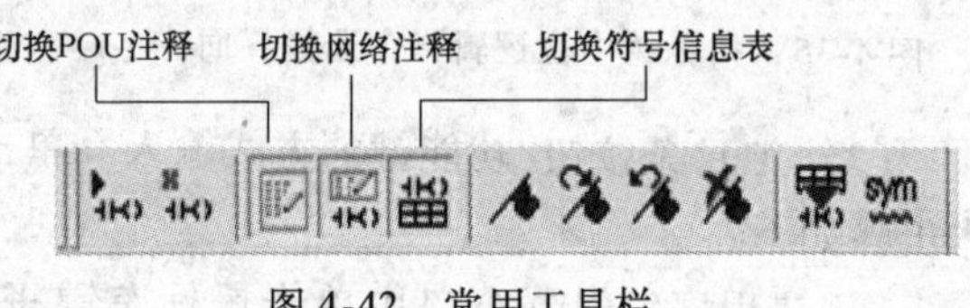


图 4-42　常用工具栏

### 3. 梯形图程序的插入与删除

在梯形图程序的编程中经常需要用到插入或删除某一行、一列、一个梯级、一个子程序或中断程序等。通常“插入”的操作方法如下：

1）将光标放在需要执行插入命令的位置，执行菜单栏“编辑”→“插入”菜单命令。

2）使用鼠标右键单击需要执行插入命令的指定区域（包括“符号表”、“状态表”、“程序编辑器”窗口等)，然后选择弹出的菜单命令“插入”，如图 4-43 所示。

“删除”的操作方法与“插入”的操作方法类同。

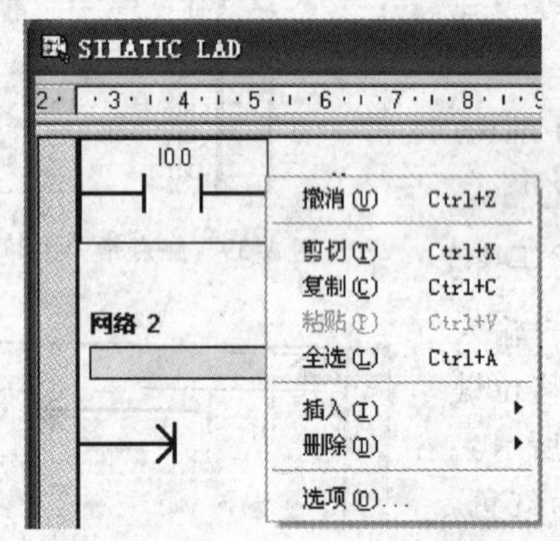


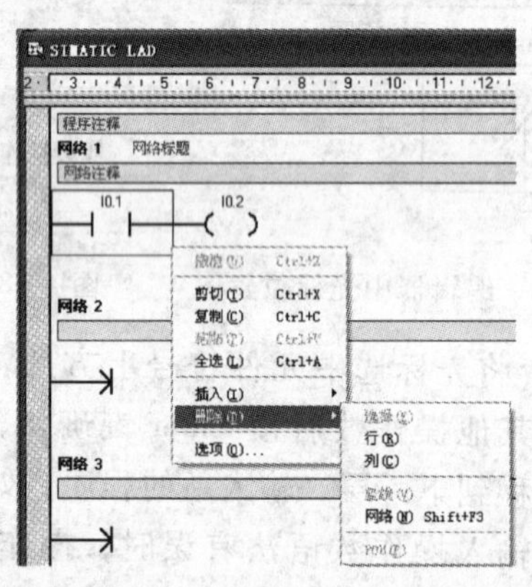


图 4-43　梯形图程序的插入和删除

### 4. 数据块编辑

数据块用来对变量寄存器 V 中的字节、字或双字赋初值。下载到 PLC 中的数据块的数据被写入 EEPROM 中，因此需要断电保持的数据可以放在数据块中。

可以通过下列任一种方法插入新的数据块页标签，将用户的数据块存储区赋值分成多个功能组。单击数据块窗口，然后选择菜单命令“编辑”→“插入”→“数据块”；在指令树中，用鼠标右键单击数据块页图标，然后在弹出菜单中选择“插入”→“数据块”；用鼠标右键单击数据块窗口，然后在弹出菜单中选择“插入”→“数据块”。

数据块编辑器是一种自用格式文本编辑器，输入一行后，按 Enter 键，数据块编辑器格式化行并重新显示。数据块编辑器接收大小写字母，并允许使用逗号、制表符或空格，作为地址和数据值之间的分隔符。在数据块编辑器中可以使用“剪切”、“复制”、“粘贴”命令操作数据块源文件。

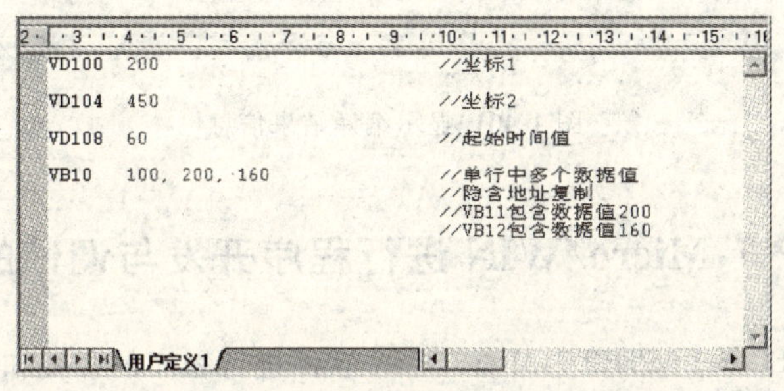


图 4-44　数据块示例

数据块的典型行包括起始地址及一个或多个数值，数据块的第一行必须包含明确的地址，以后的行可以不包含明确的地址。在单地址后输入多个数据值或仅输入包含数据值的行时，由编辑器指定根据先前的地址及数据长度分配地址。图 4-44 所示为一个数据块的例子。

**5. 符号表的编辑**

在程序的编写过程中，可以使用符号表定义变量地址，以方便程序的调试和阅读，对于比较简单的程序可以不使用符号表。符号表/全局变量表窗口允许用户分配和编辑全局符号（即可在任何 POU 中使用符号值，不只是建立符号表的 POU）。

打开符号表（用 SIMATIC 模式）或全局变量表（用 IEC 1131-3 模式）的方法有以下几种：单击浏览条中的“符号表”按钮；选择“查看”→“组件”→“符号表”菜单命令；打开指令树中的符号表或全局变量文件夹，然后双击一个表格图标。

符号表建立以后，使用菜单命令“查看”→“符号信息表”，可以选择在程序编辑器中是否显示符号表。使用菜单命令“查看”→“符号寻址”，可以将程序中的直接地址转换成符号表中对应的符号地址。并且可以通过菜单命令“工具”→“选项”→“程序编辑器”，在“符号寻址”选项中选择“只显示符号”或“显示符号表和地址”。图 4-45 所示为显示符号表和地址的程序。

**6. 程序的编译**

用户程序编辑完成后，只有编译成 S7-200 CPU 能识别的机器代码，才能下载到 S7-200 CPU 中运行。可在脱机状态下使用菜单命令“PLC”→“编译”或工具条中编译快捷按钮对程序进行编译，经编译后在显示器下方的输出窗口显示编译结果，并能明确指出错误的网络段，可以根据错误提示对程序进行修改，然后再次编译，直至编译无误。只有在编译正确时，才能进行下载操作。图 4-46 所示为某一个程序编译的结果。

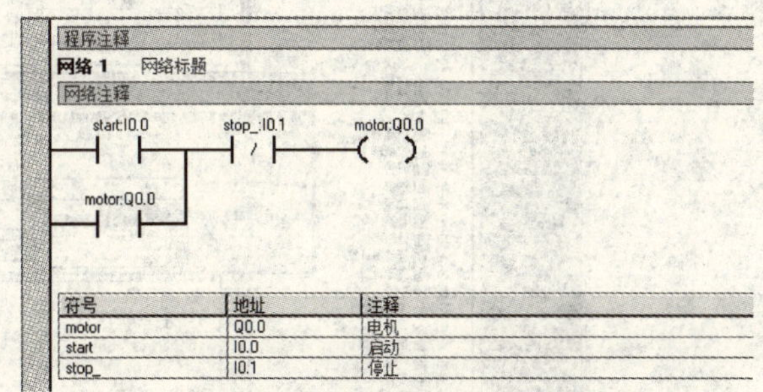


图 4-45　显示符号表和地址的程序

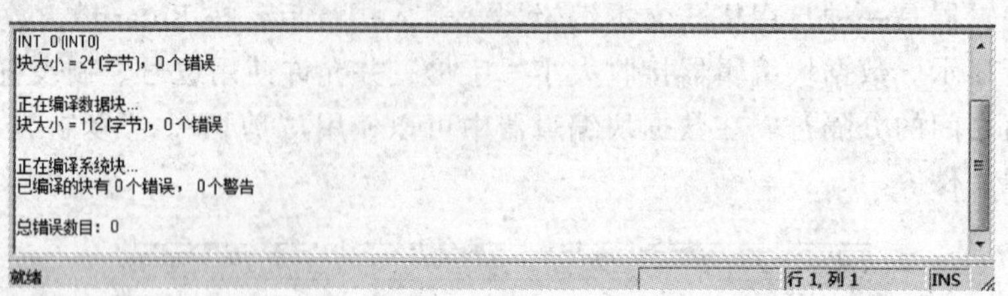


图 4-46　显示编译结果信息

## 4.3　使用 STEP 7-Micro/WIN 进行程序开发与调试的主要步骤

西门子 S7-200 PLC 采用 STEP 7-Micro/WIN 软件进行程序的开发和调试，下面举一个例子来讲解使用 STEP 7-Micro/WIN 软件进行程序开发和调试的主要步骤。

本例子是一个典型的起、保、停的控制程序，需要使用两个按钮和一个指示灯，通过编写程序，完成的控制要求是：按下起动按钮后，指示灯点亮，当按下停止按钮后，指示灯熄灭。

**1. 新建一个项目**

首先双击“STEP 7-Micro/WIN”图标，启动应用程序。或从“开始”菜单选择“SIMATIC”→“STEP 7-Micro/WIN”，启动应用程序。

从 STEP 7-Micro/WIN 中，执行“文件”→“新建”菜单命令，生成一个新的项目。也可以单击工具栏中的“新建项目”按钮。

**2. 选择 PLC 型号**

在编程前需要确认 PLC 的型号。如果计算机和 PLC 之间已经建立起了连接，执行“PLC”→“类型”菜单命令，在弹出的对话框中单击“读取 PLC”，则可以获得 PLC 的类型和 CPU 版本；否则就从列表中选取相应的 PLC 型号，如图 4-47 所示。本实例项目选择 PLC

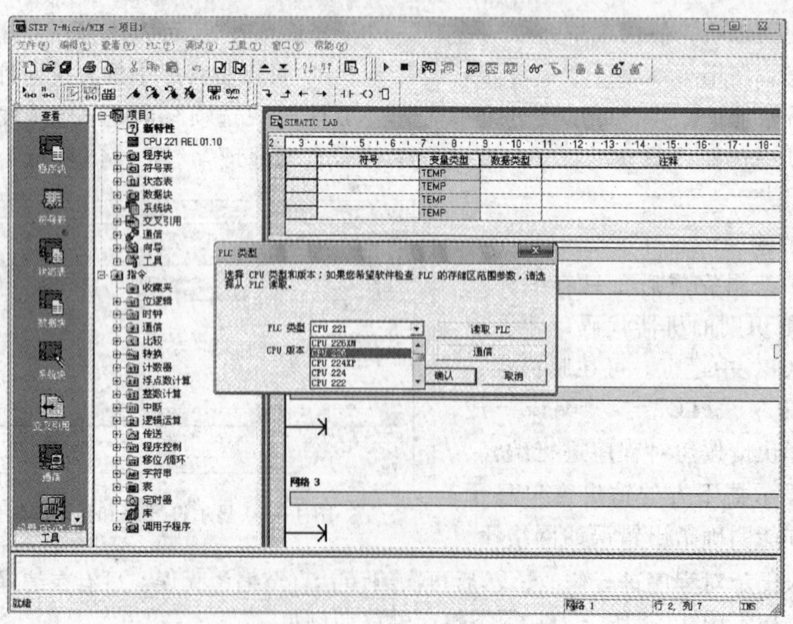


图 4-47　选择 PLC 型号

类型为“CPU 226”，单击“确认”按钮，完成 PLC 型号的选择。也可以在指令树中右键单击“项目名称（CPU 221）”→“类型”命令，弹出“PLC 类型”对话框，进行 PLC 类型更改。

**3. 选择编程模式**

新建项目的编程模式默认为“SIMATIC”，默认编辑器为“梯形图编辑器”，助记符集为“国际”。本实例项目选择默认设置，无须更改。如果需要更改编程模式、语言等，可以执行“工具”→“选项”→“常规”菜单命令，在弹出的对话框中的“常规”选项卡中修改语言、默认编辑器、编程模式、助记符集等。助记符集通常选择“国际”，因为“国际”助记符集使用的是英语，“SIMATIC”助记符集使用的是德语，如图 4-48 所示。

图 4-48　常规设置对话框

**4. 设置 PLC 参数**

PLC 的参数在“系统块”中设置，执行“查看”→“组件”→“系统块”菜单命令打开“系统块”对话框，若对通信端口及波特率没有特殊要求可以默认通信端口设置。本实例项目中使用“系统块”的默认值。“系统块”对话框如图 4-49 所示。

要打开“系统块”对话框，还可以单击浏览条中的“系统块”图标，也可以直接单击指令树中“系统块”的某一项，直接打开“系统块”包含的各子参数对话框进行设置。

根据需要设置不同的通信速率。9.6kbit/s 是 S7-200 CPU 默认的通信速率。使用其他通信速率需要在“系统块”内设置，并下载到 CPU 中才能生效。

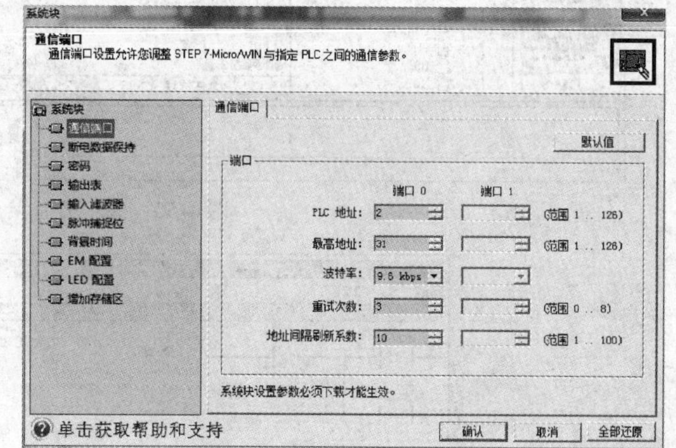


图 4-49　“系统块”对话框

**5. 进入编程状态**

当完成编程前的准备工作后，单击左侧“查看”中“程序块”图标，进入编程状态。

1）选择 MAIN 主程序，在网络 1 中输入程序。下面介绍本实例项目程序的编写方法。

单击网络 1 中的├──→|，从菜单栏或指令树中选择相关符号。如在“指令树”中选择常开触点，可在“指令”中双击“位逻辑”，从中选择“常开触点”符号，双击“常开触点”符号；再选择“常开触点”符号，双击“常开触点”符号；再选择“输出线圈”符号，双

击“输出线圈”符号；将光标移到最左侧“常开触点”下方，单击工具栏中的←，再选择常开触点，双击“常开触点”符号，左移光标，单击↑，完成案例程序的梯形图符号的放置。编程界面如图 4-50 所示。

2）程序符号编写完成后给各符号加上地址：逐个选择“?? . ?”，输入相应的 I/O 地址。这样用两个按钮控制一个指示灯的起、保、停的梯形图程序就编写完成了。

根据程序的复杂程度和需要，可以为程序添加符号表、数据块、程序注释、网络标题、网络注释等。具体方法这里不再讲解。图 4-51 所示为完成符号及注释的案例程序。

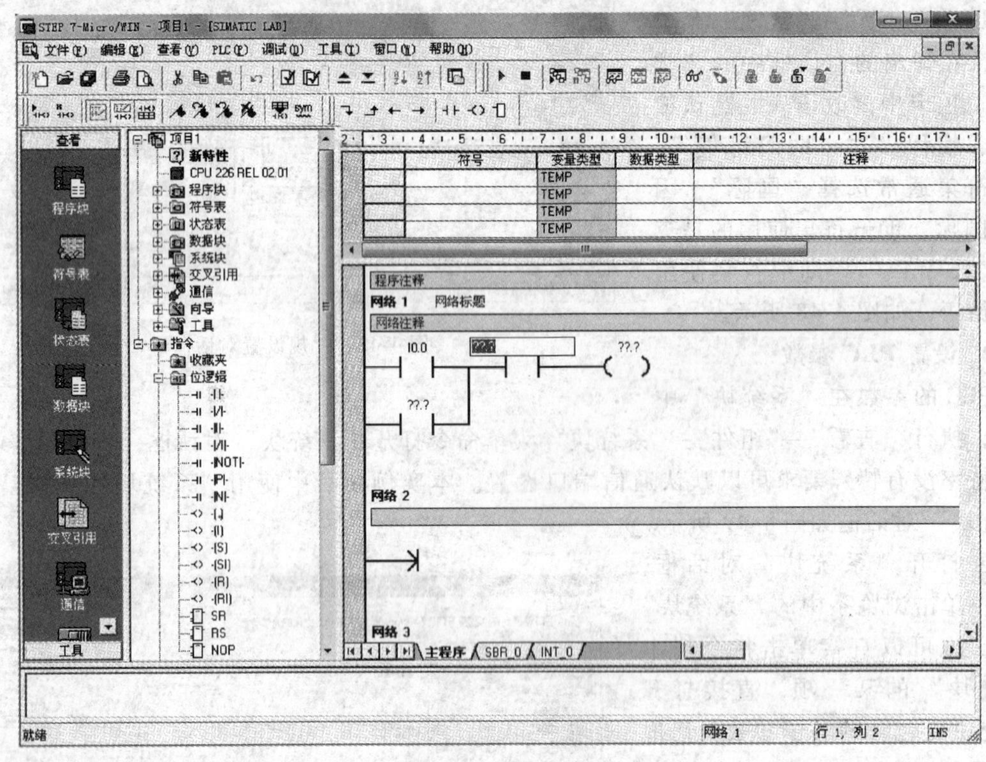


图 4-50 编程界面

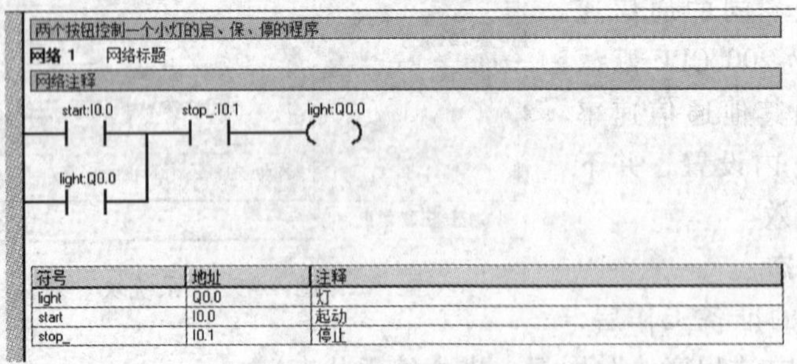


| 符号 | 地址 | 注释 |
| --- | --- | --- |
| light | Q0.0 | 灯 |
| start | I0.0 | 起动 |
| stop_ | I0.1 | 停止 |

图 4-51 案例程序

**6. 编译**

当完成程序的编写后，在下载程序到 PLC 之前需要完成程序的编译工作，执行菜单栏中“PLC”→“编译”或“PLC”→“全部编译”命令，执行全部项目元件的编译工作。编译完成后在信息窗口处会显示相关的结果，以便于修改。

还可以单击工具栏上的按钮，编译当前打开的程序块或数据块，或单击工具栏上的按钮，执行全部项目元件的编译工作。

如果没有编译程序之前就将程序下载到 PLC 中，则编程软件会自动将程序进行全部编译，并在输出窗口显示编译结果。若编译出现错误，则程序将无法下载到 PLC 中。

**7. 保存程序**

当用户程序编写完成并编译无误后，执行“文件”菜单选择“保存”或“另存为”选项保存程序，如图 4-52 所示。弹出“另存为”对话框，本实例项目选择存储路径为“桌面”，文件名为“两个按钮控制一个指示灯”，单击“保存”按钮保存项目，如图 4-53 所示。还可以使用“工具条”上的“保存”按钮保存程序。

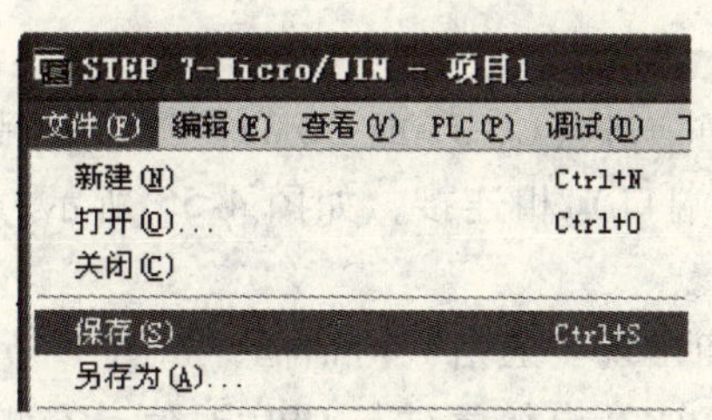


图 4-52 “保存”界面

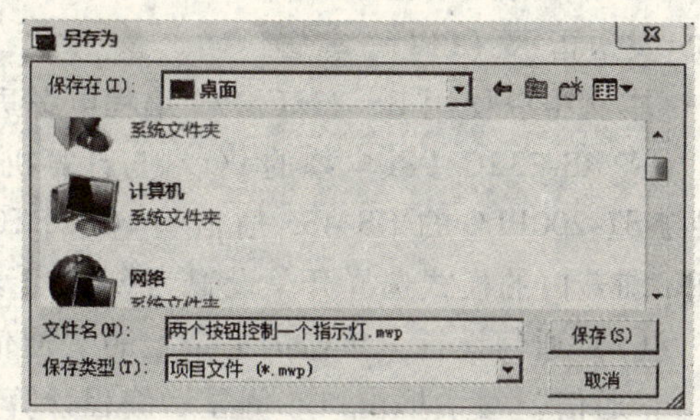


图 4-53 “另存为”对话框

“保存”允许用户在作业中快速保存所有改动。“另存为”允许用户修改当前项目的名称或存储位置。当用户首次创建项目时，STEP 7-Micro/WIN 的默认值名称为 Project1. mwp。用户可以接受或修改项目名称；如果用户接受该名称，下一个项目的默认名称将自动递增为 Project2. mwp。

STEP 7-Micro/WIN 项目的默认存储位置为 STEP 7-Micro/WIN 软件安装位置中称作“项目”的文件夹，用户可以不接受该默认位置，可自定义存储位置。

**8. 建立 PC 与 PLC 的通信连接线路并完成参数设置**

（1）连接 PC　西门子 S7-200PLC 的编程电缆统称为 PC/PPI 编程电缆，目前西门子提供 2 种 PC/PPI 编程电缆：RS-232C/PPI 多主站编程电缆和 USB/PPI 多主站编程电缆，如图 4-54 所示。

PC/PPI 编程电缆总长度都是 5m，RS-232C/PPI 多主站编程电缆能够管理 PPI 网络令牌，因而支持多主站 PPI 网络。该电缆只能在 STEP 7-Micro/WIN32 V3. 2 SP4 以上版本下才能获得全部的新功能，最高波特率可达 187. 5kbit/s。它有两种工作模式：

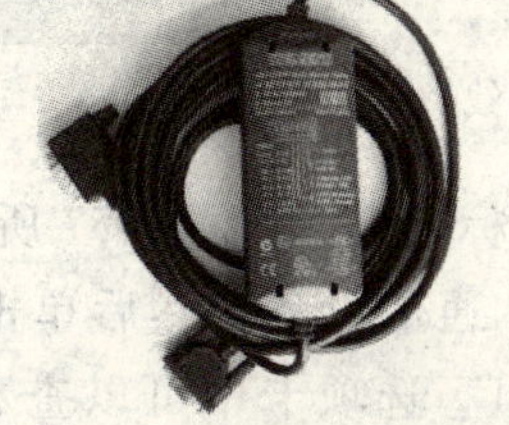

a) RS-232C/PPI多主站编程电缆

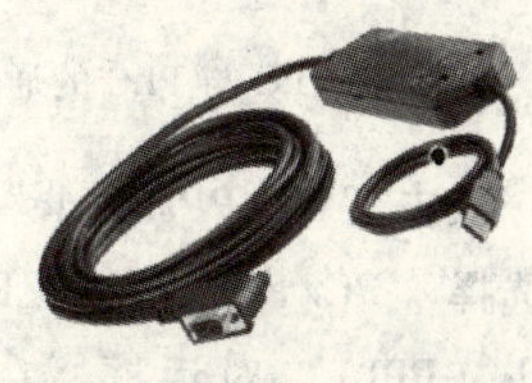

b) USB/PPI 多主站编程电缆

图 4-54 编程电缆

1）PPI 模式　用于编程时，将 DIP 开关 5 设置为“1”，其他开关设置为“0”，其波特率可自适应，此时支持多主站网络通信。

2）自由口模式　只需设置波特率，开关 5 及其他开关都设为“0”；此时也可以获得原来普通 PC/PPI 电缆的功能（不支持多主站）。

它有三个绿灯用于指示通信的运行状态：RS-232 发送指示（Tx）；RS-232 接收指示（Rx）；RS-485 发送指示（PPI）。

USB/PPI 多主站编程电缆为智能多主站电缆，用于连接计算机的 USB 通信口与 S7-200 CPU/EM277 通信口作编程或数据通信电缆。该电缆能够管理 PPI 网络令牌，因而支持多主站 PPI 网络，并且支持 USB V1.1。用于连接 PC 的 USB 通信口和 S7-200 PLC。此种电缆只能工作在 STEP 7-Micro/WIN32 V3.2 SP4 以上版本下，波特率为自适应（最高可达 187.5kbit/s）。它只有一种工作模式即 PPI 模式，无开关设置。此种电缆不支持自由口通信。它有三个绿灯用于指示通信的运行状态：USB 发送指示（Tx）；USB 接收指示（Rx）；RS-485 发送指示（PPI）。

本例中以使用 RS-232C/PPI 编程电缆进行讲解。

将 RS-232C/PPI 电缆的 PC 端与计算机的 RS-232 通信口（COM1 或 COM2）连接，另一端与 S7-200PLC 的 RS-485 通信口（PORT0 或 PORT1 端口）相连接，如图 4-55 所示。将 CPU 前盖内的模式选择开关设置为 STOP，给 CPU 上电。

（2）通信设置　单击浏览条上的“通信”工具按钮出现“通信”对话框，如图 4-56 所示。“通信”对话框窗口右侧显示编程计算机将通过 PC/PPI 电缆尝试与 CPU 通信，左侧显示本地编程计算机的网络通信地址是 0，默认的远程（与计算机连接的）CPU 端口地址为 2。

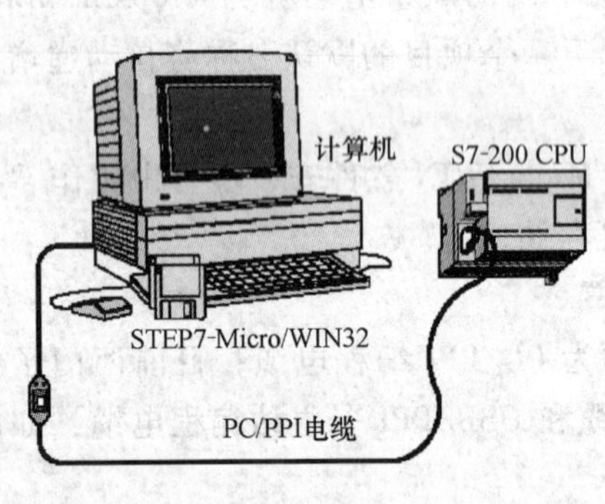

图 4-55　PC 与 PLC 的通信连接线路

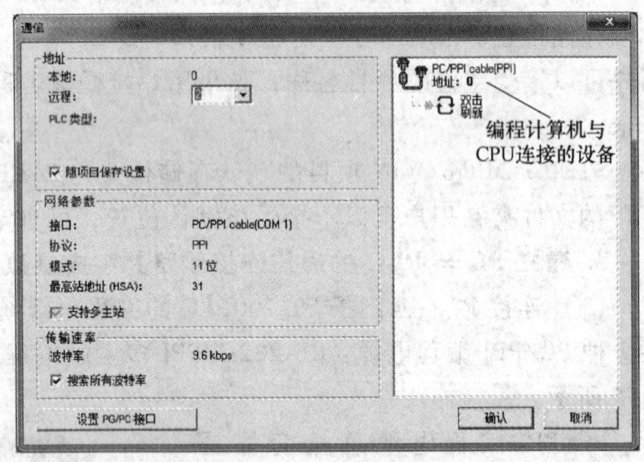


图 4-56　“通信”对话框

双击“PC/PPI cable”的图标，弹出如图 4-57 所示的“设置 PG/PC 接口”对话框，单击选择“PC/PPI cable（PPI）”通信设备，然后单击“属性”按钮，弹出“属性-PC/PPI cable（PPI）”对话框，在“PPI”选项卡中可以查看和设置 PC/PPI 电缆连接参数，如图 4-58所示。

单击图 4-58 所示“属性-PC/PPI cable（PPI）”对话框中本地连接”选项卡，在“连接到”的下拉选择框中选择实际连接的编程计算机 COM 口（如果使用 PC/PPI 电缆）或 USB 口（如果使用 USB/PPI 电缆），如图 4-59 所示。

然后单击“确定”按钮回到“通信”对话框。双击“通信”对话框右侧的“刷新”按钮，执行完“刷新”指令后，开始搜索通信设备，搜索完成后将显示通信线缆上连接的设备，如图 4-60 所示。

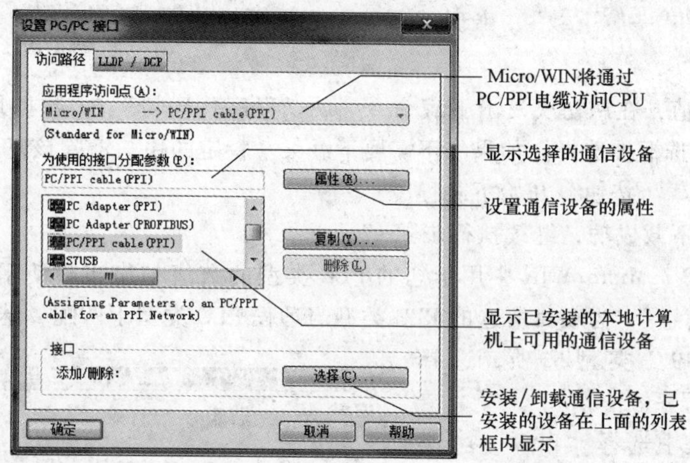


图 4-57 “设置 PG/PC 接口”对话框

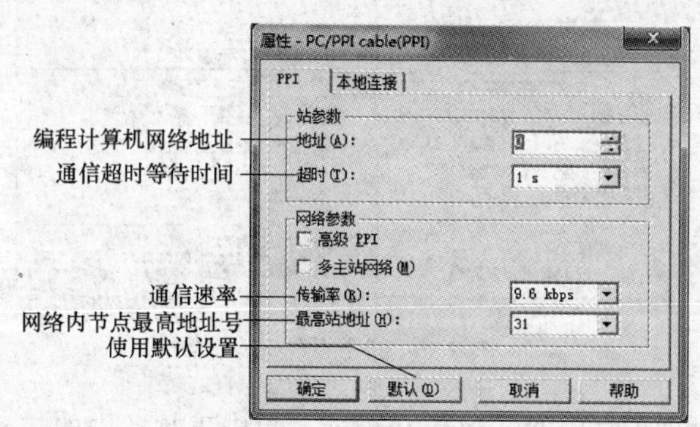


图 4-58 查看、设置网络相关参数

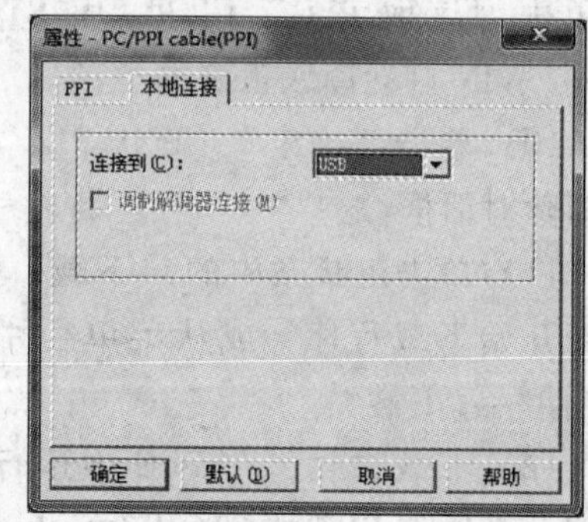


图 4-59 选择编程计算机通信口

STEP 7-Micro/WIN 在同一时间仅与一个 PLC 通信。若在 PLC 周围显示一个红色方框，说明该 PLC 目前正在与 STEP 7-Micro/WIN 通信。若通信网络有多个 PLC，用户可以双击需要通信的 PLC，更改为与该 PLC 通信。

**9. 程序下载**

当安装有 STEP 7-Micro/WIN 的个人计算机和 PLC 之间成功建立通信后，将程序下载至该 PLC 中。下载步骤如下：

1）将程序下载至 PLC 之前，必须核实 PLC 位于“停止”模式。检查 PLC 上的模式指示灯。如果 PLC 未设为“停

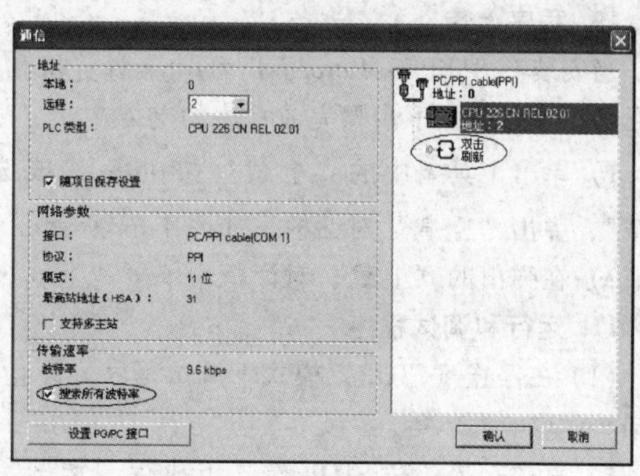


图 4-60 “通信”对话框

止”模式，则单击工具条中的停止按钮 ■ ，弹出图 4-61 所示对话框，单击“是”按钮。

图 4-61 “停止”对话框

2）完成 PLC 模式设置后，单击工具条中的“下载”按钮 ，或选择“文件”→“下载”，出现“下载”对话框，如图 4-62 所示。

3）根据默认值，在您初次发出下载命令时，“程序代码块”、“数据块”和“CPU 配置”（系统块）复选框被选择。如果您不需要下载某一特定的块，清除该复选框。

4）单击“下载”按钮，开始下载程序。

5）如果程序下载成功，继续执行步骤 12。

6）如果 STEP 7-Micro/WIN 中用于您的 PLC 类型的数值与您实际使用的 PLC 不匹配，会显示以下警告信息：“为项目所选的 PLC 类型与远程 PLC 类型不匹配，继续下载吗？”

7）欲纠正 PLC 类型选项，选择“否”，终止下载程序。

8）从菜单栏中选择“PLC”→“类型”，调出“PLC 类型”对话框。

9）从下拉列表方框选择纠正类型，或单击“读取 PLC”按钮，由 STEP 7-Micro/WIN 自动读取正确的类型。

10）单击“确定”，确认 PLC 类型，并清除对话框。

11）单击工具条中的“下载”按钮，重新开始下载程序，或从菜单栏中选择“文件”→“下载”。

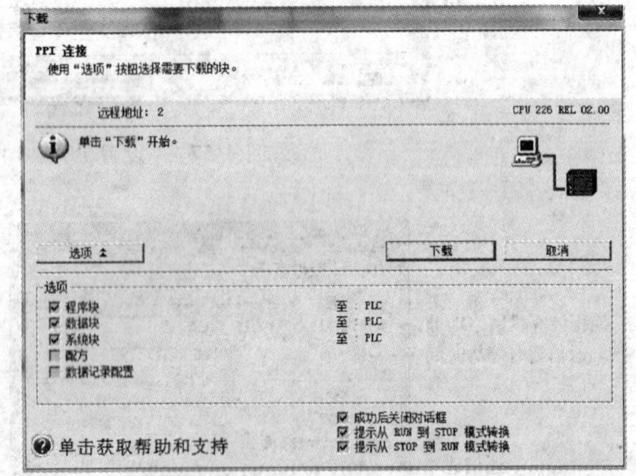


图 4-62 “下载”对话框

12）下载成功，在 PLC 中运行程序之前，必须将 PLC 从 STOP（停止）模式切换回 RUN（运行）模式。单击工具条中的“运行”按钮 ▶ ，或选择“PLC”→“运行”，切换回 RUN（运行）模式。弹出如图 4-63 所示对话框，单击“是”按钮。

RUN (运行)

设置 PLC 为 RUN 模式吗?

是　否

图 4-63 “运行”对话框

**10. 程序上传**

当安装有 STEP 7-Micro/WIN 的个人计算机和 PLC 之间成功建立通信后，按照以下步骤完成程序的上传。

1）单击工具条中的“上载”按钮 ▲ ，或选择“文件”→“上载”，弹出“上载”对话框，如图 4-64 所示。

2）在弹出的“上载”对话框中单击“上载”按钮完成程序的上传。

**11. 运行和调试程序**

（1）在停止（STOP）模式下调试程序　停止模式下调试用户程序包含首次扫描、多次扫描、读取、写入等。

1）首次扫描　在 STOP 模式下执行“调试”→“首次扫描”菜单命令，PLC 进入 RUN 模式，执行一次扫描。扫描后自动回到 STOP 模式，可以观察到程序首次扫描后的状态。

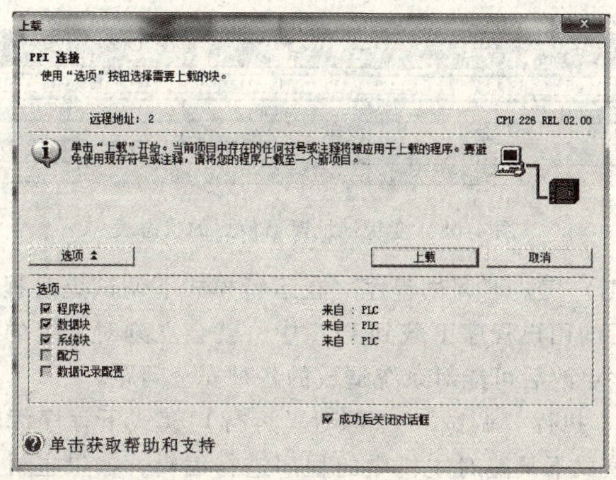


图 4-64 “上载”对话框

2）多次扫描　在 STOP 模式下执行“调试”→“多次扫描”菜单命令，在弹出的对话框中指定执行程序扫描的次数，如图 4-65 所示，次数范围是 1～65535 次，单击“确认”按钮，PLC 进入 RUN 模式，执行完指定扫描次数后自动返回到 STOP 模式。

3）读取　单击左侧浏览条中的“状态表”，在弹出的状态表中输入需要读取数据的地址，单击工具栏上的“单次读取”按钮，或执行“调试”→“单次读取”菜单命令，可以从 PLC 中收集需读取数据的地址的当前数据，并在状态表中的“当前值”列显示出来，如图 4-66 所示。执行用户程序时并不对它进行更新。

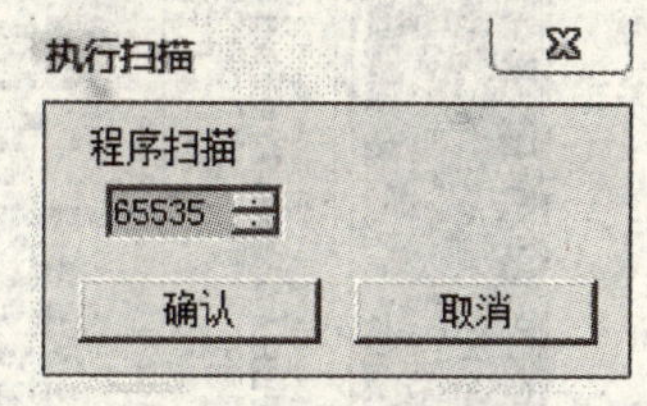


图 4-65 执行扫描对话框

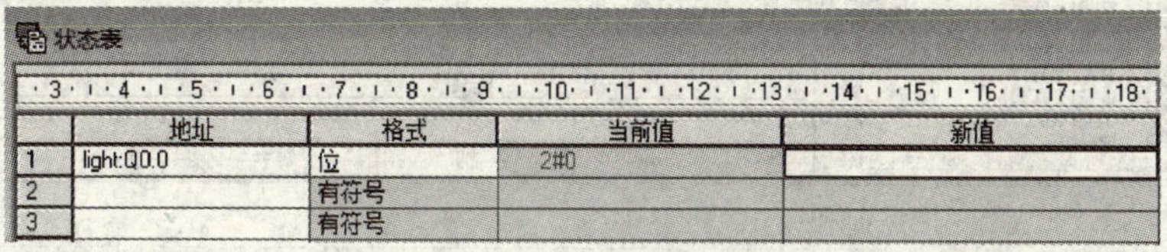

状态表

| | 地址 | 格式 | 当前值 | 新值 |
|---|---|---|---|---|
| 1 | light:Q0.0 | 位 | 2#0 | |
| 2 | | 有符号 | | |
| 3 | | 有符号 | | |

图 4-66 显示当前值的状态表

4）写入　单击左侧浏览条中的“状态表”，在弹出的状态表中输入需要写入数据的地址，在对应地址后的“新值”栏中写入新的数据，如图 4-67 所示。再勾选“调试”→“STOP（停止）模式下写入-强制输出”菜单命令，单击工具栏上的“全部写入”按钮，将所有的改动发送至 PLC。这时，状态表中的当前值将变成新值，如图 4-68 所示。执行程序时，修改的数值可能被程序改写成新的数值，硬件输入端子（如输入 I 的信号）的状态不能用此功能修改。

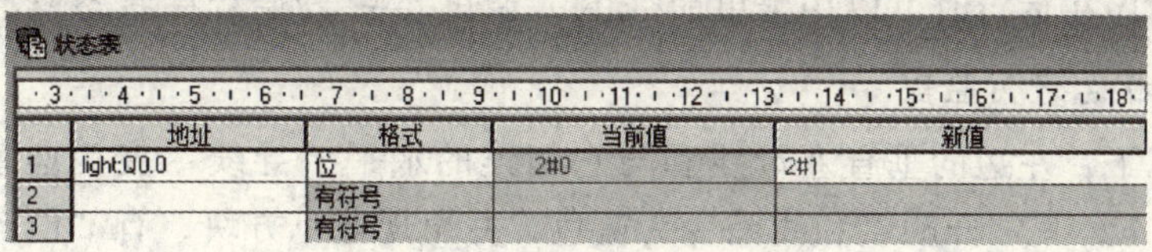

状态表

| | 地址 | 格式 | 当前值 | 新值 |
|---|---|---|---|---|
| 1 | light:Q0.0 | 位 | 2#0 | 2#1 |
| 2 | | 有符号 | | |
| 3 | | 有符号 | | |

图 4-67 写入新值的状态表

状态表

|  | 地址 | 格式 | 当前值 | 新值 |
|---|---|---|---|---|
| 1 | light:Q0.0 | 位 | 2#1 |  |
| 2 |  | 有符号 |  |  |
| 3 |  | 有符号 |  |  |

图 4-68　变量地址赋新值后的状态表

（2）在运行（RUN）模式下调试程序　在运行模式下调试更改程序无须进行停止模式的转换，只要将更改后的用户程序下载到 PLC 中，就会立刻对系统的控制起作用。因此下载之前一定要考虑程序更改后可能对系统造成的各种安全问题。

1）选择运行模式　执行“调试”→“RUN（运行）模式下程序编辑”菜单命令，如图 4-69 所示。由于运行模式下只能对主机中的程序进行编辑，如果主机中的程序与编程软件中的程序不同，需要先存储软件中的程序，并对 PLC 中的程序进行上载。

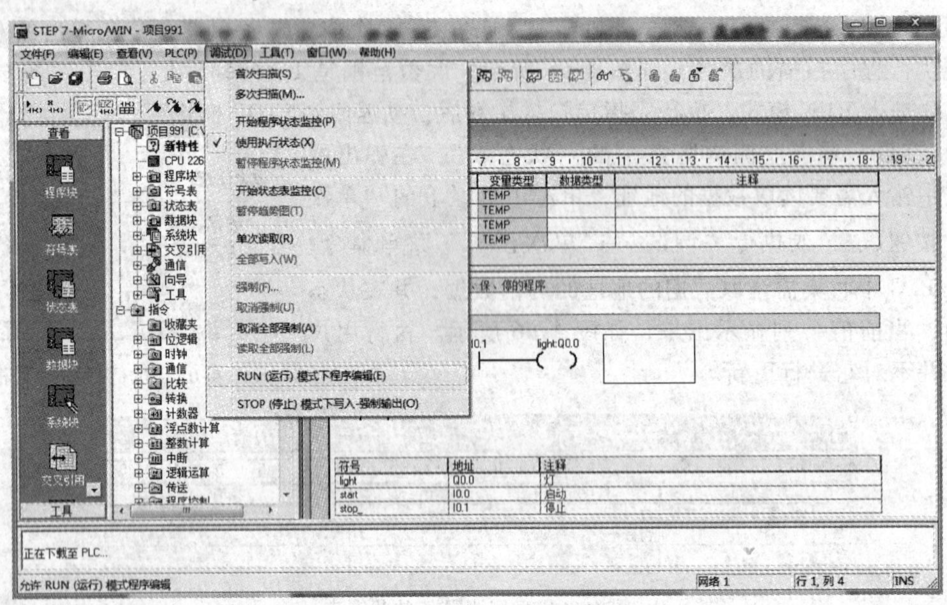


图 4-69　设置运行模式

2）程序编辑和下载　当 PLC 处于“RUN（运行）模式下程序编辑”时，根据控制情况编辑用户程序，修改完成后，执行“文件”→“下载”菜单命令，或单击工具栏中的“下载”按钮，将程序块下载至 PLC 主机中。在运行模式执行程序编辑的过程中，只能下载程序而不能下载系统块和数据块。

3）梯形图的监控　利用梯形图编辑器可以监视在线程序状态，可以直观地看到各触点的通断状态。程序在运行时可以用菜单命令中“调试”→“开始程序状态监控”或者工具栏按钮对程序状态进行监控。

在监控状态下，左边的垂直左母线和与它相连的水平“导线”变为蓝色。如果位操作数为“1”的状态，其常开触点和线圈变为蓝色，并出现蓝色方块，有“能流”流过的“导线”也变成蓝色。有“能流”流过的方框指令盒将被成功执行，同时方块指令盒的方框变成蓝色。如图 4-70 所示，可以看出“I0. 0”地址操作数状态为“0”，“I0. 1”、“Q0. 0”地址操作数状态为“1”。

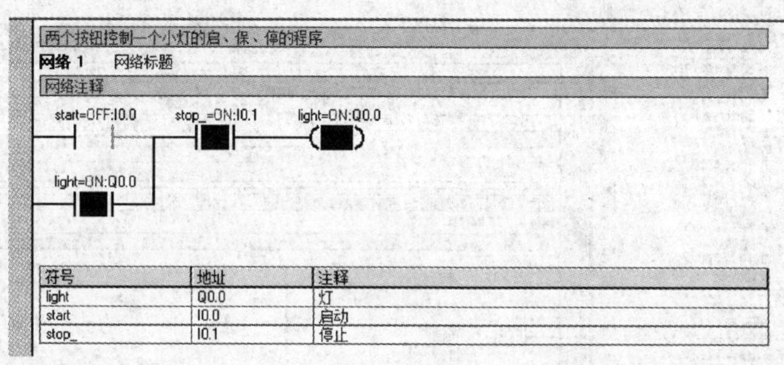


| 符号 | 地址 | 注释 |
| --- | --- | --- |
| light | Q0.0 | 灯 |
| start | I0.0 | 启动 |
| stop_ | I0.1 | 停止 |

图 4-70　监控状态下的梯形图程序

4）状态表的监控　当需要同时监控的变量不能在程序编辑器中同时显示时，则可以使用状态表监控，以下方法可打开状态表：

① 单击浏览条上的“状态表”按钮。

② 执行“查看”→“组件”→“状态表”菜单命令。

③ 打开指令树中的“状态表”文件夹，然后双击“状态表”图标。

打开状态表后，输入需监控的元件地址，执行“调试”→“开始状态表监控”菜单命令或单击工具栏上的“状态表监控”按钮，可启动状态表监控功能。在状态表的“当前值”列表中会显示从 PLC 中读取的动态数据，如图 4-71 所示。可执行“调试”→“停止状态表监控”菜单命令或单击“状态表监控”按钮来关闭状态表监控。

状态表

|  | 地址 | 格式 | 当前值 | 新值 |
| --- | --- | --- | --- | --- |
| 1 | light:Q0.0 | 位 | 2#1 |  |
| 2 | start:I0.0 | 位 | 2#0 |  |
| 3 |  | 有符号 |  |  |
| 4 |  | 有符号 |  |  |
| 5 |  | 有符号 |  |  |

图 4-71　状态表

5）强制　在程序运行状态下，从程序编辑器和状态表可以强制某元件改变状态和数据。若强制程序编辑器中的某一个元件，如图 4-72 所示。右键单击常开触点 I0. 0 的地址编号，在弹出的菜单中选择“强制”，出现如图 4-73 所示的对话框，单击“强制”按钮，常开触点 I0. 0 接通，如图 4-74 所示。

若强制状态表地址为某一数值，可以在状态表“新值”一栏中单击并点亮该数值或输入新数值，然后单击工具栏上的“强制”按钮。允许一次强制 16 个 V、M、AI 或 AQ 地址和所有的 I/O 位。一旦使用了强制功能，则在每次扫描时该数值均被重新应用于地址，直至取消强制地址。采用输出强制时，以某一个指定值输出，当主机变为 STOP 模式后输出将变为强制值，而不是设定值。如图 4-75 所示，将地址为 Q0. 0 的数据强制为 1。

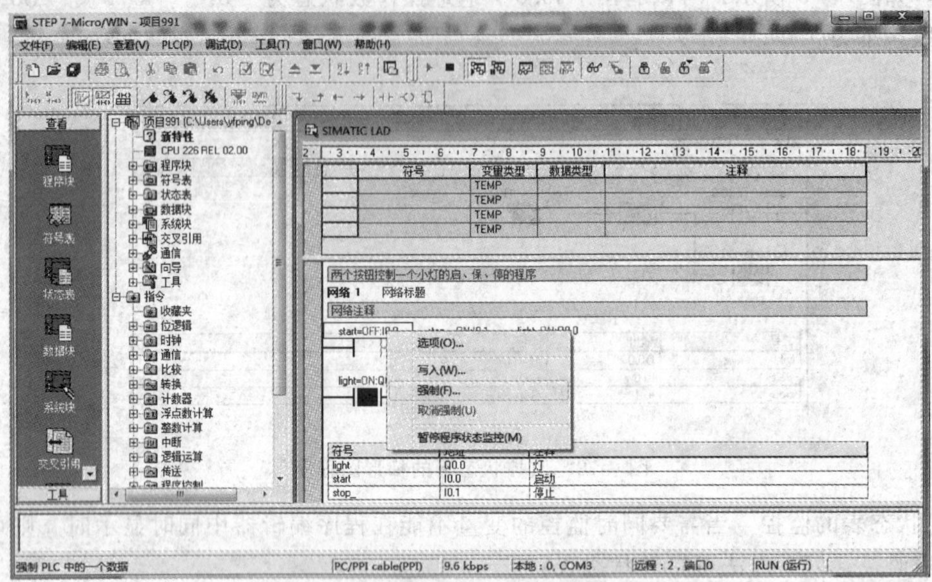


图 4-72　强制的操作

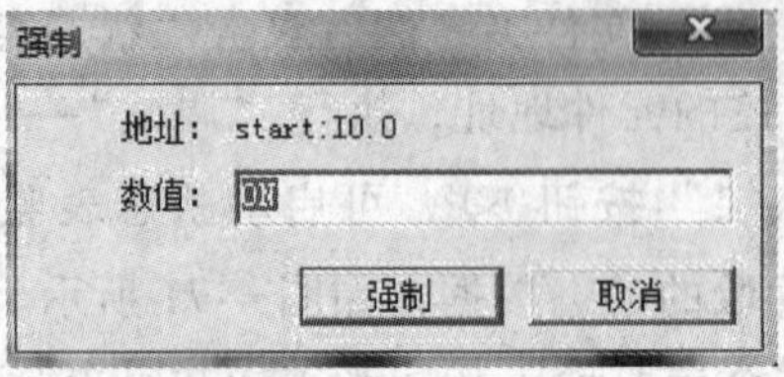

图 4-73　“强制”对话框

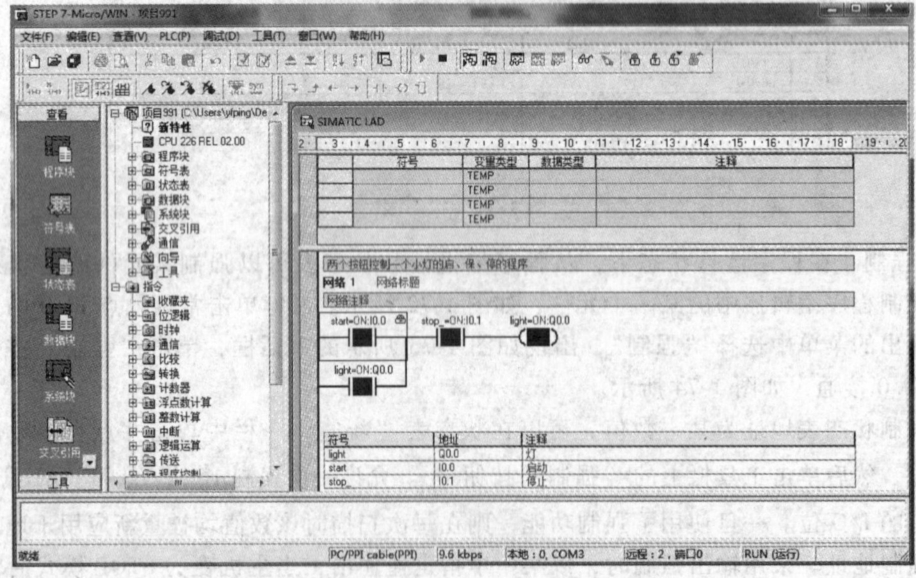


图 4-74　常开触点 I0.0 强制接通监控图

6）取消强制　如果需要取消程序编辑器中的强制元件，以图 4-74 为例说明，右键单击常开触点 I0.0 的地址编号，在弹出的菜单中选择“取消强制”，常开触点 I0.0 断开。执行强制功能后，在默认情况下，PLC 上的故障信号灯显示为黄色。

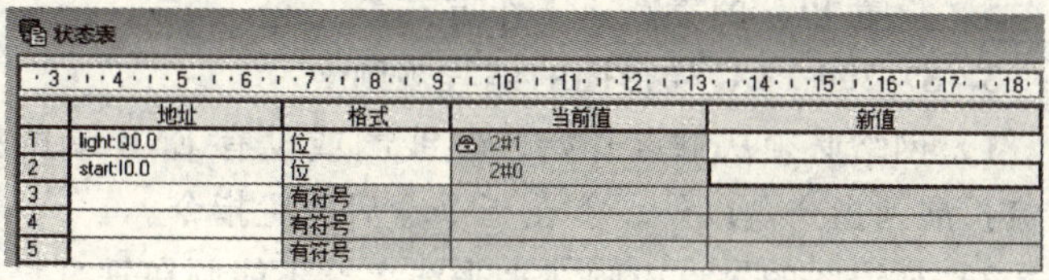

状态表

| | 地址 | 格式 | 当前值 | 新值 |
|---|---|---|---|---|
| 1 | light:Q0.0 | 位 | 2#1 | |
| 2 | start:I0.0 | 位 | 2#0 | |
| 3 | | 有符号 | | |
| 4 | | 有符号 | | |
| 5 | | 有符号 | | |

图 4-75　带有数据强制的状态表

如需取消状态表中的强制内容，在状态表中的“当前值”栏中单击并点亮该值，然后单击工具栏中的“取消强制”按钮，解除一个强制操作。或单击工具栏中的“全部取消强制”按钮，则会从所有的地址中移除强制功能。在应用“全部取消强制”之前，无须选择某一单个地址。

在用户程序编辑、调试好后，需要退出运行模式编辑调试状态时，再次执行“调试”→“RUN（运行）模式下程序编辑”菜单命令，就可以退出运行编辑模式。

**12. PLC 致命错误代码**

致命错误会导致 PLC 停止运行用户程序。根据错误的严重性，一个致命错误可能会导致 PLC 无法执行某些或全部功能。处理致命错误的目的是使 PLC 进入安全状态，使 PLC 可以响应对当前错误状况的询问。

当发生一个致命错误时，CPU 执行以下任务：

1）切换到 STOP（停止）模式。

2）点亮系统故障灯 SF/DIAG 和 STOP（停止）LED 指示灯。

3）关闭输出。

附录 C 中列出了可以从 CPU 模块读到的致命错误代码及其描述。通过软件 STEP 7-Micro/WIN 可以显示 PLC 的错误代码，可以选择菜单命令“PLC“→”Information...”来查看。

**【本章小结】**

本章主要介绍了西门子 S7-200 PLC 编程软件的安装、主要功能、梯形图的编程规则和方法以及使用 STEP 7-Micro/WIN 编程软件进行程序开发与调试的主要步骤，小结如下：

**1. 编程软件的安装方法**

1）选择系统配置适合的个人计算机或西门子用的编程器。

2）下载或通过安装光盘获得编程软件。

3）根据软件提示一步一步完成软件的安装。

4）进行 STEP 7-Micro/WIN 编程软件英文界面转中文界面的设置。

**2. 编程软件的主要功能**

1）离线方式下可创建、编辑和修改用户程序。

2）在线方式下可对与计算机建立连接的 PLC 直接进行上载、下载用户程序，监视和组态数据等操作。

3）在编辑程序的过程中可进行语法检查，能避免一些语法错误和数据类型方面的错误。

4）对用户程序进行文档管理、加密处理等。

5）设置 PLC 的参数、工作方式等。

**3. S7-200 PLC 梯形图的编程规则**

1）网络必须从触点开始，以线圈或没有 ENO 端的指令盒结束。指令盒有 ENO 端时，电流扩展到指令盒以外，能在指令盒后放置指令。

2）梯形图的触点应画在水平线上，不能画在垂直分支上。

3）梯形图的输入总是在图形的左边，输出总是在图形的右边，在一个梯级中，左、右母线之间是一个完整的“电路”，不允许“短路”、“开路”，也不允许“能流”反向流动。

4）梯形图中不能将触点画在线圈右边，所有输入触点均在线圈左侧靠近左母线段。

5）梯形图中一个网络梯级不能出现两条能流线，若出现两条能流线，需将两条能流分开画在两个网络梯级中。

6）梯形图中右侧多个输出线圈不能串联在一条水平线上，需采用并联画法。

7）梯形图在绘制的过程中不要出现复杂的混联电路，需将其描述为逻辑清晰的梯形图。

8）梯形图中的“输入触点”仅受外部信号控制，不能由内部继电器的线圈将其接通或断开。

**4. 使用 STEP 7-Micro/WIN 编程软件进行程序开发与调试的主要步骤**

1）新建或打开一个项目。

2）选择 PLC 的型号。

3）选择编程模式。

4）设置 PLC 参数。

5）进入编程状态进行程序的编写。

6）编译程序。

7）建立 PC 与 PLC 的通信连接线路并完成参数设置。

8）程序下载。

9）程序上载。

10）运行和调试程序。

11）监视程序状态。

## 思考题与习题

4.1 如何安装 STEP 7-Micro/WIN 编程软件？

4.2 如何将 STEP 7-Micro/WIN 编程软件英文界面更改为中文界面？

4.3 STEP 7-Micro/WIN 编程软件由哪些主要部分组成？

4.4 STEP 7-Micro/WIN 编程软件有哪些主要功能？

4.5 怎样进行 PLC 程序的编译和下载？

4.6 如何进行 PLC 程序的在线调试和监控？

# 第 5 章　S7-200 PLC 的典型控制系统设计与应用实例

PLC 电气控制系统是以 PLC 作为控制器构成的控制系统。PLC 控制系统的设计就是依据控制对象的控制要求制定电气控制方案，选择 PLC 机型，进行 PLC 外围输入输出元器件的选择及电气电路设计，完成 PLC 程序的设计、调试和运行。完成电气系统的设计，不仅要掌握电气系统设计的基础知识，还需要掌握常用输入输出元件的工作原理、结构及与 PLC 的连接方法。本章介绍了电气控制系统中常用的输入、输出元器件与 PLC 的连接方法以及其图形符号的画法，PLC 的选型原则，最后通过实例介绍了典型 PLC 控制系统的设计方法。

在电气控制系统中低压电器种类繁多，功能构造各异，用途广泛，工作原理各不相同。在绘制电气控制原理图时，首先要求整体布局合理，一般是左边为输入回路，右边为输出回路，或者下边为输入回路，上边为输出回路，主要控制元件位于中间位置；其次要求所画原理图正确；所用元器件的图形符号应符合现行中华人民共和国国家标准。要求对所用元件进行标注和说明。

## 5.1　电气控制系统中常用输入、输出元器件与 PLC 的连接方法

### 5.1.1　常用输入元器件与 PLC 的连接方法

PLC 控制系统中常见的输入设备有按钮、行程开关、传感器、转换开关等。

**1. 按钮**

按钮是一种最常用的主令电器，其结构简单，控制方便。

（1）按钮的结构与符号　按钮由按钮帽、复位弹簧、触点和外壳等组成，其结构示意图及图形符号如图 5-1 所示。触点采用桥式触点，额定电流一般在 5A 以下。触点又分为常开触点（动合触点）和常闭触点（动断触点）两种。

按钮从外形和操作方式上可以分为平钮和急停按钮，急停按钮也称蘑菇头按钮，如

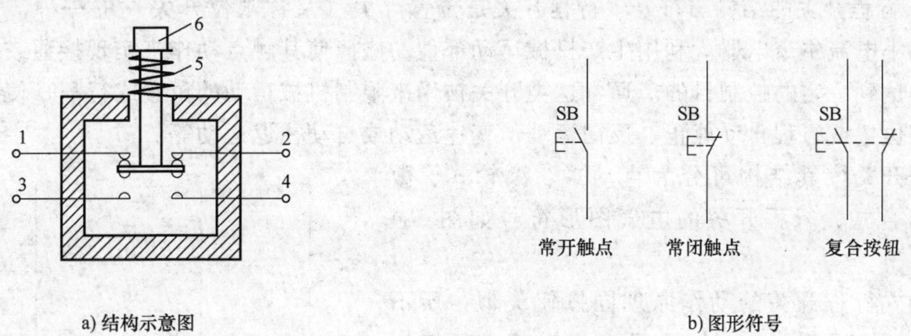


图 5-1　按钮的结构示意图及图形符号

1、2—常闭触点　3、4—常开触点　5—复位弹簧　6—按钮帽

图 5-2所示，除此之外还有钥匙钮、旋钮、拉式钮、万向操纵杆式及带灯组合式等多种类型。

（2）按钮与 PLC 的连接方法　按钮作为主令信号与 PLC 的输入端连接。PLC 常用的输入接口按其使用电源不同可以分为三种类型，即直流输入接口、交流输入接口和交直流输入接口。S7-200 PLC 输入采用光耦合电路，属于直流输入接口，其接线方式有源型和漏型两种。

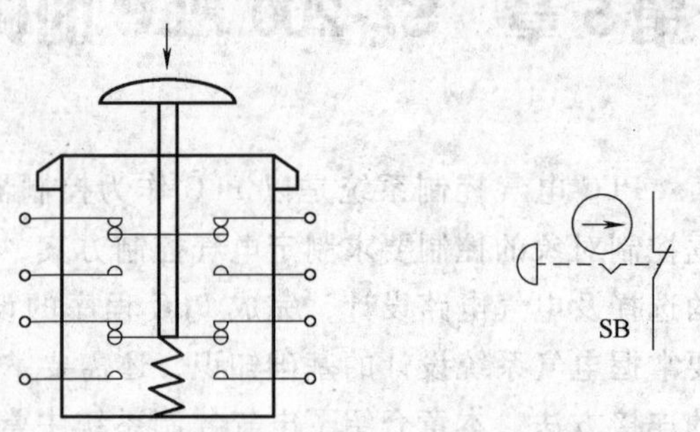


图 5-2　急停按钮示意图及图形符号

如图 5-3 所示，按照西门子 S7-200 PLC 相关定义规则，如果 PLC 输入公共端（1M/2M）接正极，电流从 PLC 输入公共端（1M/2M）流进，而从输入端流出，为源型输入形式；如果 PLC 输入公共端（1M/2M）接负极，电流从 PLC 的输入端流进，而从公共端流出，为漏型输入形式。图 5-3 分别以源型和漏型两种连接形式画出了按钮与 PLC 的接线图。

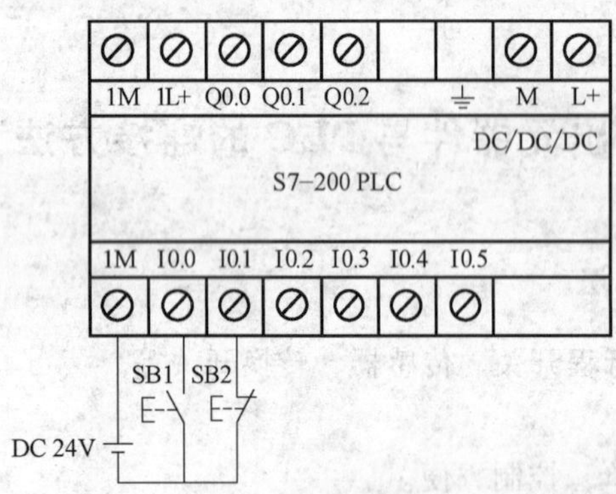


a) 按钮源型输入接线

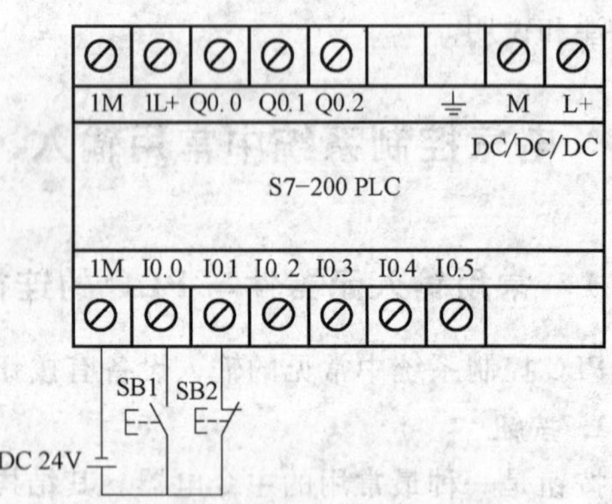


b) 按钮漏型输入接线

图 5-3　按钮与 S7-200 PLC 接线图

**2. 行程开关**

（1）行程开关的结构与符号　行程开关是位置开关（又称限位开关）的一种，它是一种常用的小电流主令电器。利用生产机械运动部件的碰撞使其触点动作来实现接通或分断控制电路，达到一定的控制目的。通常这类开关被用来限制机械运动的位置或行程，使运动机械按一定位置或行程自动停止、反向运动、变速运动或自动往返运动等。

行程开关按其结构可分为直动式、滚轮式、微动式和组合式，行程开关的电气图形符号如图 5-4 所示。

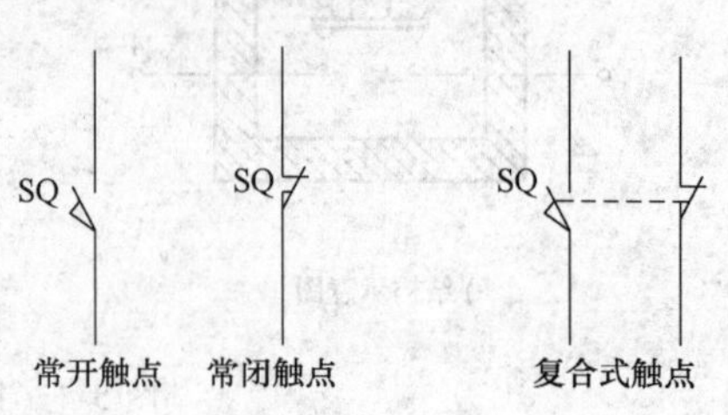


图 5-4　行程开关的电气图形符号

直动式行程开关的动作原理同按钮类似，所不同的是：一个是手动，另一个则由运动部件的撞块碰撞。当外界运动部件上的撞块碰压按钮使其触点动作，运动部件离开后，在弹簧作用下，其触点自动复位。直动式行程开关示意图如图 5-5 所示。

微动式行程开关具有微小接点间隔和速动机构，用规定的行程和力进行开关动作的接点机构，被外壳覆盖，其外部有传动器，且外形较小。微动式行程开关示意图及图形符号如图 5-6 所示。

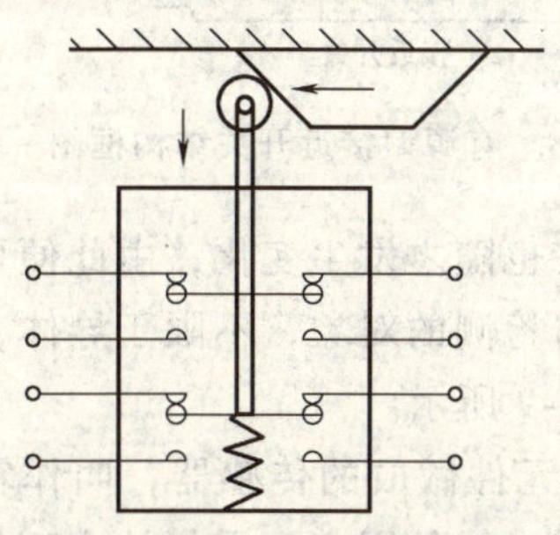

图 5-5　直动式行程开关示意图

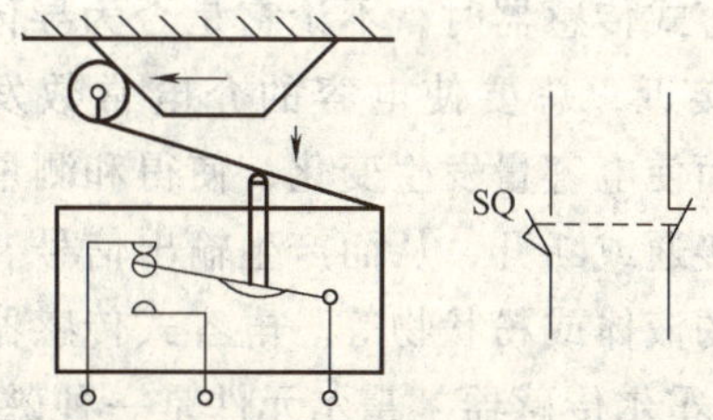


图 5-6　微动式行程开关示意图及图形符号

（2）行程开关与 PLC 的连接方法　行程开关虽相对于按钮在机械结构上有很大的变化，功能上也不相同。但其和 PLC 的连接方式同按钮与 PLC 的连接方式基本一致，也是分为常开触点和常闭触点，每一路触点有两个接线端点：一个点接 PLC 输入端子；另一个点接直流电源（24V 或 0V）端子。行程开关在源型输入和漏型输入时的接线方法如图 5-7 所示。

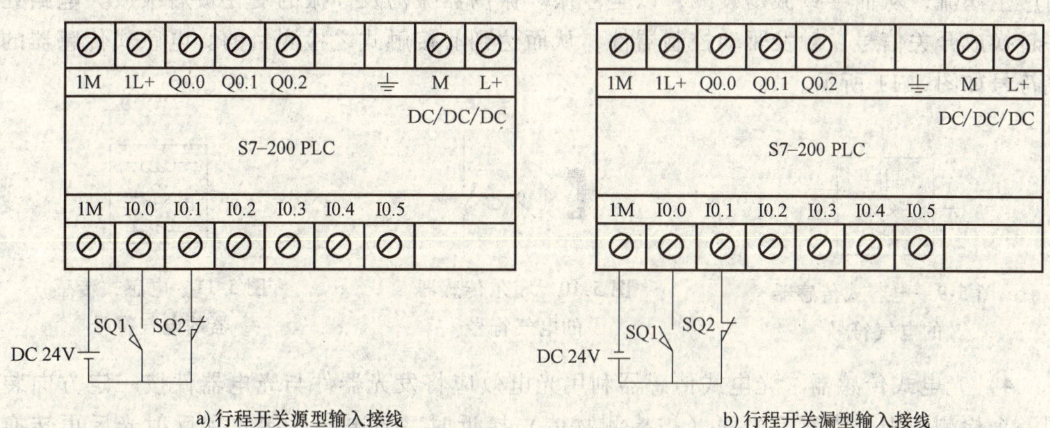


图 5-7　行程开关与 S7-200 PLC 接线图

### 3. 传感器

传感器是一种检测装置。它能感受规定的被测量物件并按照一定的规律转换成可用电信号或其他所需形式的信息输出，以满足信息的传输、处理、存储、显示、记录和控制等要求，通常由敏感元件和转换元件组成。

（1）传感器的分类　传感器的种类繁多，其分类方法也有很多，包括按结构分类、按用途分类、按工作原理分类、按制造工艺分类、按输出信号分类、按传感器线制分类等多种分类方法。

传感器按有无电源分为有源型和无源型两种，多数传感器为有源型，主要包括检测元件、放大电路、输出驱动电路三部分，如图 5-8 所示。传感器按检测元件的工作原理可分为高频振荡型、超声波型、电容型、电磁感应型、永磁型、霍尔元件型与磁敏元件型等。不同形式的传感器所检测物体的物理量不同。下面介绍几种常用传感器。

1）电容式传感器　电容式传感器的测量通常是将其构成电容器的一个极板，而另一个极板是传感器的外壳。这个外壳在测量过程中通常是接地或与设备的机壳相连接。当有物体移向电容式传感器时，不论它是否为导体，由于它的接近，总要使电容的介电常数发生变化，从而使电容量发生变化，使得和测量头相连的电路状态也随之发生变化，由此便可控制开关的接通或断开，从而产生输出信号。这种电容式传感器检测的对象，不限于导体，可以是绝缘的液体或粉状物等。电容式传感器的电气符号如图 5-9 所示。

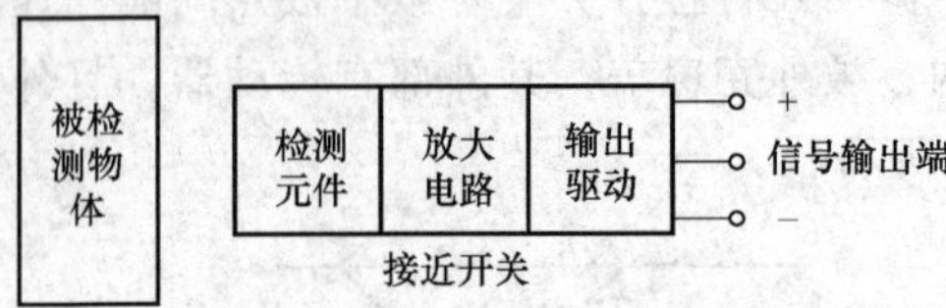

图 5-8　有源型接近开关结构框图

2）霍尔传感器　霍尔元件是一种磁敏元件。利用霍尔元件做成的传感器，叫作霍尔传感器。当磁性物件靠近霍尔传感器时，传感器检测面上的霍尔元件因产生霍尔效应而使开关内部电路状态发生变化，由此识别附近有磁性物体存在，进而控制开关的通或断。这种传感器的检测对象必须是磁性物体。霍尔传感器的电气符号如图 5-10 所示。

3）电感式传感器　电感式传感器由三大部分组成：振荡器、开关电路及放大输出电路。振荡器产生一个交变磁场。当金属目标接近这一磁场，并达到感应距离时，在金属目标内产生涡流，从而导致振荡衰减，以至停振。振荡器振荡及停振的变化被后级放大电路处理并转换成开关信号，触发驱动控制器件，从而达到非接触式之检测目的。电感式传感器的电气符号如图 5-11 所示。

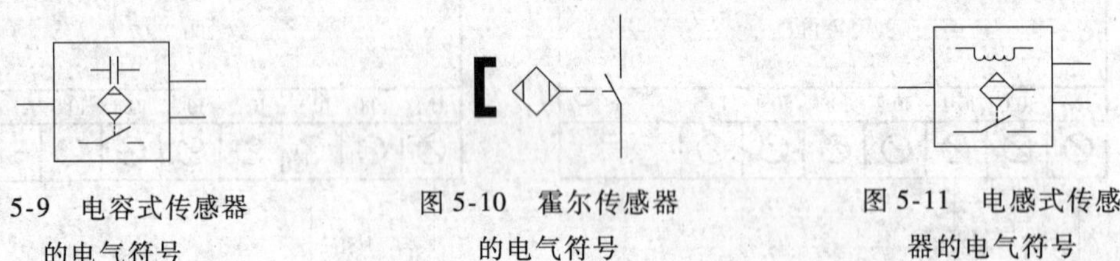

图 5-9　电容式传感器的电气符号　　图 5-10　霍尔传感器的电气符号　　图 5-11　电感式传感器的电气符号

4）光电式传感器　光电式传感器利用光电效应将发光器件与光电器件按一定方向装在同一个检测头内。当有反光面（被检测物体）接近时，光电器件接收到反射光后再转换成信号输出，由此可“感知”有物体接近。光电式传感器的电气符号如图 5-12 所示。

（2）传感器与 PLC 的连接　传感器输出形式一般有两线制、三线制和四线制等几种，下面以常用的两线制、三线制传感器为例介绍其与 PLC 的连接。

1）两线制传感器的接线比较简单，这两根线既是电源线也是信号线。将传感器两端与负载串联后接到电源即可。以两线霍尔磁性开关为例，如图 5-13 所示。

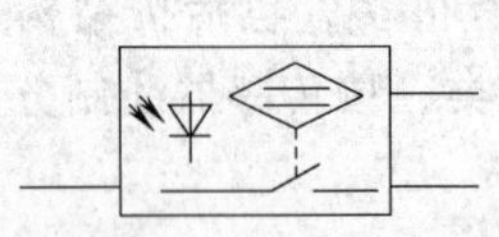

图 5-12　光电式传感器的电气符号

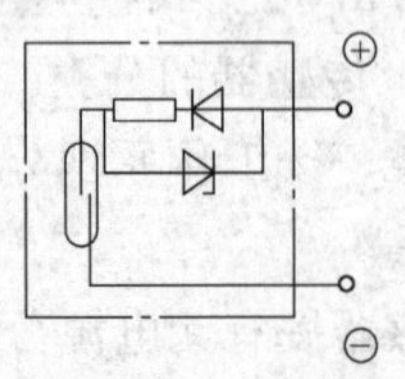


图 5-13　磁性开关输出电路图

两线制传感器与 PLC 连接时，将其串联到输入端与电源端，需要注意传感器的正负极。若为源型输入，则将 PLC 的输入公共端接 24V 端，两线制传感器的正极端接 PLC 的输入端，负极端与电源 0V 端连接。若为漏型输入，则将 PLC 的输入公共端接 0V 端，两线制传感器的正极端接电源 24V 端，负极端与 PLC 的输入端连接，具体如图 5-14 所示。

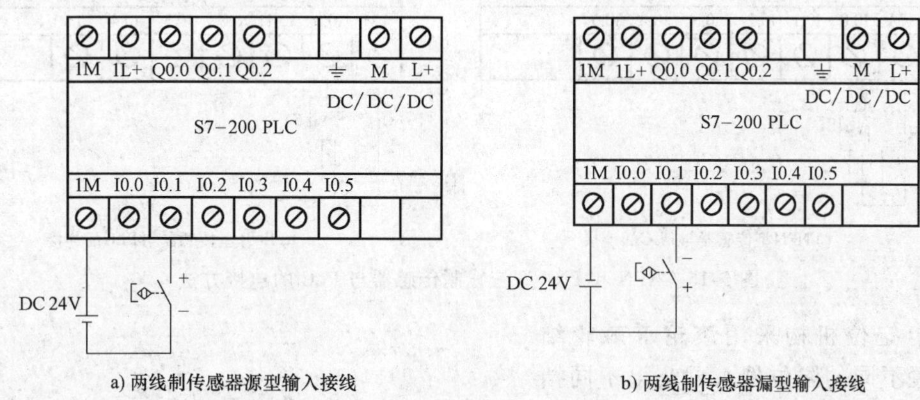


图 5-14　两线制传感器与 PLC 输入接线图

2）三线制传感器的输出类型有 NPN 型和 PNP 型两种，它们的接线也是不同的。图 5-15所示为两种三线制晶体管传感器的输出电路图。

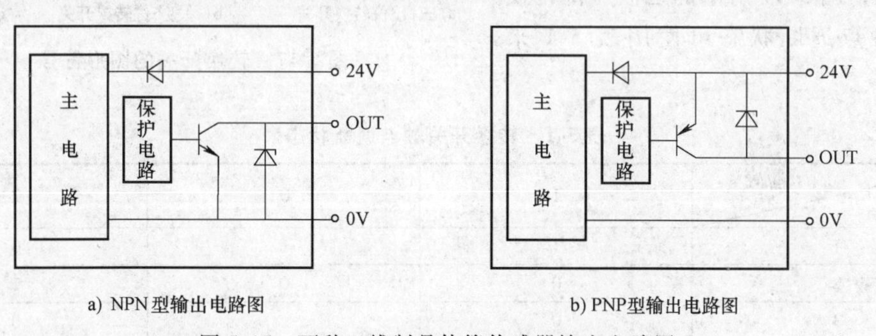


图 5-15　两种三线制晶体管传感器输出电路图

通常情况下，三线制传感器的输出端导线颜色为红（棕）、黄（黑）和蓝。红（棕）线一般接电源 24V 端；蓝线接电源 0V 端；黄（黑）线为输出信号，应接 PLC 输入端。对于 NPN 型接近开关，PLC 输入公共端应接到电源 24V 端，为源型输入；对于 PNP 型接近开关，PLC 输入公共端则应接到电源 0V 端，为漏型输入。

NPN 和 PNP 型三线制传感器与 S7-200 PLC 的连接方法如图 5-16 所示。

**4. 转换开关**

（1）转换开关的结构与符号　转换开关是一种多档位、多触点、能够控制多回路的主令电器。它广泛应用于各种控制设备中线路的换接、遥控和电流表、电压表的换相测量等；也可用于控制小容量电动机的起动、停止、换向、调速。转换开关有单极、双极、三极和多极之分。

转换开关的接触系统是由数个装嵌在绝缘壳体内的静触点座和可动支架中的动触点构成的。动触点是双断点对接式的触桥，在附有手柄的转轴上，随转轴旋至不同位置使电路接通

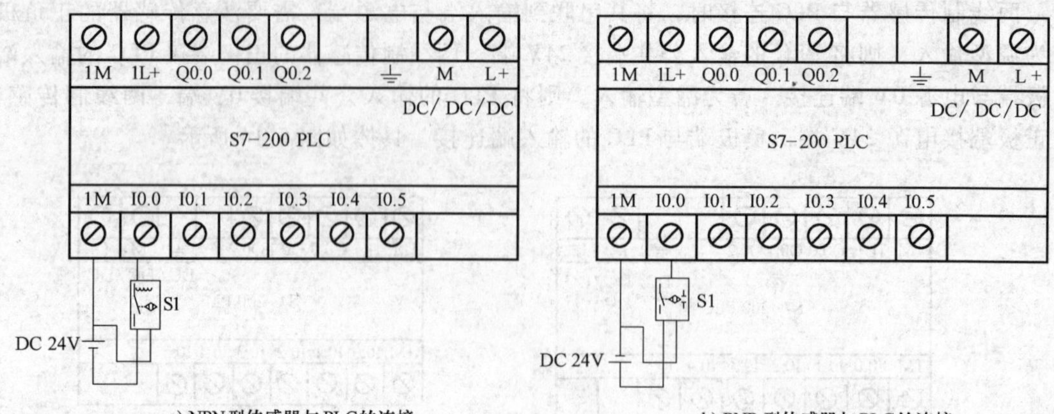


a) NPN型传感器与PLC的连接　　b) PNP 型传感器与PLC的连接

图 5-16　NPN 和 PNP 型三线制传感器与 PLC 的连接方法

或断开。定位机构采用滚轮卡棘轮结构，配置不同的限位件，可获得不同挡位的开关。转换开关的图形符号如图 5-17 所示。

转换开关的触点通断状态可以用图表来表示，图 5-17 所示的三极 3 位转换开关的触点通断状态可使用表 5-1 来表示。

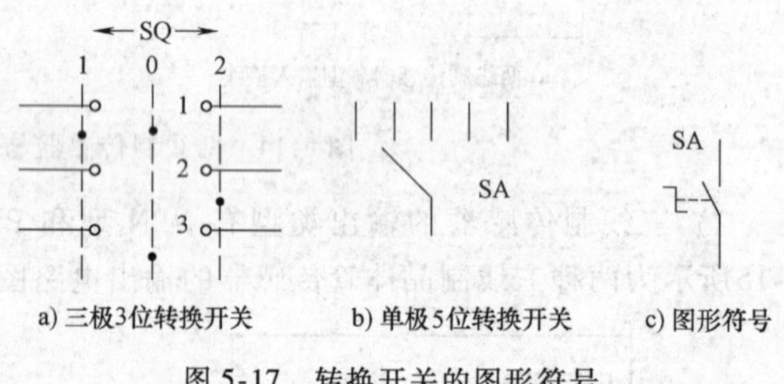


a) 三极3位转换开关　　b) 单极5位转换开关　　c) 图形符号

图 5-17　转换开关的图形符号

**表 5-1　转换开关触点通断状态表**

| 位置 / 触点号 | 1 | 0 | 2 |
|---|---|---|---|
| 1 | 1 | 1 | 0 |
| 2 | 0 | 0 | 1 |
| 3 | 0 | 1 | 0 |

注："0" 表示触点断开；"1" 表示触点接通。

(2) 转换开关与 PLC 的连接方法　进行转换开关与 PLC 的安装接线时，应注意到转换开关手柄的转换角度不同时触点的相应状态，根据需要选择使用相应的触点，避免错误接线。转换开关与 S7-200 PLC 的接线方式如图 5-18 所示。

PLC 电气控制系统中常用的输入设备还有拨码器、模拟量信号设备和旋转编码器等，这里不再详述。

## 5.1.2　常用输出元器件与 PLC 的连接方法

PLC 控制系统中常见的输出设备有接触器、电磁阀、信号灯、蜂鸣器等。

**1. 接触器**

(1) 接触器的结构与符号　接触器主要用于控制电动机、电热设备、电焊机等大功率电器，能频繁接通和断开交、直流主电路，实现远距离自动控制。它具有欠电压释放保护功能，在电力拖动自动控制系统中被广泛应用。

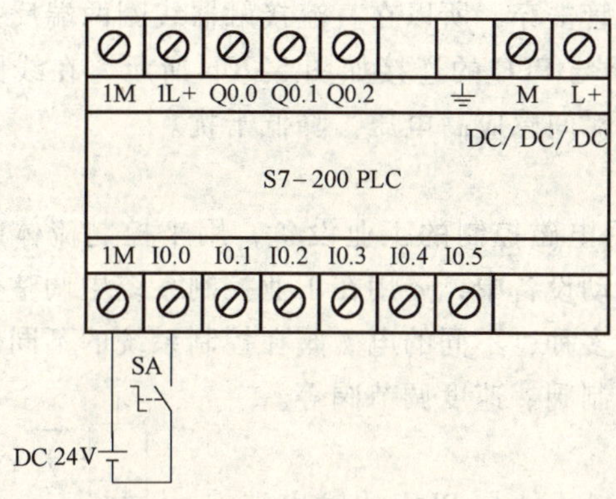


a) 转换开关源型输入接线

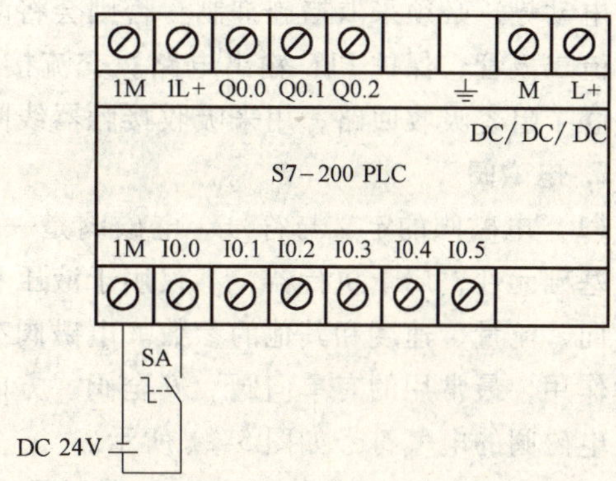


b) 转换开关漏型输入接线

图 5-18 转换开关与 S7-200PLC 的接线方式

接触器包括交流接触器和直流接触器两种，下面介绍交流接触器。

交流接触器主要由四部分组成：

1）电磁系统，包括吸引线圈、动铁心和静铁心。

2）触点系统，包括三组主触点和一至两组常开、常闭辅助触点，它和动铁心是连在一起互相联动的。

3）灭弧装置，一般容量较大的交流接触器都设有灭弧装置，以便迅速切断电弧，避免烧坏主触点。

4）绝缘外壳及附件，各种弹簧、传动机构、短路环、接线柱等。图 5-19 所示为交流接触器的图形符号。

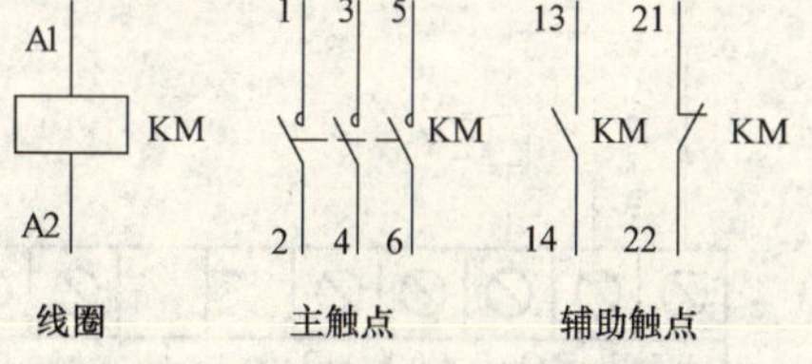


图 5-19 交流接触器的图形符号

（2）接触器与 PLC 的连接　接触器与 PLC 连接时要考虑交流接触器和直流接触器两种情况。直流接触器与晶体管输出型 PLC 的连接如图 5-20a 所示，由于直流接触器线圈在断电时会产生很大

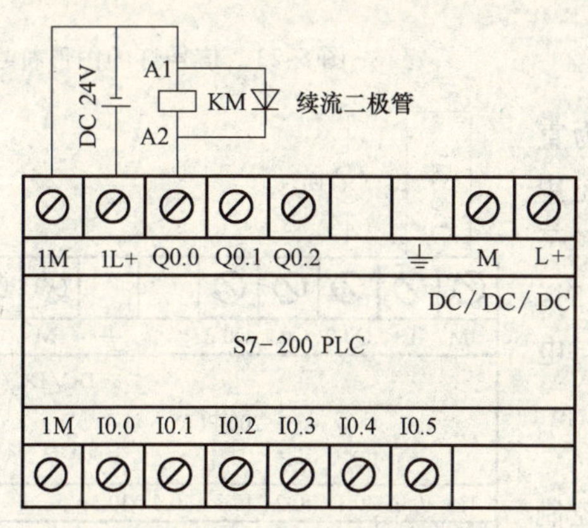


a) 直流接触器与晶体管输出型PLC的连接

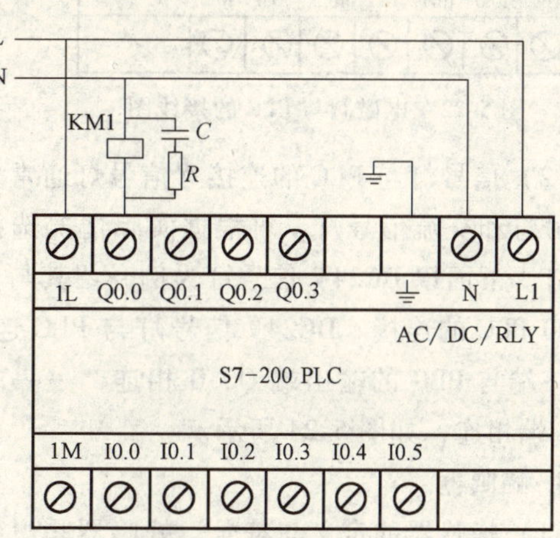


b) 交流接触器与继电器输出型 PLC 的连接

图 5-20 接触器与 PLC 的接线图

的反电动势，必须采取措施抑制，否则会将晶体管击穿，所以在直流接触器线圈两端反并联了续流二极管，保护 PLC 输出电路。交流接触器与 PLC 的连接如图 5-20b 所示，在线圈两端并联了阻容吸收回路，用来吸收接触器线圈的瞬间感应高电压，降低干扰。

**2. 电磁阀**

（1）电磁阀的定义与符号　电磁阀是一种用电磁控制的工业设备，用来控制流体的自动化基础元件，属于执行器，不仅用于液压和气动设备中，还用在工业控制系统中调整介质的方向、流量、速度和其他的参数。电磁阀有很多种，不同的电磁阀在控制系统的不同位置发挥作用，最常用的有单向阀、安全阀、方向控制阀、速度调节阀等。

电磁阀的电气符号如图 5-21 所示。

YV

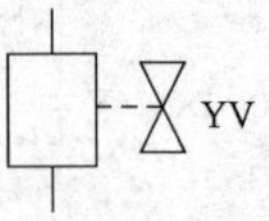

图 5-21　电磁阀的电气符号

（2）电磁阀与 PLC 的连接　电磁阀作为控制元件与 PLC 的输出端连接，PLC 的输出信号控制电磁阀的接通和断开。电磁阀线圈一般引出两根导线，以西门子 S7-200 PLC 晶体管输出方式为例，将电磁阀一端与 PLC 输出端 Q0.0 连接，另一端与电源 0V 端连接，如图 5-22 所示。

**3. 信号灯**

（1）信号灯的定义与符号　信号灯又称指示灯，是 PLC 电气控制系统中常用的执行元件。它主要用于各种电气设备及线路中作电源指示、设备的工作状态及报警指示等。

信号灯一般有平光灯和闪光灯等，其图形符号如图 5-23 所示。

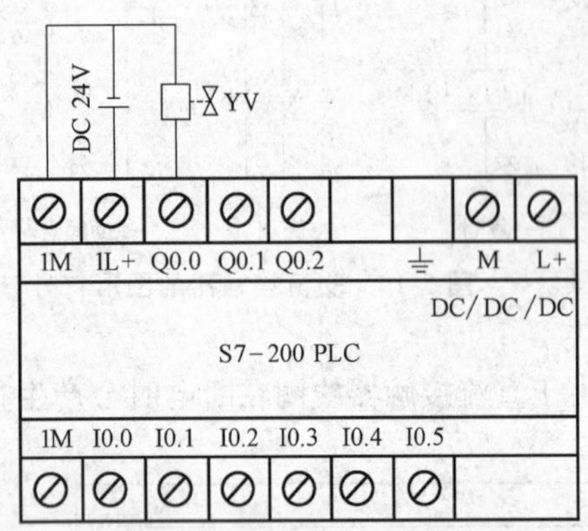


图 5-22　电磁阀与 PLC 的接线图

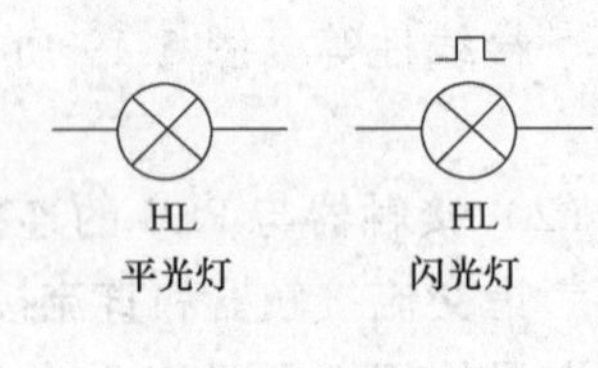


图 5-23　信号灯的图形符号

（2）信号灯与 PLC 的连接　信号灯通常分为直流信号灯和交流信号灯，可根据实际情况选择使用信号灯。下面以 DC24V 信号灯为例介绍其与西门子 S7-200 PLC 的连接。DC24V 信号灯与 PLC 连接时，将其一端与 PLC 的输出端 Q0.0 相连，另一端与电源 0V 端相连，如图 5-24 所示。

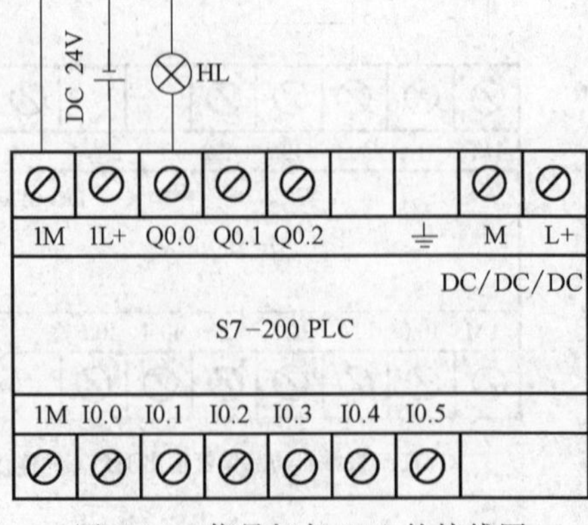


图 5-24　信号灯与 PLC 的接线图

**4. 蜂鸣器**

（1）蜂鸣器的定义与符号　蜂鸣器是电气控制系统中常用的报警器，当系统出现异常现象时，蜂鸣器作为一种声音报警，能快速引起工作人员的注意。蜂鸣器在电路中用字母“H”或“HA”表示，其图形符号如图 5-25 所示。

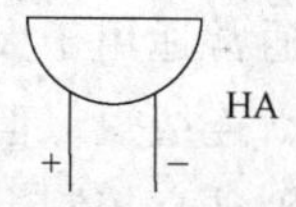

图 5-25　蜂鸣器的图形符号

（2）蜂鸣器与 PLC 的连接　蜂鸣器作为电气控制系统中的执行元件，与 PLC 的输出端连接。连接时需注意蜂鸣器输出端的正负极，下面以西门子 S7-200 PLC 为例介绍蜂鸣器与 PLC 的连接。蜂鸣器与 PLC 连接时，将其正极端与 PLC 的输出端 Q0.0 相连，负极端与电源 0V 端相连，如图 5-26 所示。

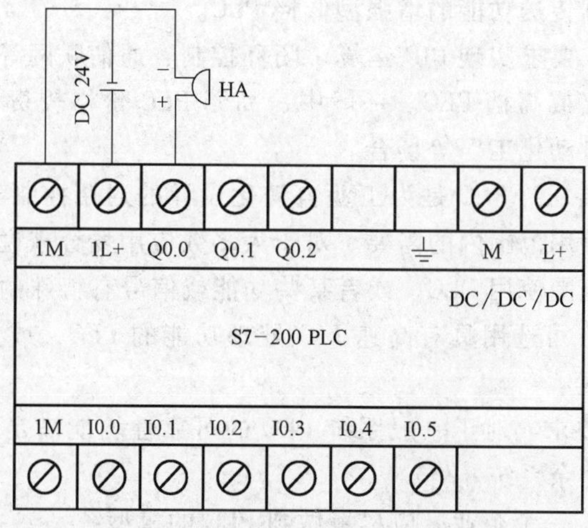

图 5-26　蜂鸣器与 PLC 的接线图

PLC 电气控制系统中常用的输出设备还有步进电动机驱动器、伺服电动机驱动器等，这里不再详述。

## 5.2　PLC 的选型原则

随着 PLC 技术的发展，PLC 产品的种类也越来越多，其结构形式、性能、容量、指令系统、编程方式、价格等也各有不同，适用的场合也各有侧重。因此，合理选用 PLC，对提高 PLC 控制系统的技术经济指标有着重要意义。

PLC 的选择主要应从 PLC 的机型、容量、I/O 模块、电源模块、特殊功能模块、通信联网能力等方面加以综合考虑。

**1. PLC 机型的选择**

PLC 机型选择的基本原则是在满足功能要求及保证可靠、维护方便的前提下，力争最佳的性价比。选择时主要考虑以下几点：

（1）结构型式的合理　PLC 主要有整体式和模块式两种结构型式。整体式 PLC 的每一个 I/O 点的平均价格比模块式的便宜，且体积相对较小，所以一般用于系统工艺过程比较固定的小型控制系统中；而模块式 PLC 的功能扩展灵活方便，在 I/O 点数、输入点数与输出点数的比例、I/O 模块的种类、特殊 I/O 模块的使用等方面选择余地大，维修时更换模块、判断故障范围也很方便，因此一般用于较复杂的和控制要求高的控制系统。

（2）安装方式的选择　PLC 控制系统安装方式分为集中式、远程 I/O 式以及多台 PLC 联网的分布式等。集中式不需要设置驱动远程 I/O 的硬件，系统反应快、成本低；远程 I/O

式通常适用于大型系统，系统的装置分布范围比较广，远程 I/O 可以分散安装在现场装置附近，连线短，但需要增设驱动器和远程 I/O 电源；多台 PLC 联网的分布式适用于多台设备分别独立控制，又相互联系的地方，可以选用具有通信功能的小型 PLC 或者附加通信模块。

（3）功能符合控制要求　一般小型（低档）PLC 具有逻辑运算、定时、计数等功能，对于只需要开关量控制的设备，小型 PLC 都可满足要求。

对于以开关量控制为主，带少量模拟量控制的系统，可选用带 A-D 和 D-A 转换单元，具有加减算术运算、数据传送功能的增强型低档 PLC。

对于控制比较复杂，要求实现 PID 运算、闭环控制、通信联网等功能，可视控制规模大小及复杂程度，选用中档或高档 PLC。一般中、高档 PLC 价格较贵，用于大规模过程控制和集散控制系统及整个自动化工厂等场合。

（4）响应时间满足要求　PLC 是为工业自动化设计的通用控制器，不同档次 PLC 的响应速度一般都能满足其应用范围内的需要。对于大多数应用场合来说，PLC 的响应时间并不是主要问题。如果要跨范围使用 PLC，或者某些功能或信号有特殊的速度要求时，则应该慎重考虑 PLC 的响应时间，可选用具有高速 I/O 处理功能的 PLC，或选用具有快速响应模块和中断输入模块的 PLC 等。

（5）系统可靠性的要求　对于一般系统 PLC 的可靠性均能满足。对可靠性要求很高的系统，应考虑是否采用冗余系统。

（6）机型尽量统一　一个企业，应尽量做到 PLC 的机型统一。主要考虑到三方面问题：

第一，机型统一，其模块可互为备用，便于备品备件的采购和管理。

第二，其功能和使用方法统一，有利于技术力量的培训和技术水平的提高。

第三，其外部设备通用，资源可共享，易于联网通信，在使用上位机对 PLC 进行管理和控制时，通信程序的编制比较方便，易于形成一个多级分布式控制系统，相互通信，集中管理。

**2. PLC 容量选择**

PLC 的容量通常是指 I/O 端子的数量和用户存储器容量。在选择 PLC 型号时不应盲目追求过高的性能指标，但也不能使所选 PLC 容量正好满足现有控制系统的使用。应该在满足现有控制系统的基础上外留一定的富余容量，以备后续控制系统的扩展使用。通常 I/O 端子数可按实际需要的 10% 考虑富余量。在选择存储器容量时，一般可按实际需要的 25% 考虑富余量。

**3. I/O 模块和电源模块的选择**

（1）输入模块的选择　输入模块的作用是接收现场的输入信号，按电压分类有直流和交流两种，如直流 5V、12V、24V 等，交流 110V、220V。因此选择输入模块时要考虑到现场输入设备的工作特性，包括其工作时的工作电流和工作电压的大小。

（2）输出模块的选择　输出模块的作用是将 PLC 的输出信号传递给外部的负载设备，输出模块按输出方式不同分为继电器输出型、晶体管输出型、晶闸管输出型三种。一般负载控制应首选继电器输出型，对要求高速脉冲输出的控制设备或数控装置可选择晶体管输出型，对频繁起、停的感性负载可选择晶闸管输出型。

（3）电源模块的选择　电源模块的选择需考虑输出电流的大小，电源模块的额定输出电流必须大于 CPU 模块、I/O 模块及专用模块等消耗电流的总和。

**4. 特殊功能模块的选择**

当需要考虑控制系统中被控对象对于 PID 闭环控制、高速计数、运动控制等有特殊要求时，可以选用有相应功能的 PLC 或特殊功能扩展模块。

**5. 联网通信能力**

现今乃至未来，工厂自动化及智能化发展是一个趋势，企业需要将各种控制设备连接到一个网络，相互之间进行数据交换，进行网络通信，实现由企业中央控制管理的目的。因此，在设计单个或综合性控制系统时，选用 PLC 一定要尽可能具备联网通信功能。有利于企业将来实现工厂自动化、智能化组网，实现集中控制管理。

## 5.3 PLC 常用控制程序举例

### 5.3.1 起、保、停程序

前面的章节中已经涉及起动-保持-停止程序（简称为起保停程序），起动按钮为 SB1，停止按钮为 SB2，其 PLC 梯形图程序和时序图如图 5-27a、b 所示。

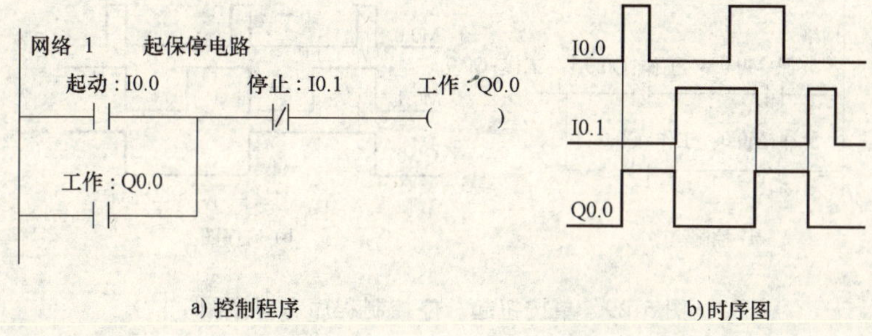


图 5-27　起、保、停 PLC 梯形图程序和时序图

如图 5-27 所示，按下起动按钮 SB1，I0.0 的常开触点接通，Q0.0 线圈“通电”，它的常开触点接通，抬起起动按钮 SB1，I0.0 常开触点断开，“能流”经 Q0.0 的常开触点和 I0.1 的常闭触点流过 Q0.0 的线圈，Q0.0 仍为 1 状态，这就是“自保持”功能，也称为“自锁”功能，按下停止按钮 SB2，I0.1 的常闭触点断开，使 Q0.0 的线圈“断电”，其常开触点断开，抬起停止按钮 SB2，I0.1 的常闭触点接通，由于 Q0.0 的常开触点已经断开，所以 Q0.0 的线圈仍然“断电”。

综上所述，起保停电路的主要功能是“记忆”，它能保持起动后的工作状态，并在停止指令发出后，停止工作。

在上述电路中，停止按钮 SB2 采用常开触点接至 PLC，如果停止按钮采用常闭触点接至 PLC，则其控制程序和时序图如图 5-28a、b 所示。

### 5.3.2 单按钮起、停程序

单按钮起、停设备，可节省 PLC 输入点与按钮，还可节省操作面板的空间，实现它的程序也有很多，其中典型的一种实现单按钮起、停的 PLC 控制程序和时序图如图 5-29a、b 所示（起、停按钮 SB1 接 I0.0）。

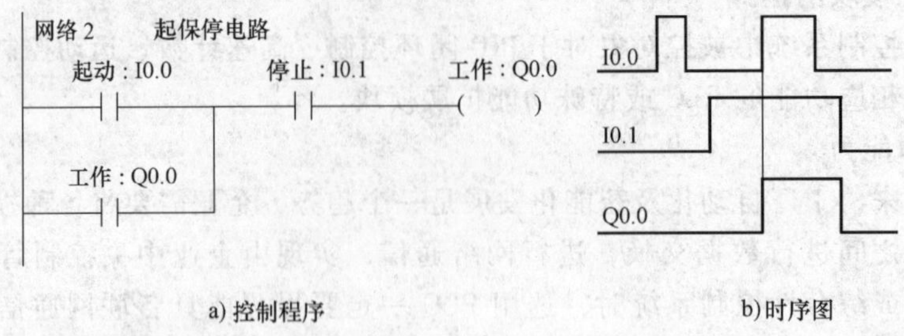


a) 控制程序　　b) 时序图

图 5-28　停止按钮采用常闭触点的起、保、停 PLC 控制程序和时序图

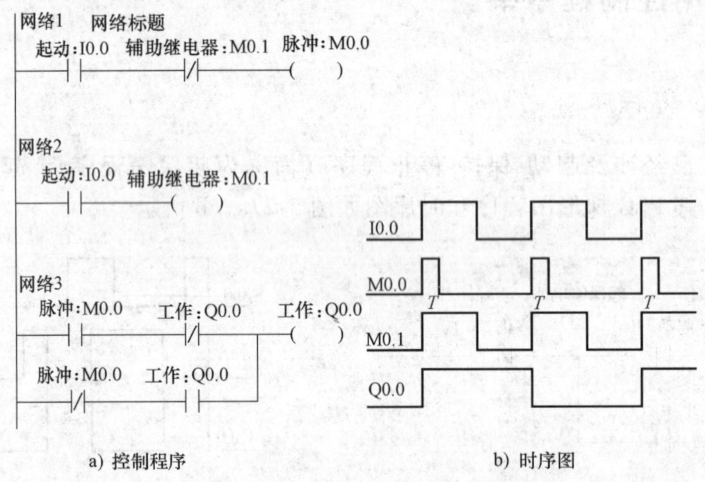


a) 控制程序　　b) 时序图

图 5-29　单按钮起、停控制程序和时序图

要理解图 5-29 所示程序，首先要了解西门子 S7-200 PLC 的工作过程，如图 5-30 所示，PLC 按照以下过程工作。

PLC 是采用“逐行扫描”的工作方式，对每一行程序的处理都是实行“先上后下、先左后右”的顺序进行。从网络 1 的程序开始顺序扫描至程序结束所需的时间称“扫描周期”。PLC 每完成一次全程序的扫描后，又会回到网络 1 程序重新开始，如此不断地循环。所以“扫描周期”也称程序的“循环时间”或“工作周期”。每个扫描周期的工作顺序如下：

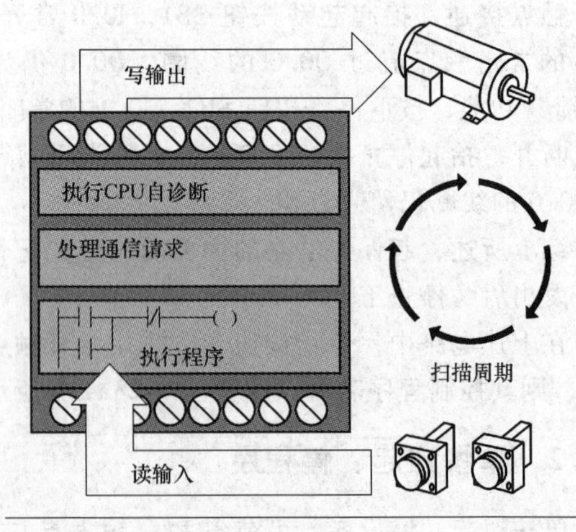


图 5-30　PLC 工作过程

第一步，读输入：S7-200 将物理输入点上的状态复制到输入映像寄存器中。

第二步，执行逻辑控制程序：S7-200 执行程序指令并将数据存储在各种存储区中，在执行程序指令的过程中按照“先上后下、先左后右”的顺序执行。

第三步，处理通信请求：S7-200 执行通信任务。

第四步，执行 CPU 自诊断：S7-200 检查固件、程序存储器和扩展模块是否工作正常。

第五步，写输出：在输出过程映像寄存器中存储的数据被复制到物理输出点。

按照 S7-200 PLC 的工作过程，则图 5-29 的程序执行过程分析如下：

程序可由两部分进行分析，第一部分：在 I0.0 每次从 OFF→ON 时，使 M0.0 产生一个时间为 1 个扫描周期的脉冲。此部分含梯形图程序“网络 1 ~ 2”。分析如下：

（注意：每按下按钮一次，其常开触点闭合，按下按钮 SB1 时间一般为 1 ~ 2s；而 PLC 的扫描周期一般为几十毫秒。）。

第一个扫描周期——

网络 1：I0.0 常开触点接通，M0.1 常闭触点也处于接通状态，所以 M0.0 线圈“通电”；

网络 2：I0.0 常开触点接通，M0.1 线圈“通电”。

第二个扫描周期——

网络 1：由于第一个扫描周期时，M0.1 线圈“通电”，所以此时，M0.1 的常闭触点断开，M0.0 线圈“断电”。

网络 2：I0.0 常开触点接通，M0.1 线圈“通电”。

此后的扫描周期——

如果 SB1 持续闭合，则 I0.0 常开触点保持闭合，M0.0 线圈将持续断电，M0.1 线圈持续通电。如果 SB1 断开，则 M0.0、M0.1 线圈均断电。

控制结果：每按下一次常开按钮 SB1，M0.0 就产生 1 个时间为 1 个扫描周期的脉冲。

第二部分：实现 Q0.0 被交替驱动的控制。

此部分为梯形图程序网络 3。分析如下：

第一次按下 SB1：（M0.0 产生 1 个时间为 1 个扫描周期的脉冲）。

第一个扫描周期——

网络 3 上支路：M0.0 常开触点接通，Q0.0 常闭触点接通，Q0.0 线圈“通电”，此支路通路。

网络 3 下支路：M0.0 常闭触点断开，此支路断路。

控制结果：网络 3 上支路通路、下支路断路，Q0.0 线圈“通电”。

第二个扫描周期——

线圈 M0.0 已经“失电”，以及线圈 Q0.0 已“通电”，则：

网络 3 上支路：M0.0 常开触点断开，Q0.0 常闭触点断开，此支路断路。

网络 3 下支路：M0.0 常闭触点接通，Q0.0 常开触点接通，此支路通路。

控制结果：上支路断路、下支路通路，Q0.0 线圈处于“通电”状态。

此后，无论 I0.0 继续保持闭合或断开，Q0.0 线圈会保持“通电”状态。

第二次按下 SB1：（M0.0 产生 1 个时间为 1 个扫描周期的脉冲）。

第一个扫描周期——

网络 3 上支路：M0.0 常开触点接通，Q0.0 常闭触点断开，此支路断路。

网络 3 下支路：M0.0 常闭触点断开，此支路断路。

控制结果：上下支路均断路，Q0.0 线圈“失电”。

第二个扫描周期——

线圈 M0.0 已“失电”，以及线圈 Q0.0 已“失电”，则：

网络 3 上支路：M0.0 常开触点断开，Q0.0 常闭触点接通，此支路断路。

网络 3 下支路：M0.0 常闭触点接通，Q0.0 常开触点断开，此支路断路。

控制结果：支路均断路，Q0.0 线圈“失电”。

此后，无论 SB1 继续保持闭合或断开，Q0.0 会保持“失电”。

由此可得，当 SB1 第一次按下时，输出 Q0.0 被驱动并保持；当 SB1 第二次按下时，输出 Q0.0“失电”。通过如此重复使灯 HL1 在按钮 SB1 的第 1、3、5、…单数次按下时“通电”，在第 2、4、6、…双数次按下时“失电”，以实现 Q0.0 的交替驱动，按钮 SB1 起着双重控制的作用。

显然，此程序必须要依据 PLC 工作方式，对第一次扫描周期与第二次扫描周期的控制过程进行分析，才能得到正确的结论。PLC 的工作过程，实质是“输入采样”→“执行用户程序（顺序扫描）”→“输出刷新”的过程。每次的输入采样与输出刷新都隔一个扫描周期。因此，“扫描周期”是 PLC 一个十分重要的性能指标，扫描周期的长短与 PLC 的 CPU 运算速度、PLC 的 I/O 点元件及程序的长短都有关系。

可使用“跳变沿检测”指令来简化上述的程序，简化后的程序和时序图如图 5-31a、b 所示。

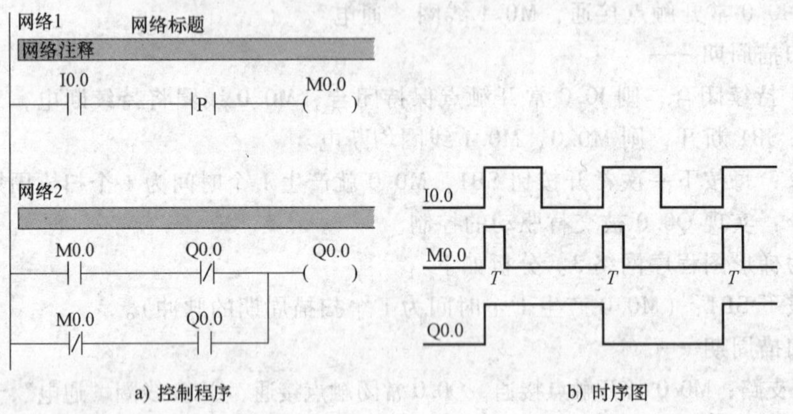


图 5-31　用正负跳变触点指令实现单按钮起、停控制程序和时序图

## 5.3.3　联锁、互锁程序

自锁程序在前面的章节中已经介绍过，联锁、互锁也是生产中常见的逻辑关系，应用非常广泛。

**1. 联锁**

以甲的工作状态作为乙的工作前提条件，即乙动作只能在甲动作之后才能发生，称甲对乙的联锁。

如图 5-32a 控制程序所示，由于 Q0.0 的常开触点串联在网络 2 中，所以只有在 A 电动机工作（Q0.0 得电）后，B 电动机才能工作（Q0.1 得电），否则 B 电动机不能工作（Q0.1 不能得电），其控制程序和时序图如图 5-32a、b 所示。

如图 5-32 所示，只有在 A 电动机工作后，按下 B 的电动机起动按钮才能起动 B 电动机，否则 B 电动机不能起动。

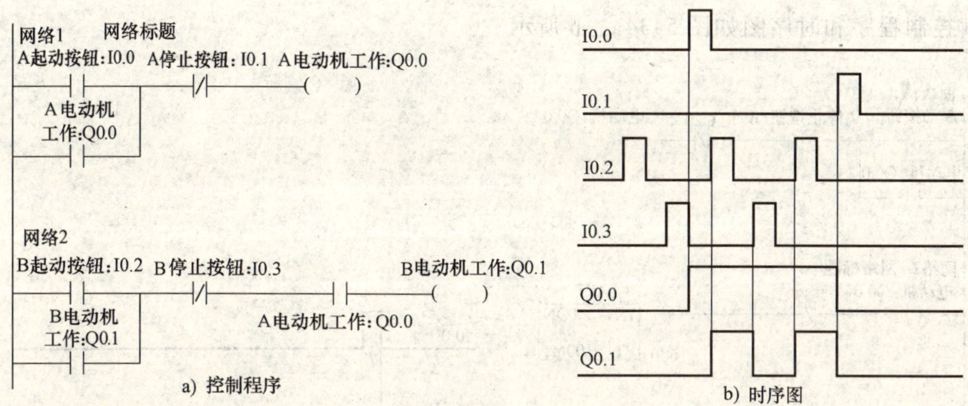


图 5-32　联锁控制程序和时序图

**2. 互锁**

互锁电路就是互以对方不工作作为自身工作的前提条件。实现的方法就是以甲方工作时，乙方不能工作；乙方工作时，甲方不能工作。

如电动机正反转电路，正反转不能同时接通，否则容易造成设备短路，正反转程序是典型的互锁电路，其 PLC 程序和梯形图如图 5-33a、b 所示，分析如下：

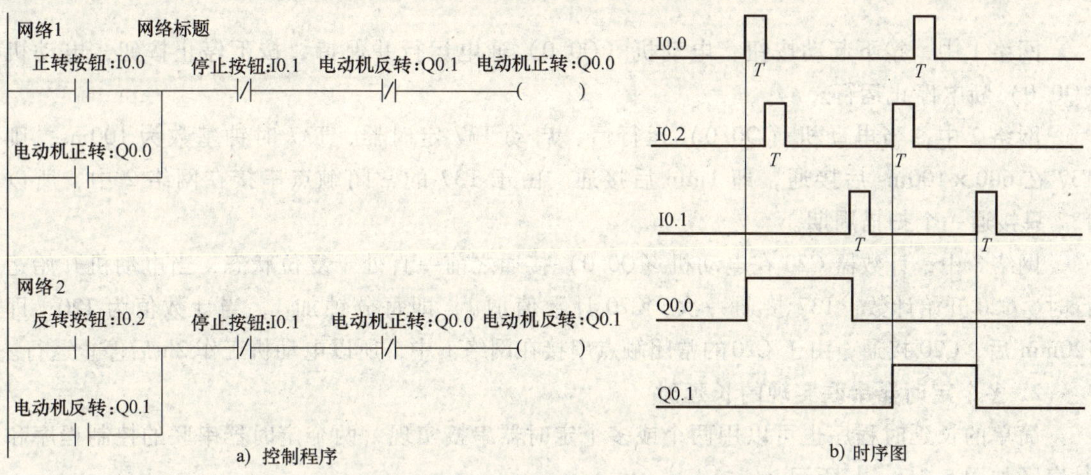


图 5-33　正反转互锁电路控制程序和时序图

将 Q0.0 的常闭触点串进电动机反转起动的控制程序（网络 2）中，将 Q0.1 的常闭触点串进电动机正转起动的控制程序（网络 2）中，如果电动机在正转过程中（Q0.0 得电），则电动机不能反转（Q0.1 不能得电）；同理，在电动机反转过程中（Q0.1 得电），则电动机不能正转（Q0.0 不能得电）。

## 5.3.4　长延时程序

**1. 定时器和计数器结合实现长延时**

在生产中，有时需要长时间的延时，比如在对产品进行疲劳测试时，就需要长时间的工作，实现长延时的方法也有很多，下面以定时器和计数器结合的方法来实现长延时程序，控制工艺如下：按下起动按钮后电动机运行，按下停止按钮或电动机运行 2h 后电动机停止工作，其控制程序和时序图如图 5-34a、b 所示。

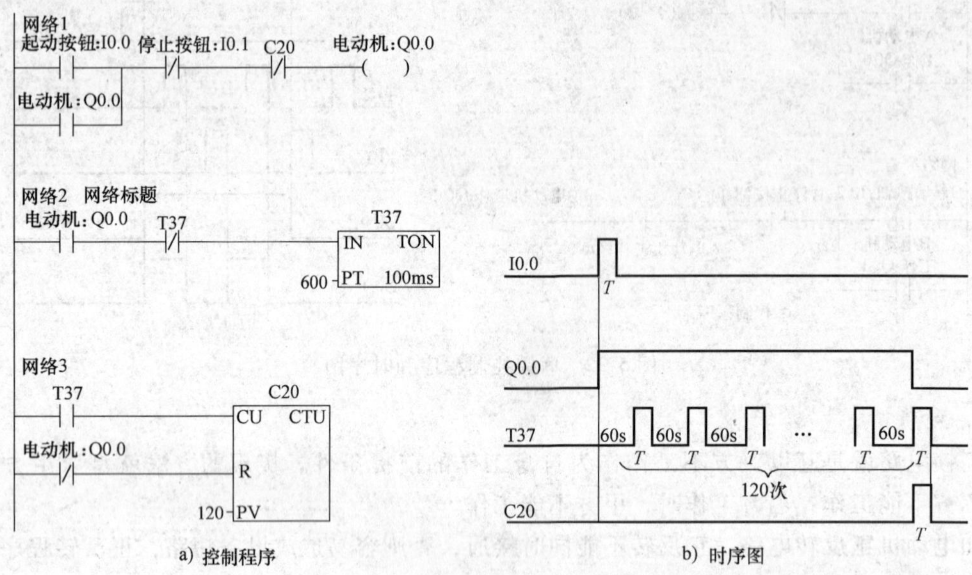


图 5-34　定时器与计数器结合的长延时电路程序和时序图

网络 1 中，按下起动按钮，电动机（Q0.0）通电运行并保持，按下停止按钮，电动机（Q0.0）断电停止运行。

网络 2 中，当电动机（Q0.0）运行后，启动 T37 定时器，T37 时钟基数为 100ms，则 T37 在 600×100ms 后接通，即 1min 后接通，由于 T37 的常闭触点串接在网络 2 中，所以 T37 只接通一个扫描周期。

网络 3 中，计数器 C20 在电动机（Q0.0）接通之前一直处于复位状态，当电动机开始运行时，C20 开始计数，T37 接通一次，C20 计数值加 1，即每分钟加 1，当计数值为 120，即 120min 后，C20 接通，由于 C20的常闭触点串接在网络 1 中，所以电动机工作 2h 后停止运行。

**2. 多个定时器串联实现的长延时**

简单的长延时程序也可以用两个或多个定时器串接实现，两个定时器串联的控制程序和时序图如图 5-35a、b 所示。

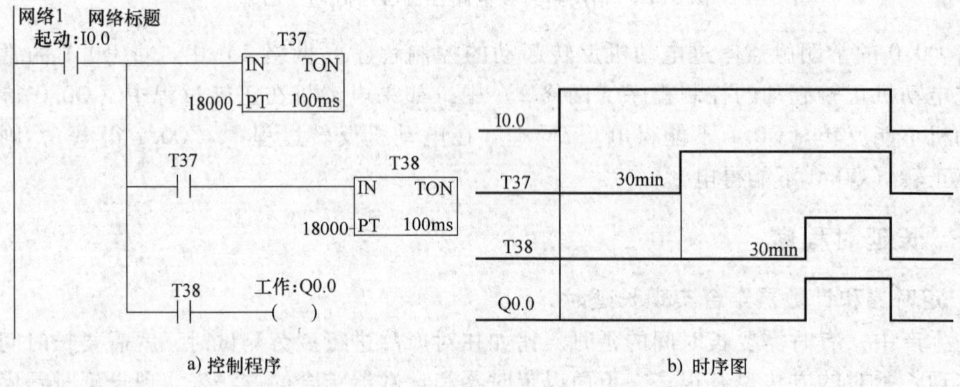


图 5-35　多个定时器的长延时电路程序

如图 5-35 所示，起动按钮（I0.0）闭合后，定时器 T37 开始计时，30min 后 T37 常开触点接通，定时器 T38 开始计时，又 30min 后 T38 常开触点接通，T38 常开触点接通后，Q0.0 得电，即起动按钮（I0.0）闭合后 1h，Q0.0 得电，系统开始工作。

### 5.3.5 脉冲程序

脉冲程序用于产生脉冲信号，闪烁程序就是脉冲程序的一种，简单的脉冲程序可以使用 S7-200 特殊存储器实现，其控制程序和时序图如图 5-36a、b 所示。

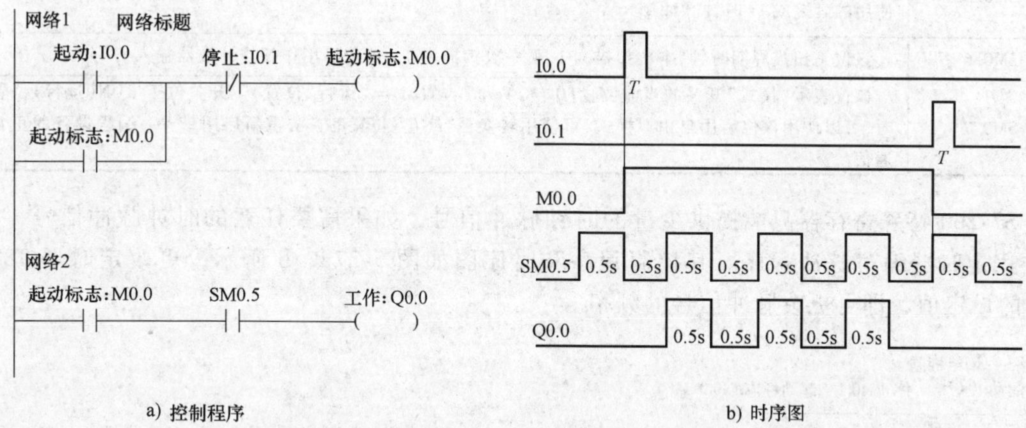


图 5-36 用 S7-200 特殊存储器实现的闪烁程序和时序图

如图 5-36 所示，特殊继电器 SM0.5 提供 1s 时钟脉冲，该脉冲在 1s 的周期时间内 OFF（关闭）0.5s，ON（打开）0.5s。在 I0.0 接通后，系统起动后，Q0.0 得电 0.5s，失电 0.5s。如果在 Q0.0 端子外接一信号灯，信号灯亮 0.5s，灭 0.5s，得到闪烁效果。

特殊存储器也是内部辅助继电器，只是特殊存储器有其特殊用处，它是 S7-200 PLC 为 CPU 和用户程序之间传递信息的媒介，它们可以反映 CPU 在运行中的各种状态信息，用户可以用这些信息来判断机器的工作状态，同时提供大量的控制功能，学会灵活应用特殊存储器的标志位，可以减少工作量，使程序更加易懂易读。特殊存储器标志位能以位、字节、字或双字使用。

特殊存储器用 SM 表示，有些特殊存储器只读，如 SMB0 ~ SMB29，程序只能读取这些存储器内的数据，如果程序对这些只读 SM 进行写操作，Micro/WIN 会编译程序，不会出错。但是 CPU 程序编译时会显示“操作数范围错误，下载失败”。有些特殊存储器可以进行读写操作，如 SMB36 ~ SMB65，可以通过对其的写操作，来对高速计数器进行设定。虽然可以对部分 SM 进行写操作，但是 SM 的定义是不能被改变的。特殊存储器字节 SMB0 的功能含义见表 5-2。

表 5-2 特殊存储器字节 SMB0

| SM 位 | 位功能描述 |
|---|---|
| SM0.0 | 程序运行时，此位始终为 1 |
| SM0.1 | 首次扫描时该位为 1，可用于调用初始化子程序 |
| SM0.2 | 如果断电保存的数据丢失，该位在一次扫描周期中为 1。该位可用作错误内存位或激活特殊起动顺序的功能 |

（续）

| SM 位 | 位功能描述 |
| --- | --- |
| SM0.3 | 从电源开启进入 RUN(运行)模式时,该位闭合一个扫描周期。该位可用于在起动操作之前给机器提供预热时间 |
| SM0.4 | 该位提供分钟时钟脉冲,该脉冲在 1min 的周期时间内 OFF(关闭)30s,ON(打开)30s。该位提供便于使用的延迟或 1min 时钟脉冲 |
| SM0.5 | 该位提供秒时钟脉冲,该脉冲在 1s 的周期时间内 OFF(关闭)0.5s,ON(打开)0.5s。该位提供便于使用的延迟或 1s 时钟脉冲 |
| SM0.6 | 该位是扫描周期时钟,本次扫描为 1,下一次扫描为 0。该位可用作扫描计数器输入 |
| SM0.7 | 该位表示"模式"开关的当前位置(0 ="Term"位置,1 ="运行"位置)。开关位于 RUN(运行)位置时,可以使用该位启用自由口模式,可使用转换至"终止"位置的方法重新启用带 PC/编程设备的正常通信 |

S7-200 特殊寄存器只能提供少量的时钟脉冲信号，如果需要任意的时钟脉冲信号，就需要用定时器编写脉冲程序。其控制程序和时序图如图 5-37a、b 所示，更改定时器 T37、T38 的设定值，即可更改脉冲信号的频率。

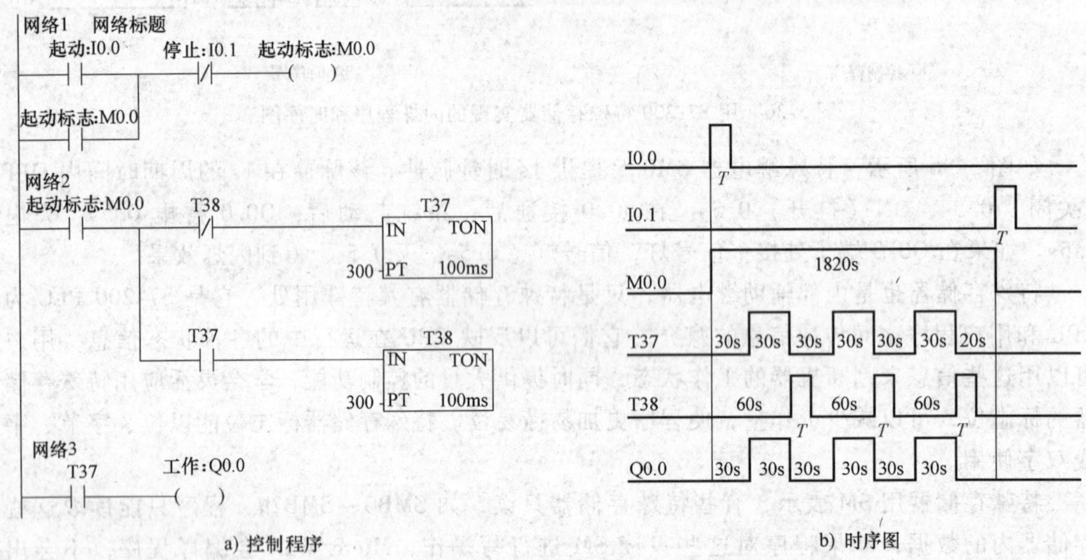


图 5-37　时间可调的脉冲程序和时序图

## 5.3.6　单序列程序

单序列程序设计法是顺序控制设计法的一种，所谓顺序控制就是按照生产工艺预先规定的顺序，在各个输入信号的作用下，根据内部状态和时间的顺序，使生产过程中各个执行机构自动有序地进行操作。要实现顺序控制设计法，就需要先了解顺序功能图。

**1. 顺序功能图的基本概念**

顺序功能图是描述控制系统的控制过程、功能和特性的一种图形，也是设计 PLC 顺序控制程序的有力工具。顺序功能图主要由状态（步）、有向线段、转移、转移条件和动作

（命令）组成。由于顺序功能图中状态的排列顺序代表了执行动作的顺序，因此特别适合顺序控制的场合。

**2. 状态与动作**

顺序功能图将一个工作周期划分为若干个顺序相连的阶段，这些阶段称为状态，状态可以用编程元件来表示，例如采用存储器 M、V 或者顺序继电器 S 来表示状态。

状态（步）是控制系统中一个相对不变的性质，对应于一个稳定的情形。状态包括：初始状态和工作状态。

初始状态：控制系统的初始状态是功能图运行的起点，一个控制系统至少有一个初始状态，初始状态用双线的矩形框表示。

工作状态：指控制系统正常运行的状态。工作状态又分动状态和静状态，动状态是指当前正在运行的状态；静状态是当前没有运行的状态，同时可以有多个状态为动状态。

动作：控制过程中的每一个状态，它可以对应一个或多个动作。可以在状态右边用简明的文字说明该状态所对应的动作，文字应该清楚地表明该动作是存储型的或者是非存储型的。除了文字也可以用一些修饰词来表明动作，如 R 代表复位、S 代表置位、P 代表脉冲等。

**3. 有向线段**

表示状态转移的方向，当状态从上到下或由左向右转移时，有向线段的箭头可以省略。

**4. 转移**

转移用有向线段上与有向线段垂直的短画线来表示，转移将相邻两个状态分隔开。

**5. 转移条件**

使系统由当前状态进入下一状态的信号称为转移条件，系统由一个状态退出进入另一个状态必须满足转移条件，转移条件可以是外部输入信号，也可以是内部产生的信号。转移条件可以用文字语言、布尔代数表达式或图形符号标注在转移的短画线的旁边。

**6. 典型顺序功能图**

典型顺序功能图各部分含义如图 5-38 所示。

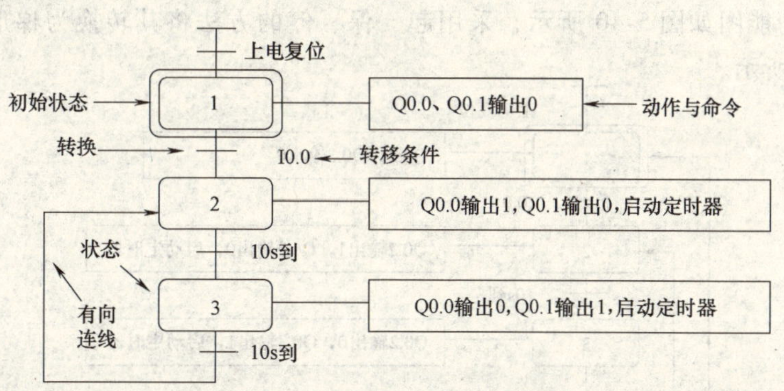


图 5-38　顺序功能图各部分含义

**7. 顺序功能图的实现方法**

通常采用顺序控制指令来实现顺序功能图的功能，也可以利用基本指令按照一定规则将顺序功能图转换为梯形图，西门子 S7-200 PLC 暂不支持顺序功能图直接编程。

单序列顺序功能图，由一系列相继激活的状态组成，是最简单的一种顺序功能图，如图 5-38 所示。每一状态的后面仅接有一个转移，每一个转移的后面只有一个状态。

通常单序列顺序功能图转换到梯形图或语句表有三种方法：第一种是使用起保停电路的顺序控制梯形图的设计方法；第二种是以转换为中心的顺序控制梯形图设计方法；最后一种是使用 SCR 指令的顺序控制梯形图设计方法。

使用起、保、停电路实现图 5-38 所示单序列顺序功能图的程序如图 5-39 所示。

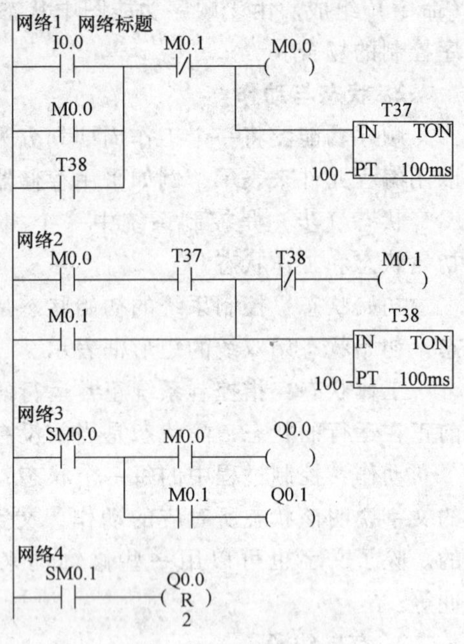

图 5-39　单序列程序

起、保、停电路仅仅使用与触点和线圈有关的指令，任何一种 PLC 都可以实现，设计起、保、停电路的关键是找到起动和停止的条件，一般使用转移条件作为起动条件，如本例中的 I0.0，使用下一个状态作为当前状态的停止条件，如本例中的 M0.1。

某一输出量仅在某一状态为 ON，如本例中的 Q0.0 和 Q0.1，可以将它的线圈与对应的存储器位线圈并联，如图 5-39 中网络 3 所示。

使用 M0.0 和 M0.1 或其他存储器来代表各个状态，会使程序概念清楚、编程规范、梯形图易于阅读和查错。

网络 4 是初始复位程序，上电后第一个扫描周期，将 Q0.0 和 Q0.1 均复位。

### 5.3.7　选择程序

分支结构功能图又称选择序列结构功能图，选择序列的开始称为分支，选择序列的结束称为合并，一般只允许同时选择一个序列。

分支结构功能图如图 5-40 所示，采用起、保、停的方法将其转换为梯形图，转换后的程序如图 5-41 所示。

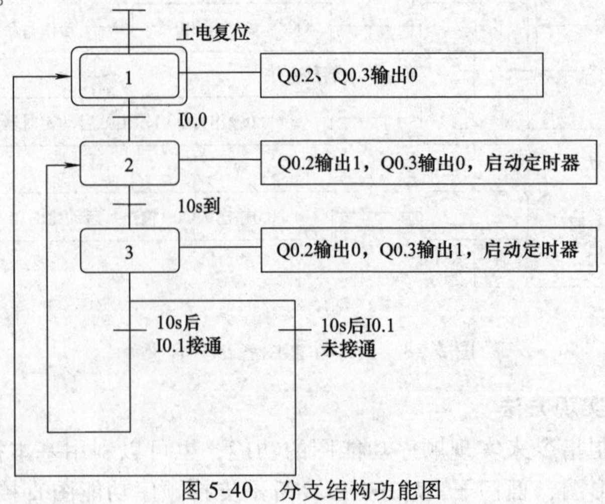

图 5-40　分支结构功能图

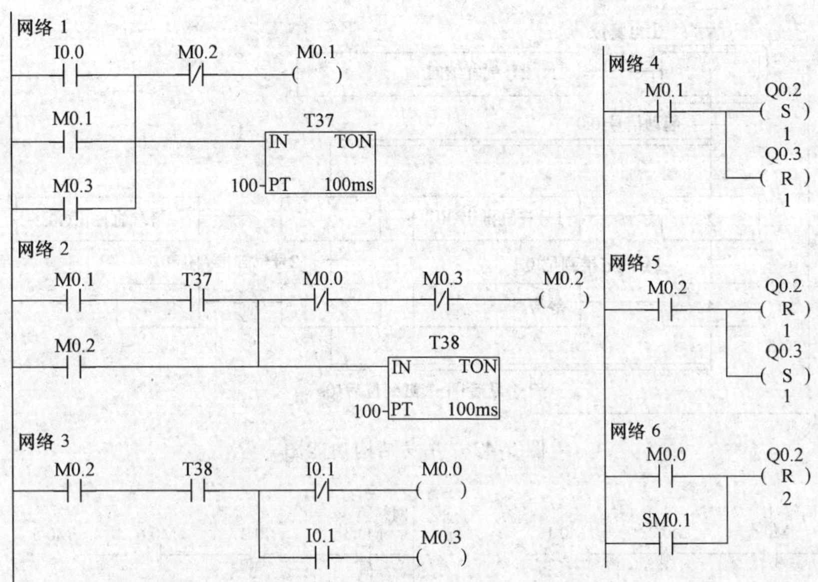


图 5-41　起、保、停电路的顺序控制梯形图的设计方法

在网络 1 中，当 I0.0 或者 M0.3 常开触点接通时，M0.1 线圈得电并自锁，同时启动定时器 T37。

在网络 2 中，当 M0.1 接通后 10s，T37 定时时间到，其常开触点接通，M0.2 线圈得电并自锁，同时启动定时器 T38，当 M0.2 的线圈得电时，其在网络 1 中的常闭触点断开，M0.1 线圈“失电”。

在网络 3 中，当 M0.2 常开触点接通后 10s，T38 定时时间到，其常开触点接通，此时，如果 I0.1 的常开触点接通，则 M0.3 线圈得电，如果 I0.1 的常闭触点接通，则 M0.0 得电，由于 M0.0 和 M0.3 的常闭触点串接在网络 2 中，所以无论是 M0.0 接通或者是 M0.3 接通，M0.2 线圈均失电。

在网络 4 中，如果 M0.1 常开触点接通，则 Q0.2 输出 1，Q0.3 输出 0。

在网络 5 中，如果 M0.2 常开触点接通，则 Q0.2 输出 0，Q0.3 输出 1。

在网络 6 中，如果 M0.0 或者 SM0.1 常开触点接通，Q0.2、Q0.3 输出 0。

### 5.3.8　并发程序

并发序列的开始称为并发分支，当转换的实现导致几个序列同时激活时，这些序列称为并发序列，并发序列的结束称为并发合并。

并发结构功能图如图 5-42 所示，采用以起、保、停电路的顺序控制梯形图的设计方法，实现图 5-42 的并发结构功能图的梯形图如图 5-43 所示。

网络 1 中，M0.1 是初始复位标志，当 M0.1 得电时，Q0.1 = 0、Q0.2 = 1，1、2 号气缸缩回，当 SM0.1 或者 M0.6 常开触点接通时，M0.1 得电并自锁，对 1、2 号气缸进行复位，SM0.1 是上电复位，M0.6 是气缸到位复位。

系统起动后，分两个支路进行，一个支路是网络 2 和网络 3，另一个支路是网络 4 和网络 5，网络 6、7 是两个分支的汇合，网络 8、9 是系统的输出驱动。

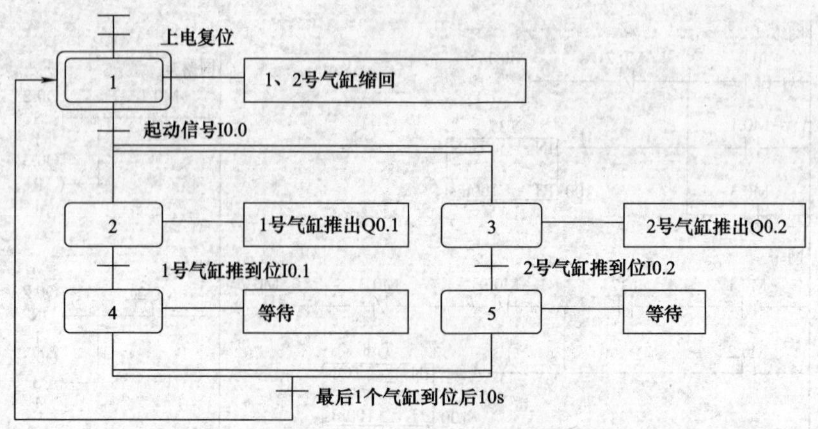


图 5-42　并发结构功能图

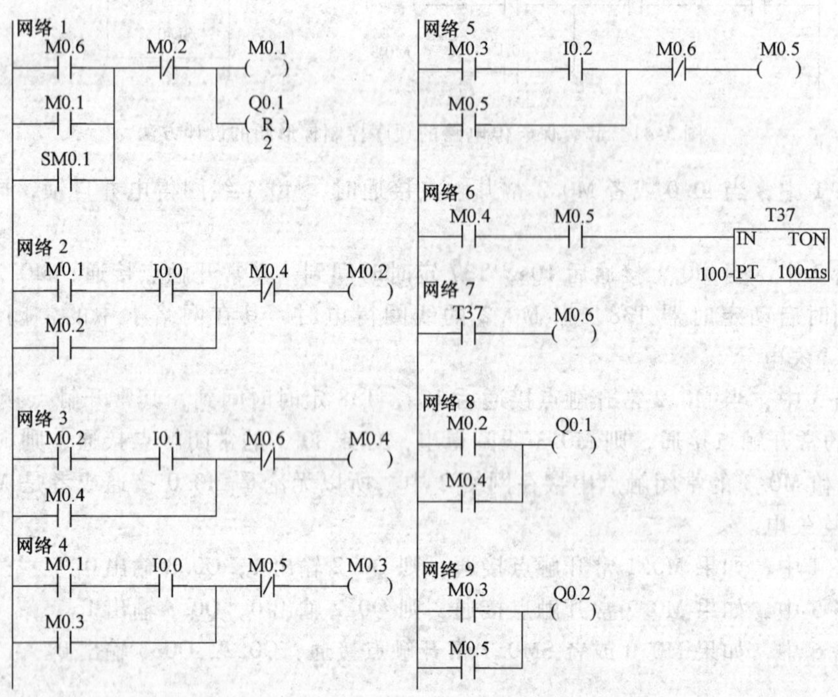


图 5-43　起保停电路的顺序控制梯形图的设计方法

网络 2 中，系统复位后（M0.1 得电），当 I0.0 常开触点接通时，M0.2 得电；同理，网络 4 中的 M0.3 也得电，由于 M0.2 的常闭触点串联在网络 1 中，所以 M0.1“失电”。

网络 3 中，M0.2 常开触点接通后，如果 I0.1 常开触点接通，即气缸 1 推出到位，M0.4 得电；同理，网络 5 中，I0.2 常开触点接通，即气缸 2 推出到位，M0.5 得电。

网络 6 中，当气缸 1 和气缸 2 均推出到位，即 M0.4 和 M0.5 常开触点均接通，开启定时器 T37，10s 后 T37 定时时间到，网络 7 中的 T37 常开触点接通，M0.6 得电，程序返回网络 1 执行复位程序。

网络 8 中，当 M0.2 或 M0.4 常开触点接通时，Q0.1 得电，气缸 1 推出；网络 9 中，当 M0.3 或 M0.5 常开触点接通时，Q0.2 得电，气缸 2 推出。

# 5.4 典型控制系统设计方法

## 5.4.1 电动机的星三角起动控制

### 1. 任务描述

单台大功率电动机实际应用中，为防止电动机起动电流过大，采用星三角起动方式，该系统由 PLC 实现控制要求。其主电路由 1 台三相交流异步电动机、3 个三相交流接触器（KM1、KMY、KM△）和电源隔离开关 QF 所组成，如图 5-44 所示。在电动机的控制电路中加入了热继电器 FR，用于防止电动机过载。其具体控制要求如下。

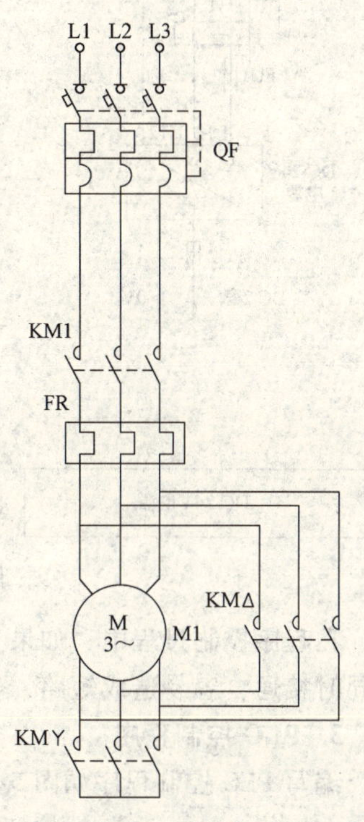

图 5-44 电动机星三角起动电路

初始状态：接触器 KM1、KM丫、KM△都处于断电状态，电动机 M1 处于停止状态。

起动操作：按下起动按钮 SB1，接触器 KM1、KM丫闭合，电动机 M1 接成星形，实现减压起动，10s 后 KM丫断开、KM△闭合，电动机接成三角形，投入正常运行。

系统停止：运行过程中发生过载或按下停止按钮 SB2 时，无论电动机处于何种状态都将停止运行，其他设备恢复初始状态。

### 2. 方案设计

根据任务描述，PLC 需要控制电动机的起动运行，PLC 输出端口不能直接连接三相交流电动机，可以采用 PLC 控制交流接触器的线圈，用交流接触器的触点来控制电动机电源的接通与切断，所以要求 PLC 的输出能直接驱动交流接触器，整个控制过程中没有脉冲输出的需求。经综合考虑，选用 S7-200 CPU222 AC/DC/RLY 继电器型 PLC。

将按钮 SB1 接到 PLC 的输入端子 I0.0，将按钮 SB2 接到 PLC 的输入端子 I0.1，将热继电器 FR（常闭触点）接到 PLC 的输入端子 I0.2；将 KM1 的线圈接到 PLC 的输出端子 Q0.0，将 KM丫的线圈接到 PLC 的输出端子 Q0.1，将 KM△的线圈接到 PLC 的输出端子 Q0.2，其输入输出分配见表 5-3。

表 5-3 星三角起动输入输出分配表

| 输入 | | 输出 | |
|---|---|---|---|
| 端子号 | 设备 | 端子号 | 设备 |
| I0.0 | 起动按钮 SB1 | Q0.0 | 交流接触器 KM1 |
| I0.1 | 停止按钮 SB2 | Q0.1 | 交流接触器 KM丫 |
| I0.2 | 热继电器 FR | Q0.2 | 交流接触器 KM△ |

其 PLC 控制系统原理图如图 5-45 所示。

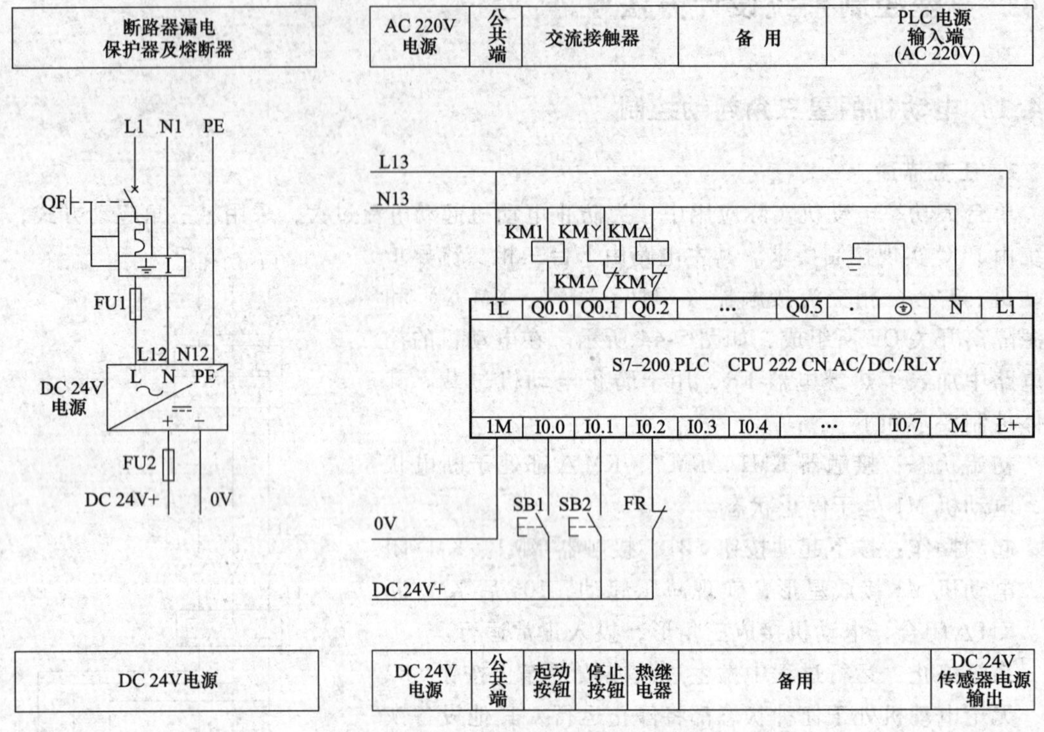


图 5-45 星三角起动控制系统原理图

在程序控制过程中，如果 KMY或 KM△同时接通，或者因为硬件故障导致两个交流接触器同时接通，容易造成短路，导致设备损坏，所以在外部硬件电路中应有互锁保护。

**3. PLC 控制程序**

编写 PLC 控制程序如图 5-46 所示。

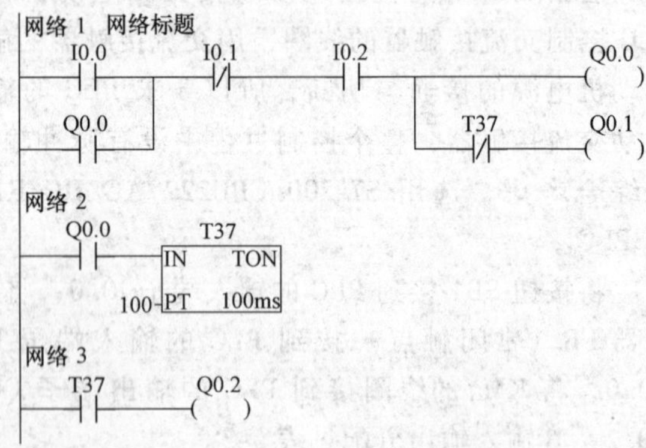


图 5-46 星三角电动机起动 PLC 控制程序

在网络 1 中，当起动按钮 SB1 按下时，常开触点 I0.0 接通，Q0.0 和 Q0.1 得电；当定时器 T37 接通时，Q0.1 失电。当停止按钮 SB2 按下，或热继电器 FR 动作时，I0.1 或 I0.2 常闭触点断开，Q0.0 和 Q0.1 失电，所有输出均断开。

在网络 2 中，当 Q0.0 接通 10s 后，定时器 T37 接通。

在网络 3 中，当定时器 T37 接通时，Q0.2 得电。

当 I0.1 接通，或者热继电器 FR（见图 5-45）动作时，所有输出均断开。

**4. 系统调试**

1）按照程序设计，将编写好的控制程序输入到编程软件中，并进行程序的编译。

2）下载控制程序到 PLC 中，并使 PLC 处于运行状态。

3）检查起动按钮、停止按钮以及热继电器 FR 的状态。

4）按下起动按钮 SB1，观察 KM1 和 KM丫是否接通，10s 后，KM丫是否断开，KM△是否接通。

5）按下停止按钮 SB2 或使热继电器保护动作，观察 KM1 和 KM△是否断开。

## 5.4.2 两台电动机的顺序控制

### 1. 任务描述

有一台自动送料装置，两台电动机拖动，系统由 PLC 控制，电路如图 5-47 所示。其具体控制要求如下。

初始状态：系统通电后，PLC 无任何输出，电动机处于停止状态。

系统运行：按下按钮 SB1，安装在现场的三相交流异步电动机 M1 起动运行，30s 后，三相交流异步电动机 M2 起动运行。

系统的急停和停止：任何时候按下停止按钮 SB2 或者急停按钮 SB3，两台电动机立即停止运行。

### 2. 方案设计

根据任务描述，PLC 需要控制两台电动机的运行，PLC 输出端口不能直接连接三相交流电动机，可以采用 PLC 控制交流接触器的线圈，用交流接触器的触点来控制电动机电源的接通与切断，整个控制过程中没有脉冲输出的需求。经综合考虑，选用 S7-200 CPU222 AC/DC/RLY 继电器型 PLC。

将起动按钮 SB1 接到 PLC 的输入端子 I0.0，将停止按钮 SB2 接到 PLC 的输入端子 I0.1，将急停按钮 SB3 接到 PLC 的输入端子 I0.2；将热继电器常闭触点 FR1、FR2 分别接到 PLC 的输入端子 I0.3 和 I0.4；将接触器 KM1 的线圈接到 PLC 的输出端子 Q0.0（控制 M1），将接触器 KM2 的线圈接到 PLC 的输出端子 Q0.1（控制 M2），其输入输出分配见表 5-4。

**表 5-4 电动机顺序控制输入输出分配表**

| 输入 | | 输出 | |
|---|---|---|---|
| 端子号 | 设备 | 端子号 | 设备 |
| I0.0 | 起动按钮 SB1 | Q0.0 | 交流接触器 KM1 |
| I0.1 | 停止按钮 SB2 | Q0.1 | 交流接触器 KM2 |
| I0.2 | 急停按钮 SB3 | | |
| I0.3 | 热继电器 FR1 | | |
| I0.4 | 热继电器 FR2 | | |

其 PLC 控制系统原理图如图 5-47 所示。

### 3. PLC 控制程序

按照工艺要求，系统在通电后进入初始状态，即两台电动机均处于停止状态，同时，系统在通电后也需要进行初始化处理，编写系统初始化程序如图 5-48 所示。

在图 5-48 的网络 1 中，用到了 SM0.1，它是一个特殊内部继电器，当 PLC 通电运行后第一个扫描周期接通，其余时间均断开。

用 SM0.1 对 QB0（即 Q0.0 ~ Q0.7 共 8 个位）、SB0（即 S0.0 ~ S0.7 共 8 个位）、VB0（即 V0.0 ~ V0.7 共 8 个位）进行复位，Q0.0 与 Q0.1 分别控制一台电动机，指令执行后确保电动机处于停止状态，程序对下面程序中用到的 SB0 和 VB0 也进行复位，使系统中使用

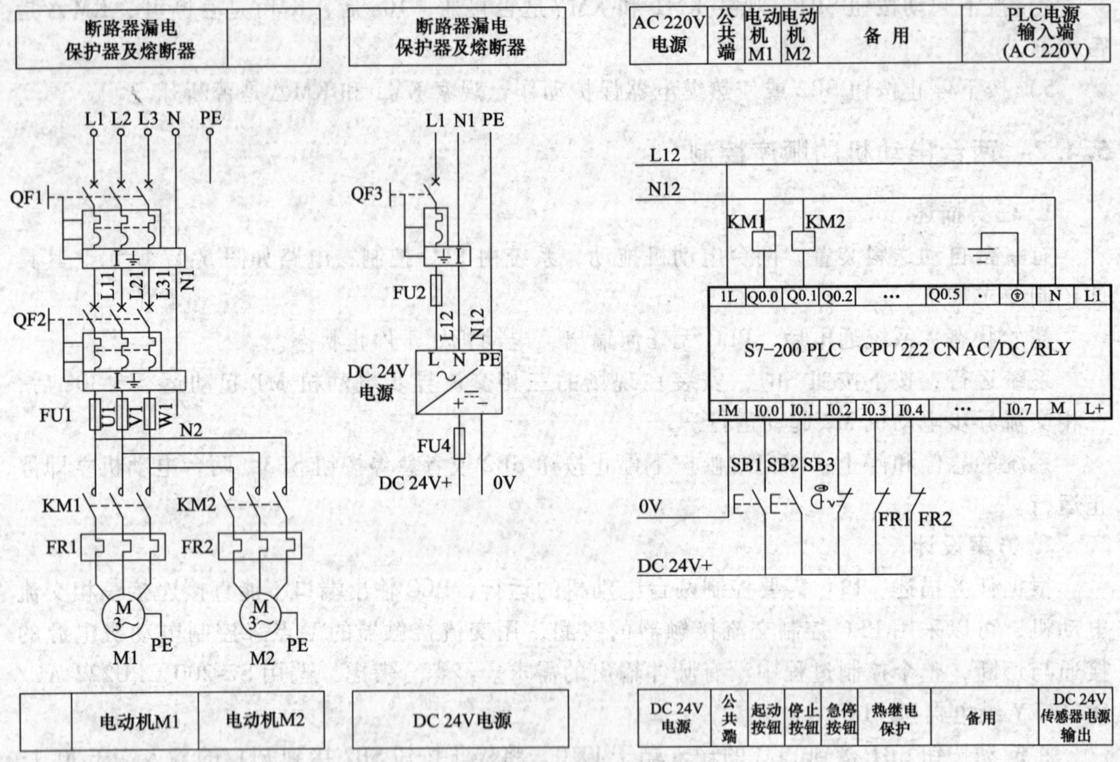


图 5-47 电动机顺序控制系统原理图

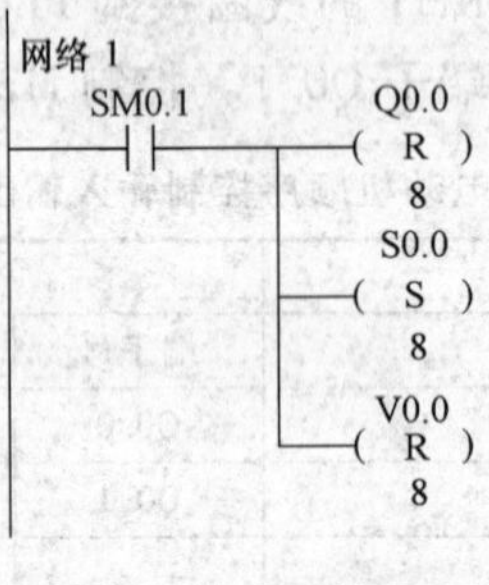

网络 1

SM0.1 —| |— ( R ) Q0.0, 8

( S ) S0.0, 8

( R ) V0.0, 8

图 5-48 系统初始化程序

的变量初始化，避免了干扰。

系统初始化后即可进入起动状态，编写系统起动程序如图 5-49 所示。

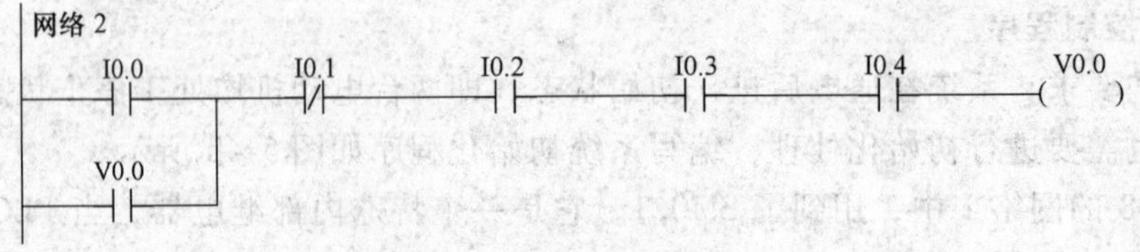


图 5-49 系统起动程序

系统起动程序是一个典型的起、保、停程序，采用 V0.0 自锁来作为系统起动的标志，注意在程序中 I0.1 采用常闭触点，I0.2 采用常开触点是由于停止按钮和急停按钮与 PLC 的硬件接线不同，停止按钮 SB2（I0.1）与 PLC 硬件接线采用的是常开触点，急停按钮 SB3（I0.2）与 PLC 硬件接线采用的是常闭触点，I0.3（FR1）和 I0.4（FR2）在程序中也采用常开触点，当热继电器动作时，V0.0 断开。

编写系统运行程序如图 5-50 所示。

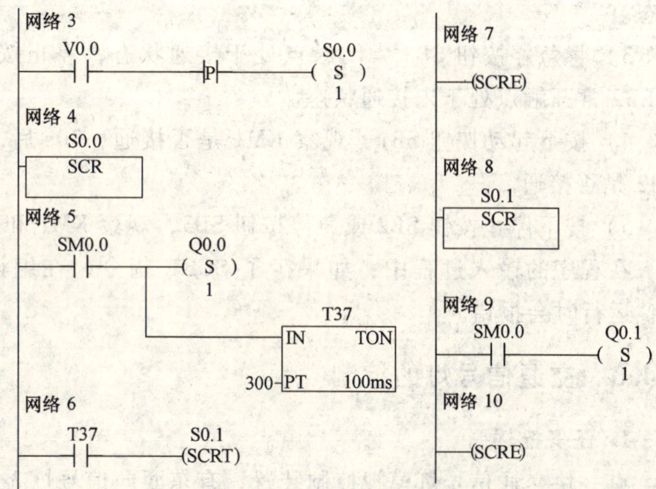


图 5-50 系统运行程序

系统的运行程序采用了顺序控制指令，从 LSCR 指令（顺序步开始指令）开始到 SCRE 指令结束的所有指令组成一个顺序控制继电器（SCR）段。LSCR 指令标记一个 SCR 段的开始，当该段的状态器置位时，允许该 SCR 段工作。SCR 段必须用 SCRE 指令结束。当 SCRT 指令的输入端有效时，一方面置位下一个 SCR 段的状态器 S，以便使下一个 SCR 段工作；另一方面又同时使该段的状态器复位，使该段停止工作。由此可以总结出每一个 SCR 程序段一般有三种功能：

1）驱动处理　即在该段状态器有效时，处理相应的工作；有时也可能不做任何工作。

2）指定转移条件和目标　即满足什么条件后状态转移到何处。

3）转移源自动复位功能　状态发生转移后，置位下一个状态的同时，自动复位原状态。

典型顺序控制指令结构如图 5-51 所示。

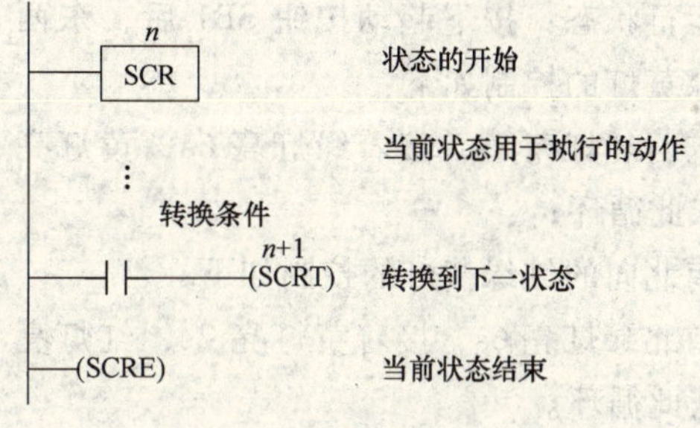


图 5-51 顺序控制指令结构

图 5-51 中：

1）装载顺序控制转换指令 SCR 即状态的开始。

2）顺序控制转换指令 SCRT 用于表示 SCR 段之间的转换，它有两层含义：

① 使当前激活的 SCR 程序段 S 位复位，以使 SCR 程序段停止工作。

② 使下一个将要执行的 SCR 程序段的 S 位置位。

3）顺序控制指令 SCRE 用于表示一个 SCR 段结束。

图 5-50 中的网络 3 是开始顺序状态，网络 4 是 S0.0 顺序状态开始，网络 5 是 S0.0 顺序状态的动作与命令，网络 6 是 S0.0 顺序状态转移，网络 7 是 S0.0 顺序状态结束，网络 8 是 S0.1 顺序状态开始，网络 9 是 S0.1 顺序动作与命令，网络 10 是顺序状态结束。

系统停止与急停程序如图 5-52 所示。

按下停止或急停按钮，系统将 QB0 和 SB0 复位，同时，网络 2 的 V0.0 也断开。

**4. 系统调试**

1）按照程序设计，将 PLC 程序输入到编程软件中，并进行程序的编译。

2）下载 PLC 程序到 PLC 中，并使 PLC 处于运行状态。

3）将急停按钮 SB3 常闭触点处于接通状态，停止按钮 SB2 常开触点处于未接通状态。

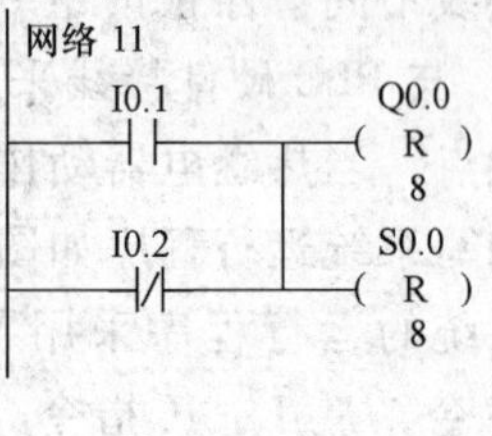

4）按下起动按钮 SB1，观察 KM1 是否接通，30s 后，KM2 是否接通。

5）按下停止按钮 SB2 或急停按钮 SB3，观察 KM1 和 KM2 是否断开。

网络 11
I0.1 Q0.0 ( R ) 8
I0.2 S0.0 ( R ) 8

图 5-52　系统停止与急停程序

在程序的输入过程中，如果少了 SCRE 指令，在编译时并不报错，在下载完程序后，PLC 运行时会报错。

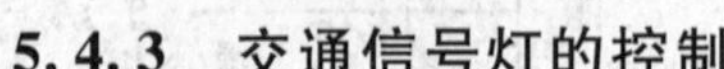

## 5.4.3　交通信号灯的控制

**1. 任务描述**

有一块交通信号灯模拟控制装置，有东西向信号灯 3 个，南北向信号灯 3 个，信号灯采用 DC 24V LED 灯，其图片如图 5-53 所示，其控制要求如下。

初始状态：东西南北信号灯均处于熄灭状态。

运行状态：按下起动按钮 SB1 后，东西向红绿黄灯的控制如下：

东西红灯亮 8s，接着绿灯亮 6s，黄灯亮 2s，依此循环；

南北向的红绿黄灯的控制如下：

南北绿灯亮 6s，接着黄灯亮 2s，红灯亮 8s，依此循环。

停止状态：按下停止按钮 SB2，东西南北信号灯均熄灭。

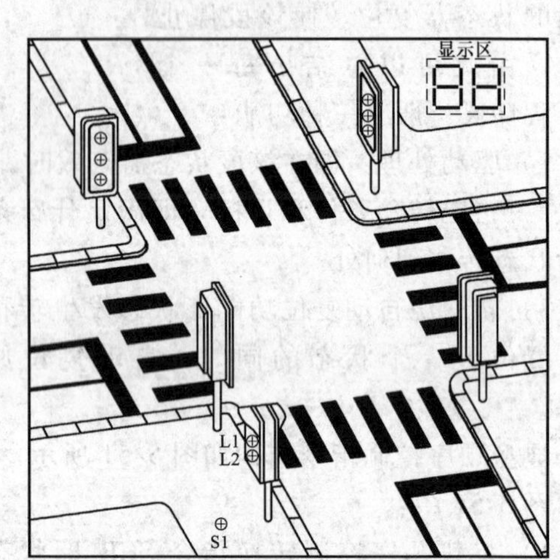


图 5-53　交通信号灯控制面板图

**2. 方案设计**

根据任务描述，PLC 需要控制 6 个 LED 信号灯的运行，PLC 需要驱动的是 DC24V LED 灯，和前两个控制任务 PLC 输出驱动 220V 的交流接触器不同，需将 PLC 输出公共端的接线改变，同时整个控制过程中没有脉冲或模拟量输出的需求。经综合考虑，选用 S7-200 CPU226 AC/DC/RLY 继电器型 PLC。

将按钮 SB1 接到 PLC 的输入端子 I0.0，将按钮 SB2 接到 PLC 的输入端子 I0.1，将东西红灯接到 PLC 的输出端子 Q0.0，将东西绿灯接到 PLC 的输出端子 Q0.1，将东西黄灯接到 PLC 的输出端子 Q0.2，将南北红灯接到 PLC 的输出端子 Q0.3，将南北绿灯接到 PLC 的输出端子 Q0.4，将南北黄灯接到 PLC 的输出端子 Q0.5，其输入输出分配见表 5-5。

表 5-5 交通信号灯输入输出分配表

| 输入 | | 输出 | |
|---|---|---|---|
| 端子号 | 设备 | 端子号 | 设备 |
| I0.0 | 起动按钮 SB1 | Q0.0 | 东西红灯 HL1 |
| I0.1 | 停止按钮 SB2 | Q0.1 | 东西绿灯 HL2 |
| | | Q0.2 | 东西黄灯 HL3 |
| | | Q0.3 | 南北红灯 HL4 |
| | | Q0.4 | 南北绿灯 HL5 |
| | | Q0.5 | 南北黄灯 HL6 |

信号灯 PLC 控制系统电气原理图如图 5-54 所示。

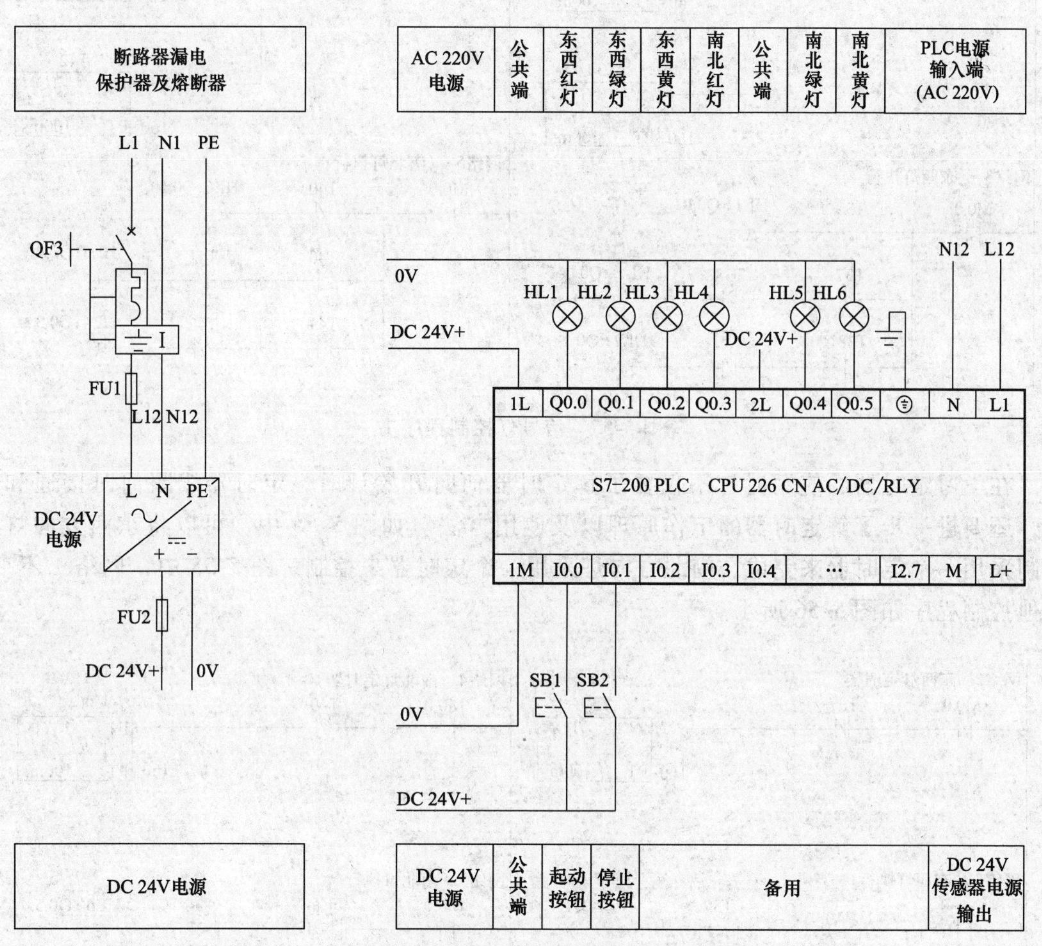


图 5-54 交通信号灯 PLC 控制系统电气原理图

### 3. PLC 控制程序

根据题目要求，编写控制程序如图 5-55 所示。

在图 5-55 中，东西方向采用了三个定时器，来控制东西方向三个信号灯亮灭的顺序；南北方向也采用了三个定时器，来控制南北方向三个信号灯亮灭的顺序。

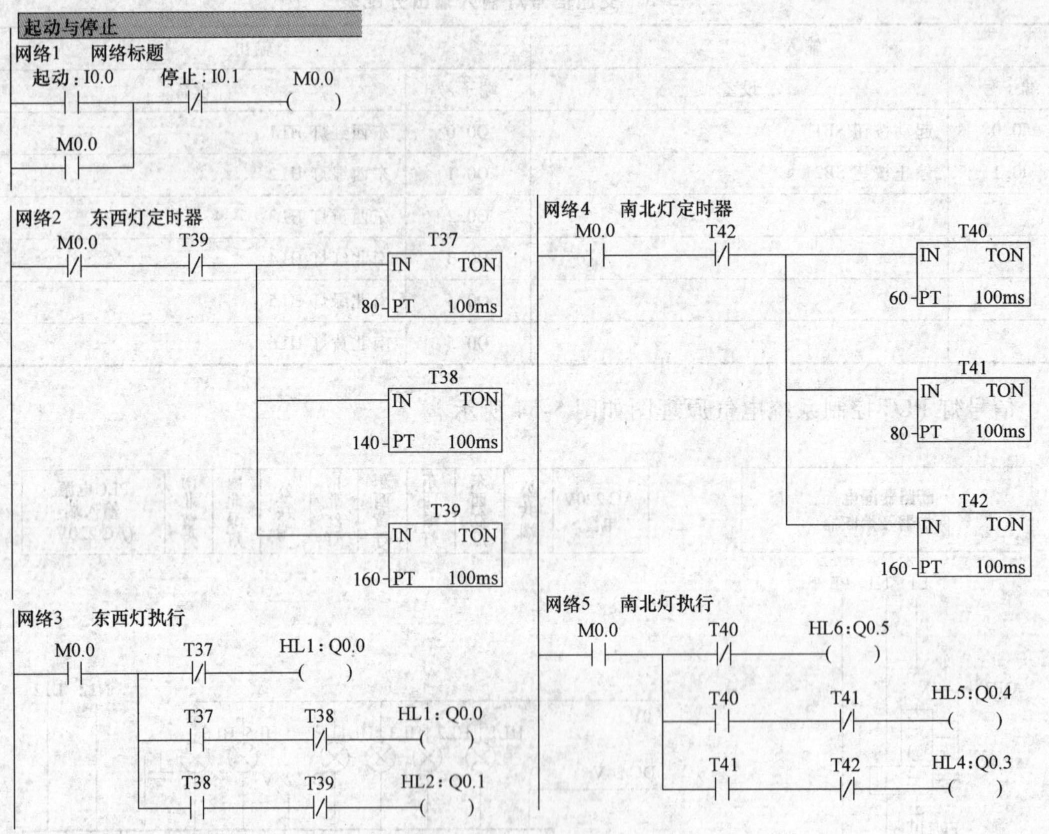


图 5-55 信号灯控制程序 1

在学习定时器的使用时，不仅要了解定时器何时开始计时，定时器线圈何时接通和断开，还要进一步了解定时器的工作原理以及使用方法。如图 5-55 中，可以将东西方向灯的控制采用一个定时器来完成，南北方向灯采用一个定时器来控制，图 5-55 中，网络 1 不变，其他控制程序如图 5-56 所示。

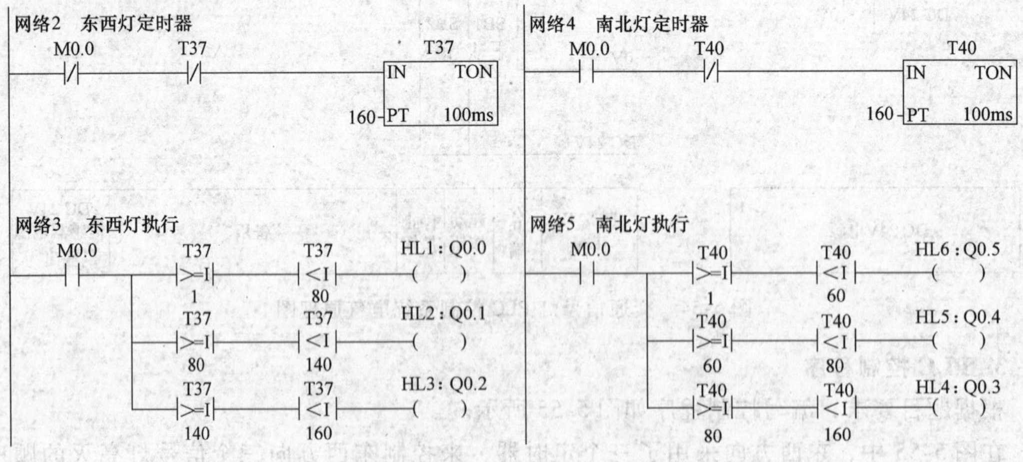


图 5-56 信号灯控制程序 2

在学习驱动外部电路的过程中，可以使用线圈输出、置位指令或立即输出指令等，控制一个输出“位”的变化，也可以使用“字节”输出指令，来同时控制八个“位”的输出，或者使用字输出指令，来同时控制十六个“位”的输出，下面以信号灯的控制为例，介绍“字节”输出的使用方法。

信号灯以时间为序，则每个时间段的亮灭灯时间见表5-6。

**表5-6 信号灯各时间段亮灭时间表**

| 时间段 | Q0.7 | Q0.6 | 南北黄 Q0.5 | 南北绿 Q0.4 | 南北红 Q0.3 | 东西黄 Q0.2 | 东西绿 Q0.1 | 东西红 Q0.0 |
|---|---|---|---|---|---|---|---|---|
| 0~6s | 0 | 0 | 0 | 1 | 0 | 0 | 0 | 1 |
| 6~8s | 0 | 0 | 1 | 0 | 0 | 0 | 0 | 1 |
| 8~14s | 0 | 0 | 0 | 0 | 1 | 0 | 1 | 0 |
| 14~16s | 0 | 0 | 0 | 0 | 1 | 1 | 0 | 0 |

编写控制程序如图5-57所示。

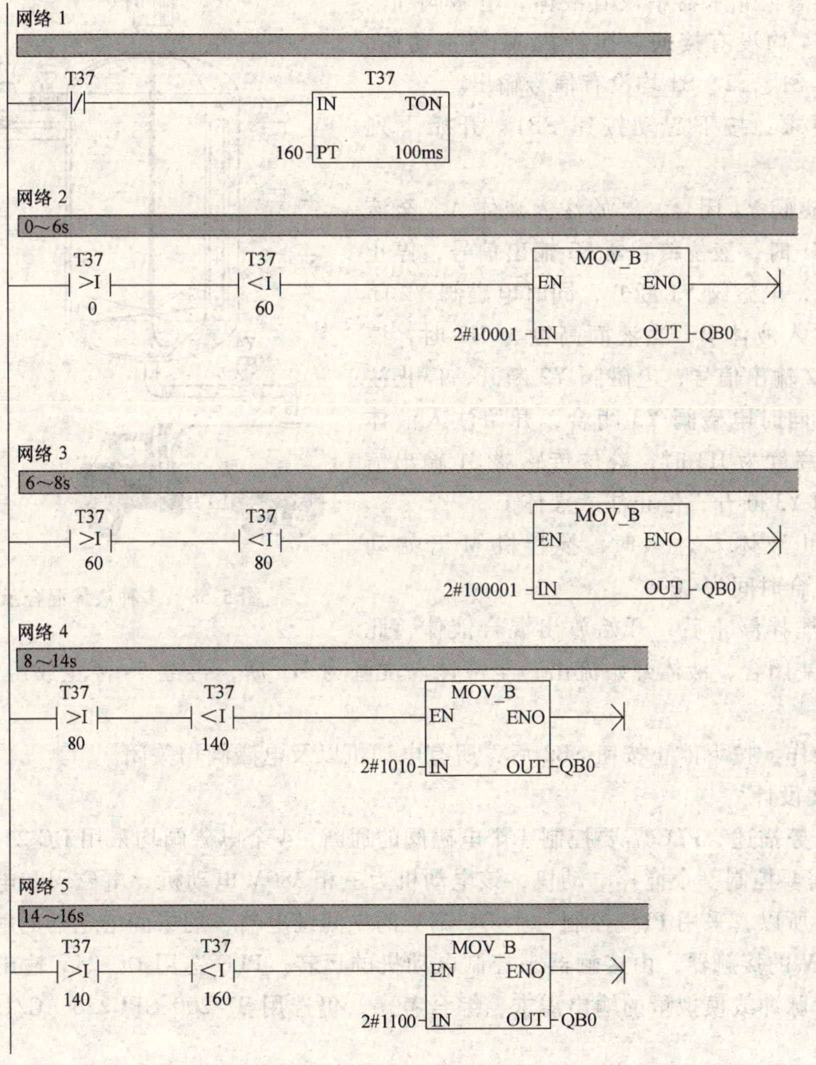


图5-57 信号灯控制程序3

**4. 系统调试**

1）按照程序设计，将 PLC 程序输入到编程软件中，并进行程序的编译。

2）下载 PLC 程序到 PLC 中，并使 PLC 处于运行状态。

3）按下起动按钮 SB1，观察各指示灯亮灭顺序。

4）按下停止按钮 SB2，观察各指示灯是否熄灭。

5）在线监视程序运行，观察定时器的计时方向。

## 5.4.4 多种液体混合的控制

**1. 任务描述**

该系统由一台储水器、一台搅拌机、三个液位传感器、三个进水电磁阀和一个出水电磁阀所组成，其构成示意图如图 5-58 所示。

其控制要求如下：

初始状态：储水器中没有液体，电磁阀 Y1、Y2、Y3、Y4 均没有接通，搅拌机 M 停止动作，液位传感器 S1、S2、S3 均没有信号输出。

动作要求：按下起动按钮 SB1，开始下列操作：

1）电磁阀 Y1 闭合，开始注入液体 A，至液面高度为 H1 时，液位传感器 S3 输出信号，停止注入液体 A，电磁阀 Y1 断开，同时电磁阀 Y2 闭合，开始注入液体 B，当液面高度为 H2 时，液位传感器 S2 输出信号，电磁阀 Y2 断开，停止注入液体 B，同时电磁阀 Y3 闭合，开始注入液体 C，当液面高度为 H3 时，液位传感器 S1 输出信号，电磁阀 Y3 断开，停止注入液体 C。

2）停止液体 C 注入时，搅拌机 M 开始动作，搅拌混合时间为 10s。

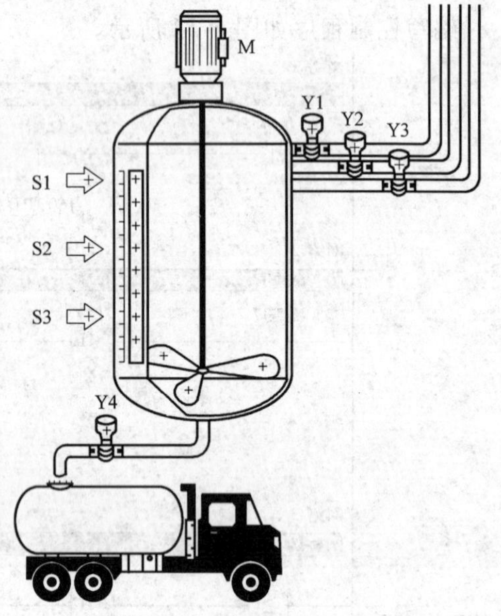

图 5-58 多种液体混合示意图

3）当搅拌停止后，开始放出混合液体，此时电磁阀 Y4 闭合，液体开始流出，至液体高度降为 H1 后，再经 5s 停止放出，电磁阀 Y4 停止动作。

停止操作：按下停止按钮 SB2 后，所有电动机以及电磁阀均关闭。

**2. 方案设计**

根据任务描述，PLC 需要控制 4 个电磁阀的通断，4 个电磁阀均采用 DC 24V 电压控制，同时 PLC 需要控制一个搅拌电动机，该电动机为三相 380V 电动机，电磁阀和电动机的控制电压不同，所以，采用 PLC 控制一个 DC 24V 的中间继电器，用中间继电器的触点来控制一个交流 220V 的接触器，由接触器来控制电动机的运转。PLC 选用 DC 24V 输出模式，整个控制中没有脉冲或模拟量的输出需求，综合考虑，仍选用 S7-200 CPU226 AC/DC/RLY 继电器型 PLC。

将按钮 SB1 接到 PLC 的输入端子 I0.0；将按钮 SB2 接到 PLC 的输入端子 I0.1；将液位

传感器 S3 接到 PLC 的输入端子 I0.2；将热继电器常闭触点 FR1 接到 PLC 的输入端子 I0.5；将液位传感器 S2 接到 PLC 的输入端子 I0.3；将液位传感器 S1 接到 PLC 的输入端子 I0.4；将电磁阀 Y1 接到 PLC 的输出端子 Q0.0；将电磁阀 Y2 接到 PLC 的输出端子 Q0.1；将电磁阀 Y3 接到 PLC 的输出端子 Q0.2；将电磁阀 Y4 接到 PLC 的输出端子 Q0.3；将中间继电器 KA1 接到 PLC 的输出端子 Q0.4，其输入输出分配见表 5-7。

**表 5-7 多种液体混合控制输入输出分配表**

| 输入 | | 输出 | |
|---|---|---|---|
| 端子号 | 设备 | 端子号 | 设备 |
| I0.0 | 起动按钮 SB1 | Q0.0 | 电磁阀 Y1 |
| I0.1 | 停止按钮 SB2 | Q0.1 | 电磁阀 Y2 |
| I0.2 | 液位传感器 S3 | Q0.2 | 电磁阀 Y3 |
| I0.3 | 液位传感器 S2 | Q0.3 | 电磁阀 Y4 |
| I0.4 | 液位传感器 S1 | Q0.4 | 中间继电器 KA1 |
| I0.5 | 热继电器 FR1 | | |

PLC 控制系统电气原理图如图 5-59 所示。

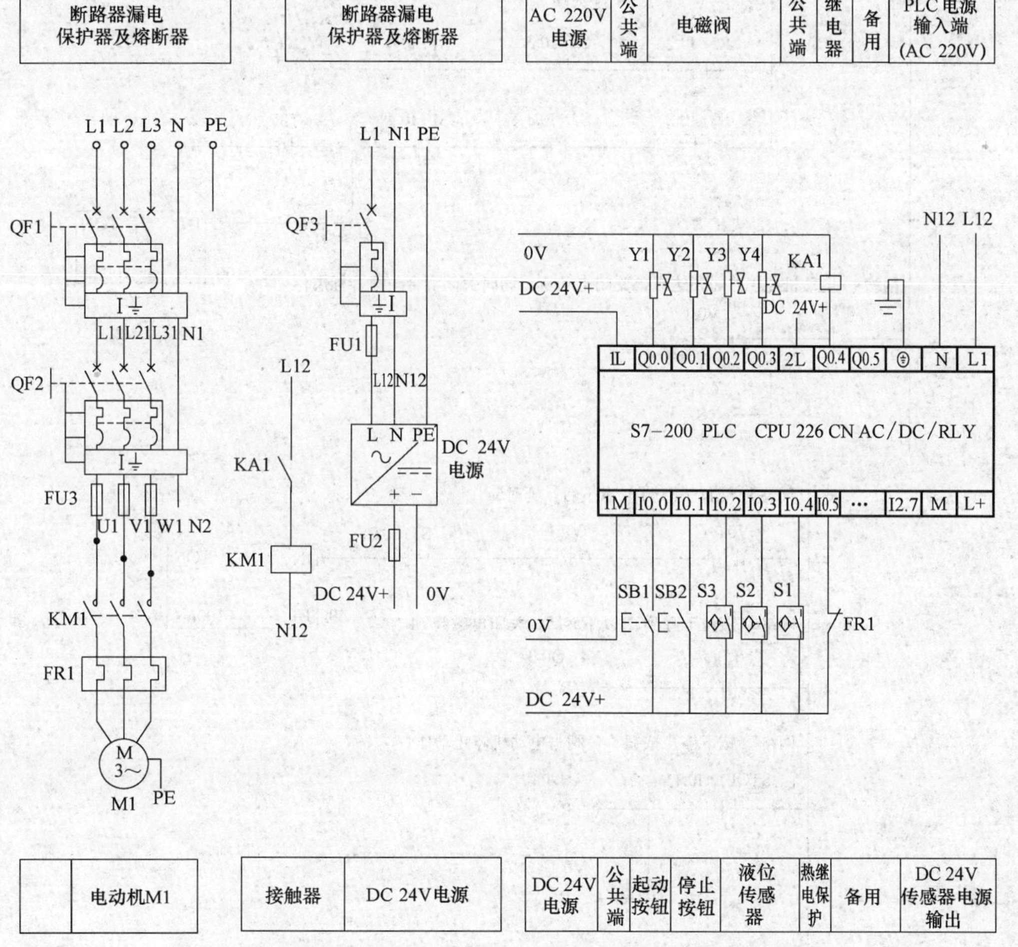


图 5-59 液体混合控制系统电气图

**3. PLC 控制程序**

按照控制要求，编写控制程序如图 5-60 所示。

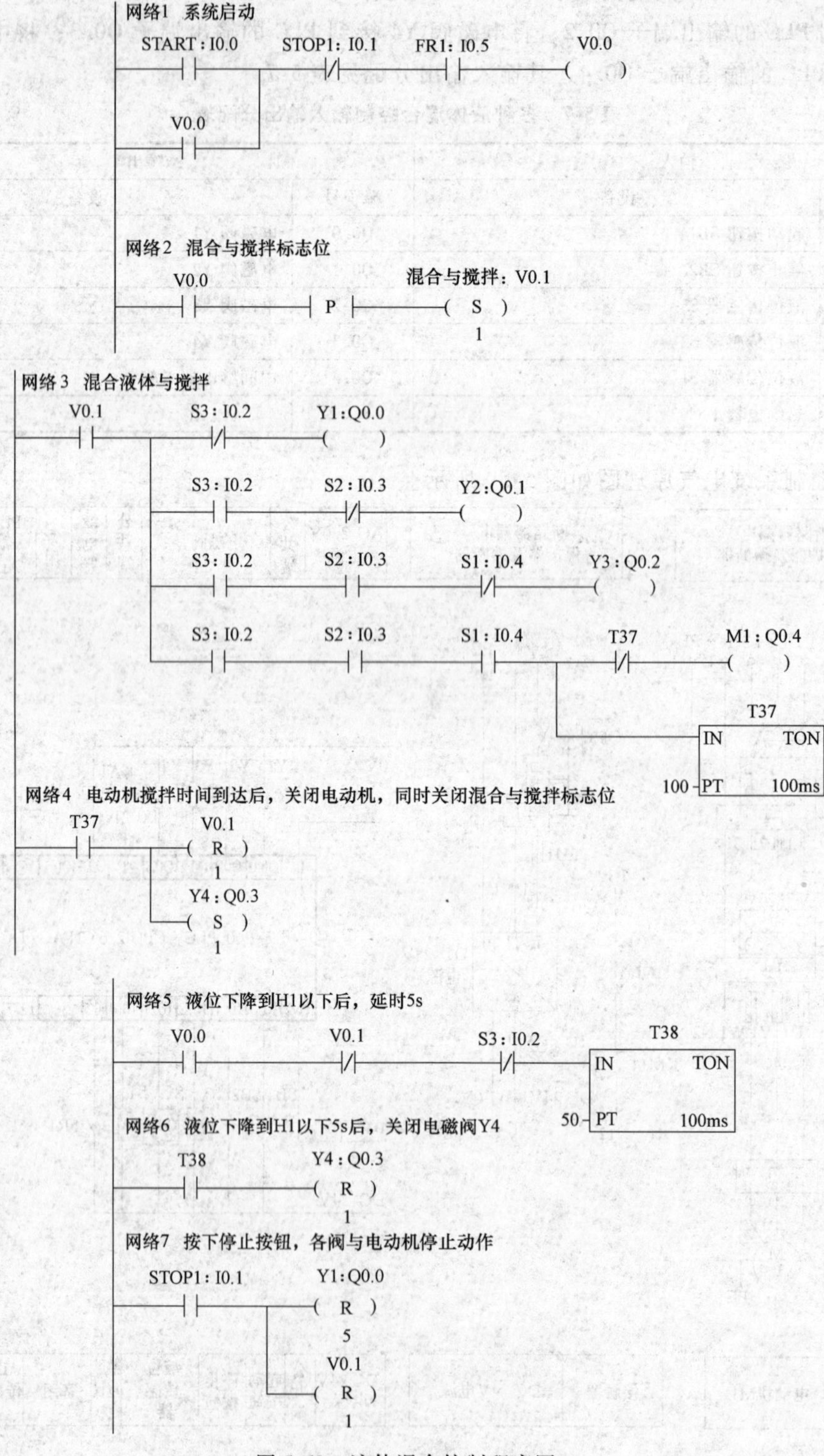


图 5-60 液体混合控制程序图

网络 1 中，按下起动按钮 SB1（I0.0），V0.0 接通并保持，按下停止按钮 SB2（I0.1），V0.0 断开，当热继电器 FR1（I0.5）动作时，V0.0 亦断开。

网络 2 中，取 V0.0 的上升沿置位 V0.1，V0.1 接通标志着开始灌入混合液体。

网络 3 中，电磁阀 Y1 闭合（Q0.0 = 1），开始注入液体 A，至液面高度为 H1 时，液位传感器 S3 输出信号（I0.2 = 1），停止注入液体 A，电磁阀 Y1 断开（Q0.0 = 0），同时电磁阀 Y2 闭合（Q0.1 = 1），开始注入液体 B，当液面高度为 H2 时，液位传感器 S2 输出信号（I0.3 = 1），电磁阀 Y2 断开（Q0.1 = 0），停止注入液体 B，同时电磁阀 Y3 闭合（Q0.2 = 1），开始注入液体 C，当液面高度为 H3 时（I0.4 = 1），液位传感器 S1 输出信号，电磁阀 Y3 断开（Q0.2 = 0），停止注入液体 C，同时搅拌机 M 开始动作，搅拌混合时间为 10s。

网络 4 中，搅拌时间到达时，复位 V0.1，V0.1 常开触点断开，各电磁阀 Y1 ~ Y3 和搅拌电动机均不再运行，同时打开电磁阀 Y4。

网络 5 中，液位下降到 H1 以下后，延时 5s。

网络 6 中，定时时间到，关闭电磁阀 Y4。

网络 7 是停止程序，按下停止按钮 I0.1，各电磁阀或电动机均停止输出，同时，中间变量 V0.0 和 V0.1 也均“失电”。

**4. 系统调试**

1）按照程序设计，将 PLC 程序输入到编程软件中，并进行程序的编译。

2）下载 PLC 程序到 PLC 中，并使 PLC 处于运行状态。

3）按下起动按钮 SB1，观察液体混合情况。

4）按下停止按钮 SB2，观察电动机以及电磁阀是否停止。

**【本章小结】**

本章主要介绍了电气控制系统中常用输入、输出元器件与 PLC 的连接方法。常用输入元器件选取了按钮、行程开关、传感器、转换开关进行介绍，常用的输出设备选取了接触器、电磁阀、信号灯、蜂鸣器进行介绍。通过学习需要熟练掌握常用输入、输出元器件与 S7-200 PLC 的连接方法，在选择不同类型传感器或执行器时要考虑 PLC 的输入、输出方式。掌握 PLC 公共端的接线方法。

在进行 PLC 的选择时要考虑 PLC 的机型、容量、I/O 模块、电源模块、特殊功能模块、通信联网能力等方面。

在实现一个 PLC 控制项目时，应包含 PLC 的选型、电气原理图的绘制、控制工艺的分析、程序的编写以及调试的过程。

## 思考题与习题

5.1　使用三线制 NPN 型传感器与西门子 S7-200 PLC 连接，PLC 的输入公共端应如何连接？

5.2　按钮的常开触点、常闭触点在使用时与梯形图中的常开触点、常闭触点动作的对应关系是怎样的？

5.3　PLC 在选型时需要考虑的主要因素有哪些？试简要叙述。

5.4　编写三人抢答器程序。

控制要求如下：

1）主持人用一个控制按钮控制三个抢答桌的灯，主持人说出题目后，三人中谁先按下抢答按钮，谁桌上的灯即亮并封锁其他桌上的灯，必须由主持人按下控制按钮，灯才会熄灭，否则一直亮着。

2）灯亮的同时，电铃响，以提示有人抢答。

3）若10s之内无人抢答，则游戏结束。即10s之后，即使有人抢答，电铃也不会响。

5.5　一台电动机要求在按下起动按钮后，电动机运行10s，停5s，重复3次后，电动机自动停止，同时设置有手动停机按钮和过载保护。编写梯形图控制程序。

5.6　用一个计数器实现单按钮起停电路，编写梯形图程序。

5.7　编写带式运输机系统控制程序。

有一个带式运输机系统，分别用三台电动机M1、M2、M3拖动，控制要求如下：

1）起动：M3→M2→M1（间隔5s）。

2）停止：M1→M2→M3（间隔5s）。

5.8　用顺序控制继电器指令设计一个居室通风系统控制程序，使三个居室的通风机自动轮换打开和关闭，轮换时间间隔为2h。

5.9　编写一个报警电路的梯形图程序，完成以下控制要求：1）起动按钮按下后开始定时，定时满60min时，报警灯和蜂鸣器报警，其中报警灯以1s为周期闪烁；2）按下停止按钮后，报警灯和蜂鸣器停止（输入/输出地址分配：起动按钮I0.0，停止按钮：I0.1；报警灯Q0.0，蜂鸣器Q0.1）。

5.10　设计一个运料车控制程序。要求如下：车在起点时按下起动按钮，车前进。车到达终点停止30s后自动返回。回到起点停止30s进行下一次运行。车往返10次回到起点后停止，等候再次起动。运行中途按下停止按钮，运料车立即停止。试：选择PLC机型，完成输入/输出设备的地址分配，编写梯形图程序。

# 附　　录

## 附录 A　S7-200 PLC 的特殊寄存器（SM）数值和功能

**1. SMB0～SMB29**（S7-200 只读特殊内存）

每次扫描周期后，S7-200 CPU 操作系统将新改动写入特殊内存中存储的系统数据中。从 SMB0 至 SMB29，程序只能读取这些特殊寄存器的数据。如果程序对这些只读 SM 进行写操作，Micro/WIN 会编译程序，不会出错。但是 CPU 程序编译时会显示“操作数范围错误，下载失败”。

1）SMB0　系统状态位。在每个扫描周期结束时，由 CPU 更新这些位。特殊寄存器字节 SMB0 见表 A-1。

**表 A-1　特殊寄存器字节 SMB0**

| SM 位 | 位功能描述 |
| --- | --- |
| SM0.0 | 程序运行时，此位始终为 1 |
| SM0.1 | 首次扫描时该位为 1，可用于调用初始化子程序 |
| SM0.2 | 如果断电保存的数据丢失，该位在一次扫描周期中为 1。该位可用作错误内存位或激活特殊启动顺序的功能 |
| SM0.3 | 从电源开启进入 RUN（运行）模式时，该位闭合一个扫描周期。该位可用于在启动操作之前给机器提供预热时间 |
| SM0.4 | 该位提供分钟时钟脉冲，该脉冲在 1min 的周期时间内 OFF（关闭）30s，ON（打开）30s。该位提供便于使用的延迟或 1min 时钟脉冲 |
| SM0.5 | 该位提供秒时钟脉冲，该脉冲在 1s 的周期时间内 OFF（关闭）0.5s，ON（打开）0.5s。该位提供便于使用的延迟或 1s 时钟脉冲 |
| SM0.6 | 该位是扫描周期时钟，本次扫描为 1，下一次扫描为 0。该位可用作扫描计数器输入 |
| SM0.7 | 该位表示“模式”开关的当前位置（0 =“Term”位置，1 =“运行”位置）。开关位于 RUN（运行）位置时，您可以使用该位启用自由口模式，可使用转换至“终止”位置的方法重新启用带 PC/编程设备的正常通信 |

2）SMB1　指令执行状态位。特殊寄存器字节 SMB1 见表 A-2。

**表 A-2　特殊寄存器字节 SMB1**

| SM 位 | 位功能描述 |
| --- | --- |
| SM1.0 | 零标志位，指令操作结果为 0 时，该位为 1 |
| SM1.1 | 错误标志位，指令操作结果溢出或检测到非法数值时，该位为 1 |

（续）

| SM 位 | 位功能描述 |
|---|---|
| SM1.2 | 负数标志位，数学操作结果为负数时，该位为 1 |
| SM1.3 | 除数为 0 时，该位为 1 |
| SM1.4 | 执行 ATT(Add to Table)指令超出表的范围，该位为 1 |
| SM1.5 | LIFO 或 FIFO 指令尝试从空表读取数据时，该位为 1 |
| SM1.6 | 试图将非 BCD 数值转换为二进制数时，该位为 1 |
| SM1.7 | ASCII 数值无法转换成有效的十六进制数据时，该位为 1 |

3）SMB2　自由口接收字符缓冲区。SMB2 为自由口接收数据的缓冲区，在自由口通信过程中从端口 0 或端口 1 接收的每个字符均被存于 SMB2 中，以便程序使用。

4）SMB3　自由口奇偶校验错误位。当检测到奇偶校验错误时，SM3.0 位为 1。SM3.1～SM3.7 位保留。

5）SMB4　队列溢出错误等。特殊寄存器字节 SMB4 见表 A-3。

SMB4 包含中断队列溢出位和一个中断允许标志位和发送空闲位等。队列溢出表示中断发生的速率高于 CPU 处理的速度，或中断已经被全局中断禁止指令关闭。SM4.0、SM4.1 和 SM4.2 只能在中断程序中使用。当队列为空并且返回主程序时，这些状态位被复位。

**表 A-3　特殊寄存器字节 SMB4**

| SM 位 | 位功能描述 |
|---|---|
| SM4.0 | 通信中断队列溢出时，该位为 1 |
| SM4.1 | 输入中断队列溢出时，该位为 1 |
| SM4.2 | 定时中断队列溢出时，该位为 1 |
| SM4.3 | 运行时发现编程有问题，该位为 1 |
| SM4.4 | 全局中断允许标志位，允许中断时该位为 1 |
| SM4.5 | 端口 0 发送器空闲时，该位为 1 |
| SM4.6 | 端口 1 发送器空闲时，该位为 1 |
| SM4.7 | 任何内存位被强制时，该位为 1 |

6）SMB5　I/O 错误状态位。特殊寄存器字节 SMB5 见表 A-4。

**表 A-4　特殊寄存器字节 SMB5**

| SM 位 | 位功能描述 |
|---|---|
| SM5.0 | 有 I/O 错误时，该位为 1 |
| SM5.1 | 过多数字量 I/O 点与 I/O 总线连接，该位为 1 |
| SM5.2 | 过多模拟量 I/O 点与 I/O 总线连接，该位为 1 |
| SM5.3 | 过多智能 I/O 模块与 I/O 总线连接，该位为 1 |
| SM5.4～SM5.6 | 保留 |
| SM5.7 | DP 标准总线出现故障，该位为 1(仅限 S7-215) |

7）SMB6　CPU 标识寄存器。特殊寄存器字节 SMB6 见表 A-5。

**表 A-5　特殊寄存器字节 SMB6**

| SM 位 | 位功能描述 |
|---|---|
| | CPU 标识寄存器　MSB 7 … LSB 0<br>X X X X _ _ _ _ |
| SM6.0 ~ SM6.3 | 保留 |
| SM6.4 ~ SM6.7 | XXXX = 0000：CPU212/CPU222<br>XXXX = 0010：CPU214/CPU224<br>XXXX = 0110：CPU221<br>XXXX = 1000：CPU215<br>XXXX = 1001：CPU216/CPU226/CPU226XM |

8）SMB8 ~ SMB21　I/O 模块代码和错误寄存器。特殊寄存器字节 SMB8 ~ SMB21 见表 A-6。

SMB8 ~ SMB21 以字节对的方式用于 0 ~ 6 号扩展模块。偶数字节是模块标识寄存器，用于识别模块类型、I/O 类型、输入和输出的点数。奇数字节是模块错误寄存器，提供该模块 I/O 的错误。

**表 A-6　特殊寄存器字节 SMB8 ~ SMB21**

| SM 字节 | 功能描述 | |
|---|---|---|
| | 偶数字节：模块标识寄存器<br>MSB 7 … LSB 0<br>M t t A i i Q Q<br>M：模块存在位，= 0 表示有模块，= 1 表示无模块<br>tt：00 = 非智能 I/O 模块，01 = 智能模块，10 = 保留，11 = 保留<br>A：0 = 开关量模块，1 = 模拟量模块<br>ii：00 = 无输入，01 = 2AI 或 8DI，10 = 4AI 或 16DI，11 = 8AI 或 32DI<br>QQ：00 = 无输出，01 = 2AQ 或 8DQ，10 = 4AQ 或 16DQ，11 = 8AQ 或 32DQ | 奇数字节：模块错误寄存器<br>MSB 7 … LSB 0<br>C 0 0 b r P f t<br>C：配置错误，= 0 无错误，= 1 有错误<br>b：1 = 总线错误或校验错误<br>r：1 = 超范围错误<br>P：1 = 无用户电源错误<br>f：1 = 熔断器错误<br>t：1 = 端子块松动错误 |
| SMB8 ~ SMB9 | 模块 0 标识（ID）寄存器和模块 0 错误寄存器 | |
| SMB10 ~ SMB11 | 模块 1 标识（ID）寄存器和模块 1 错误寄存器 | |
| SMB12 ~ SMB13 | 模块 2 标识（ID）寄存器和模块 2 错误寄存器 | |
| SMB14 ~ SMB15 | 模块 3 标识（ID）寄存器和模块 3 错误寄存器 | |
| SMB16 ~ SMB17 | 模块 4 标识（ID）寄存器和模块 4 错误寄存器 | |
| SMB18 ~ SMB19 | 模块 5 标识（ID）寄存器和模块 5 错误寄存器 | |
| SMB20 ~ SMB21 | 模块 6 标识（ID）寄存器和模块 6 错误寄存器 | |

9）SMW22～SMW26　扫描时间。特殊寄存器字 SMW22～SMW26 见表 A-7。

SMW22、SMW24 和 SMW26 中的数据是关于扫描时间的数据，单位是 ms。

**表 A-7　特殊寄存器字 SMW22～SMW26**

| SM 字 | 功能描述 |
| --- | --- |
| SMW22 | 上一次扫描时间 |
| SMW24 | 进入 RUN 方式后,所记录的最短扫描时间 |
| SMW26 | 进入 RUN 方式后,所记录的最长扫描时间 |

10）SMB28～SMB29　模拟电位器。SMB28 和 SMB29 中的数据分别对应于模拟电位器 0 和模拟电位器 1 的滑动端的位置，顺时针调整数值增加，逆时针调整数值减小，数据范围是 0～255，只能通过调整模拟电位器的滑动端来改变 SMB28 和 SMB29 的数据。这两个字节的只读数据可被程序用于定时器或计数器的预置值。

**2. SMB30～SMB549**（S7-200 读/写特殊寄存器）

根据需要，S7-200 CPU 的操作系统从特殊寄存器中读取配置/控制数据，并把新的系统数据写入特殊寄存器。用户程序可以读写 SMB30 或更大地址编号的特殊寄存器，根据每个不同的地址，SM 数据的用法也是不同的。这些 SM 地址数据都是能够被用户程序读写的。

1）SMB30 和 SMB130　自由口控制寄存器。SMB30 和 SMB130 见表 A-8。

**表 A-8　特殊寄存器字节 SMB30、SMB130**

| 端口 | | 功能描述 |
| --- | --- | --- |
| 端口 0 | 端口 1 | MSB 7　　LSB 0 |
| SMB30 | SMB130 | p \| p \| d \| b \| b \| b \| m \| m |
| SM30.6～SM30.7 | SM130.6～SM130.7 | pp:00 = 无奇偶校验,01 = 偶校验,10 = 无奇偶校验,11 = 奇校验 |
| SM30.5 | SM130.5 | d:0 = 每个字符 8 位数据,1 = 每个字符 7 位数据 |
| SM30.2～SM30.4 | SM130.2～SM130.4 | bbb(波特率 bit/s):000 = 38400,001 = 19200,010 = 9600,011 = 4800,100 = 2400,101 = 1200,110 = 115200,111 = 57600 |
| SM30.0～SM30.1 | SM130.0～SM130.1 | mm:00 = PPI/从站模式,01 = 自由口协议,10 = PPI/主站模式,11 = 保留(默认设置为 PPI/从站模式) |

SM0.7 反映 CPU 模块上的工作方式开关的当前位置，可以通过使用 SM0.7 来控制自由口模式的进入。当 SM0.7 为 1 时，方式开关处于 RUN 位置，可以选择自由口模式；当 SM0.7 为 0 时，方式开关处于 Term 位置，应选择 PC/PPI 协议模式，以便于用编程设备监视或控制 CPU 模块的操作。

2）SMB31 和 SMW32　EEPROM 写控制。SMB31 和 SMW32 见表 A-9。

**表 A-9　特殊寄存器字节 SMB31、SMW32**

| SM 地址 | 功能描述 | |
| --- | --- | --- |
| | SMB31:软件命令<br>MSB 7　　LSB 0<br>c \| 0 \| 0 \| 0 \| 0 \| 0 \| s \| s | SMB32:V 存储器地址<br>MSB 15　　LSB 0<br>V 存储器地址 |

（续）

| SM 地址 | 功能描述 |
| --- | --- |
| SM31.7 | c:0 = 无数据存储的请求;1 = 用户程序申请向 EEPROM 存储数据,每次操作完成后由 CPU 将该位复位 |
| SM31.0 ~ SM31.1 | ss:被存储的数据类型,00 = 字节,01 = 字节,10 = 字,11 = 双字 |
| SMW32 | MSB 15 SMB32 SMB33 LSB 0<br>SMW32 提供 V 寄存器中被存储数据的地址,执行存储命令时,把该数据存到 EEPROM 中相应的位置 |

3）SMB34 和 SMB35　定时中断的时间间隔寄存器。SMB34 和 SMB35 分别定义了定时中断 0 与定时中断 1 的时间间隔，单位为 ms，范围为 1 ~ 255ms。若为定时中断事件分配了中断程序，CPU 将在设定的时间间隔执行中断程序。要想改变定时中断的时间间隔，必须将定时中断事件重新分配给同一个或另外的中断程序。可以通过撤销中断事件来终止定时事件。

4）SMB36 ~ SMB65　HSC0、HSC1 和 HSC2 高速计数器寄存器。HSC0、HSC1 和 HSC2 的状态字节见表 A-10，HSC0、HSC1 和 HSC2 的控制字节见表 A-11，HSC0、HSC1 和 HSC2 的当前值和预置值寄存器见表 A-12。

**表 A-10　HSC0、HSC1 和 HSC2 的状态字节**

| HSC0 | HSC1 | HSC2 | 功能描述 |
| --- | --- | --- | --- |
| SM36.0 ~ 36.4 | SM46.0 ~ 46.4 | SM56.0 ~ 56.4 | 保留 |
| SM36.5 | SM46.5 | SM56.5 | 当前计数方向:0 = 减计数;1 = 加计数 |
| SM36.6 | SM46.6 | SM56.6 | 0 = 当前值不等于预置值;1 = 等于 |
| SM36.7 | SM46.7 | SM56.7 | 0 = 当前值小于或等于预置值;1 = 大于 |

**表 A-11　HSC0、HSC1 和 HSC2 的控制字节**

| HSC0 | HSC1 | HSC2 | 功能描述 |
| --- | --- | --- | --- |
| SM37.0 | SM47.0 | SM57.0 | 0 = 复位信号高电平有效;1 = 低电平有效 |
| — | SM47.1 | SM57.1 | 0 = 启动信号高电平有效;1 = 低电平有效 |
| SM37.2 | SM47.2 | SM57.2 | 0 =4 倍频模式;1 = 1 倍频模式 |
| SM37.3 | SM47.3 | SM57.3 | 0 = 减计数;1 = 加计数 |
| SM37.4 | SM47.4 | SM57.4 | 0 = 不更新计数方向;1 = 更新 |
| SM37.5 | SM47.5 | SM57.5 | 0 = 不写入新的预置值到计数器;1 = 写入 |
| SM37.6 | SM47.6 | SM57.6 | 0 = 不写入新的当前值到计数器;1 = 写入 |
| SM37.7 | SM47.7 | SM57.7 | 0 = 禁止 HSC;1 = 允许 HSC |

**表 A-12　HSC0、HSC1 和 HSC2 的当前值和预置值寄存器**

| 要写入的值 | HSC0 | HSC1 | HSC2 |
| --- | --- | --- | --- |
| 新的当前值 | SMD38 | SMD48 | SMD58 |
| 新的预置值 | SMD42 | SMD52 | SMD62 |

5）SMB136～SMB165　HSC3、HSC4 和 HSC5 高速计数器寄存器。HSC3、HSC4 和 HSC5 的状态字节见表 A-13，HSC3、HSC4 和 HSC5 的控制字节见表 A-14，HSC3、HSC4 和 HSC5 的当前值和预置值寄存器见表 A-15。

**表 A-13　HSC3、HSC4 和 HSC5 的状态字节**

| HSC3 | HSC4 | HSC5 | 功能描述 |
|---|---|---|---|
| SM136.0～136.4 | SM146.0～146.4 | SM156.0～156.4 | 保留 |
| SM136.5 | SM146.5 | SM156.5 | 当前计数方向:0＝减计数;1＝加计数 |
| SM136.6 | SM146.6 | SM156.6 | 0＝当前值不等于预置值;1＝等于 |
| SM136.7 | SM146.7 | SM156.7 | 0＝当前值小于或等于预置值;1＝大于 |

**表 A-14　HSC3、HSC4 和 HSC5 的控制字节**

| HSC3 | HSC4 | HSC5 | 功能描述 |
|---|---|---|---|
| SM137.0 | SM147.0 | SM157.0 | 0＝复位信号高电平有效;1＝低电平有效 |
| — | SM147.1 | SM157.1 | 0＝启动信号高电平有效;1＝低电平有效 |
| SM137.2 | SM147.2 | SM157.2 | 0＝4 倍频模式;1＝1 倍频模式 |
| SM137.3 | SM147.3 | SM157.3 | 0＝减计数;1＝加计数 |
| SM137.4 | SM147.4 | SM157.4 | 0＝不更新计数方向;1＝更新 |
| SM137.5 | SM147.5 | SM157.5 | 0＝不写入新的预置值到计数器;1＝写入 |
| SM137.6 | SM147.6 | SM157.6 | 0＝不写入新的当前值到计数器;1＝写入 |
| SM137.7 | SM147.7 | SM157.7 | 0＝禁止 HSC;1＝允许 HSC |

**表 A-15　HSC3、HSC4 和 HSC5 的当前值和预置值寄存器**

| 要写入的值 | HSC3 | HSC4 | HSC5 |
|---|---|---|---|
| 新的当前值 | SMD138 | SMD148 | SMD158 |
| 新的预置值 | SMD142 | SMD152 | SMD162 |

6）SMB66～SMB85　PTO/PWM 寄存器。用于控制和监视脉冲输出（PTO）和脉宽调制（PWM）功能，见表 A-16。

**表 A-16　PTO/PWM 有关的特殊寄存器**

| | Q0.0 | Q0.1 | 功能描述 |
|---|---|---|---|
| | SM66.0～66.3 | SM76.0～76.3 | 保留 |
| 状态字节 | SM66.4 | SM76.4 | PTO 包络终止:0＝无错误,1＝由于增量计算错误而终止 |
| | SM66.5 | SM76.5 | PTO 包络终止:0＝不被用户命令终止,1＝被用户命令终止 |
| | SM66.6 | SM76.6 | PTO 管线溢出:0＝无溢出,1＝有溢出 |
| | SM66.7 | SM76.7 | 0＝PTO 正在运行,1＝ PTO 空闲 |
| 控制字节 | SM67.0 | SM77.0 | 0＝不写入新的 PTO/PWM 周期值,1＝写入新的周期值 |
| | SM67.1 | SM77.1 | 0＝不更新 PWM 脉冲宽度值,1＝更新脉冲宽度值 |
| | SM67.2 | SM77.2 | 0＝不更新 PTO 脉冲数,1＝写入更新 PTO 脉冲数 |
| | SM67.3 | SM77.3 | PTO/PWM 基准时间单位:0＝1μs,1＝1ms |

（续）

| | Q0.0 | Q0.1 | 功能描述 |
|---|---|---|---|
| 控制字节 | SM67.4 | SM77.4 | PWM 更新方式:0=异步更新,1=同步更新 |
| | SM67.5 | SM77.5 | PTO 操作:0=单段操作(周期和脉冲数存在 SM 寄存器中),1=多段操作(包络表存在 V 寄存器中) |
| | SM67.6 | SM77.6 | PTO/PWM 模式选择:0=PTO,1=PWM |
| | SM67.7 | SM77.7 | PTO/PWM 使能:0=禁止,1=使能 |
| 其他有关寄存器 | SMW68 | SMW78 | PTO/PWM 周期值(2~65535 倍时间基准) |
| | SMW70 | SMW80 | PWM 脉冲宽度值(2~65535 倍时间基准) |
| | SMD72 | SMD82 | PTO 脉冲计数值($1\sim2^{32}-1$) |

7）SMB166~SMB194　PTO 包络表特殊寄存器，见表 A-17。

**表 A-17　PTO 包络表特殊寄存器**

| Q0.0 | Q0.1 | 功能描述 |
|---|---|---|
| SMB166 | SMB176 | 运行中的段数(仅用在多段 PTO 操作中) |
| SMB167 | SMB177 | 保留 |
| SMW168 | SMW178 | 包络表的起始位置,用从 V0 开始的字节偏移量来表示(仅用在多段 PTO 操作中) |
| SMB170 | SMB180 | 线性包络状态字节 |
| SMB171 | SMB181 | 线性包络结果寄存器 |
| SMD172 | SMD182 | 手动模式频率寄存器 |

8）SMB86~SMB94、SMB186~SMB194　端口接收信息控制，见表 A-18。

**表 A-18　特殊寄存器 SMB86~SMB94、SMB186~SMB194**

| 端口 0 | 端口 1 | |
|---|---|---|
| | | MSB 7 … LSB 0：n \| r \| e \| 0 \| 0 \| t \| c \| p　报文接收的状态字节 |
| SMB86 | SMB186 | |
| SM86.7 | SM186.7 | n:=1 通过用户的禁止命令终止接收报文 |
| SM86.6 | SM186.6 | r:=1 接收报文终止,输入参数错误或无起始或结束条件 |
| SM86.5 | SM186.5 | e:=1 收到结束字符 |
| SM86.2 | SM186.2 | t:=1 接收报文终止,超时 |
| SM86.1 | SM186.1 | c:=1 接收报文终止,超出最大字符数 |
| SM86.0 | SM186.0 | p:=1 接收报文终止,奇偶校验错误 |
| 端口 0 | 端口 1 | MSB 7 … LSB 0：en \| sc \| ec \| il \| c/m \| tmr \| bk \| 0　报文接收的控制字节 |
| SMB87 | SMB187 | |
| SM87.7 | SM187.7 | en:=0 禁止报文接收,=1 允许报文接收,每次执行 RCV 指令时检查允许/禁止接收报文位 |
| SM87.6 | SM187.6 | sc:=0 忽略 SMB88 或 SMB188,=1 使用 SMB88 或 SMB188 的值检测报文的开始 |
| SM87.5 | SM187.5 | ec:=0 忽略 SMB89 或 SMB189,=1 使用 SMB89 或 SMB189 的值检测报文的结束 |

（续）

| 端口 0 | 端口 1 | MSB 7 LSB 0 |
|---|---|---|
| SMB87 | SMB187 | en \| sc \| ec \| il \| c/m \| tmr \| bk \| 0　报文接收的控制字节 |
| SMB87.4 | SMB187.4 | il：=0 忽略 SMB90 或 SMB190，=1 使用 SMB90 或 SMB190 的值检测空闲状态 |
| SMB87.3 | SMB187.3 | c/m：=0 定时器是字符间定时器，=1 定时器是报文定时器 |
| SMB87.2 | SMB187.2 | tmr：=0 忽略 SMW92 或 SMW192，=1 超过 SMW92 或 SMW192 中设置的时间终止接收 |
| SMB87.1 | SMB187.1 | bk：=0 忽略 break（断开）条件，=1 用 break 条件作为报文检测的开始 |
| SMB88 | SMB188 | 报文的起始字符 |
| SMB89 | SMB189 | 报文的结束字符 |
| SMW90 | SMW190 | 字数据：以 ms 为单位的空闲线时间间隔。空闲线时间结束后接收的第一个字符是新报文的起始字符 |
| SMW92 | SMW192 | 字数据：以 ms 为单位的字符间/报文定时器超时值。如果超时则终止接收报文 |
| SMB94 | SMB194 | 接收的最大字符数（1～255 字节），即使不用字符计数来终止报文，这个值也应设为希望的最大缓冲区 |

9）SMW98　扩展总线错误计数器，当扩展总线出现校验错误时加 1，系统得电或用户写入零时清零。

10）SMB200～SMB549　智能模块状态。SMB200～SMB549 预留给智能扩展模块（例如 EM277 PROFIBUS-DP 模块）的状态信息。SMB200～SMB249 预留给系统的第一个扩展模块（离 CPU 最近的模块）；SMB250～SMB299 预留给第二个智能模块。如果使用版本 2.2 之前的 CPU，应将智能模块放在非智能模块的左侧紧靠 CPU 的位置，以确保其兼容性。特殊寄存器单元见表 A-19。

**表 A-19　特殊寄存器 SMB200～SMB549**

| 插槽 0 智能模块 | 插槽 1 智能模块 | 插槽 2 智能模块 | 插槽 3 智能模块 | 插槽 4 智能模块 | 插槽 5 智能模块 | 插槽 6 智能模块 | 功能说明 |
|---|---|---|---|---|---|---|---|
| SMB200～SMB215 | SMB250～SMB265 | SMB300～SMB315 | SMB350～SMB365 | SMB400～SMB415 | SMB450～SMB465 | SMB500～SMB515 | 模块名称（16 个 ASCII 字符） |
| SMB216～SMB219 | SMB266～SMB269 | SMB316～SMB319 | SMB366～SMB369 | SMB416～SMB419 | SMB466～SMB469 | SMB516～SMB519 | S/W 版本（4 个 ASCII 字符） |
| SMW220 | SMW270 | SMW320 | SMW370 | SMW420 | SMW470 | SMW520 | 错误码 |
| SMB222～SMB249 | SMB272～SMB299 | SMB322～SMB349 | SMB372～SMB399 | SMB422～SMB449 | SMB472～SMB499 | SMB522～SMB549 | 针对特殊模块类型的特殊信息 |

# 附录 B　S7-200 PLC 的指令系统表

**表 B-1　S7-200 SIMATIC 指令集**

| 布 尔 指 令 | |
|---|---|
| LD　N | 装载（电路开始的常开触点） |
| LDI　N | 立即装载 |
| LDN　N | 取反后装载（电路开始的常开触点） |
| LDNI　N | 取反后立即装载 |

（续）

| 布尔指令 | | |
|---|---|---|
| A | N | 与(串联的常开触点) |
| AI | N | 立即与 |
| AN | N | 取反后与(串联的常闭触点) |
| ANI | N | 取反后立即与 |
| O | N | 或(并联的常开触点) |
| OI | N | 立即或 |
| ON | N | 取反后或(并联的常闭触点) |
| ONI | N | 取反后立即或 |
| LDBx | N1, N2 | 装载字节的比较结果,N1 (x: <, <=, =, >=, >, <>) N2 |
| ABx | N1, N2 | 与字节比较的结果,N1 (x: <, <=, =, >=, >, <>) N2 |
| OBx | N1, N2 | 或字节比较的结果,N1 (x: <, <=, =, >=, >, <>) N2 |
| LDWx | N1, N2 | 装载字比较的结果,N1 (x: <, <=, =, >=, >, <>) N2 |
| AWx | N1, N2 | 与字比较的结果,N1 (x: <, <=, =, >=, >, <>) N2 |
| OWx | N1, N2 | 或字比较的结果,N1 (x: <, <=, =, >=, >, <>) N2 |
| LDDx | N1, N2 | 装载双字比较的结果,N1 (x: <, <=, =, >=, >, <>) N2 |
| ADx | N1, N2 | 与双字的比较的结果,N1 (x: <, <=, =, >=, >, <>) N2 |
| ODx | N1, N2 | 或双字的比较的结果,N1 (x: <, <=, =, >=, >, <>) N2 |
| LDRx | N1, N2 | 装载实数比较的结果,N1 (x: <, <=, =, >=, >, <>) N2 |
| ARx | N1, N2 | 与实数比较的结果,N1 (x: <, <=, =, >=, >, <>) N2 |
| ORx | N1, N2 | 或实数比较的结果,N1 (x: <, <=, =, >=, >, <>) N2 |
| NOT | N1, N2 | 栈顶值取反 |
| EU | | 上升沿检测 |
| ED | | 下降沿检测 |
| = | Bit | 赋值(线圈) |
| =I | Bit | 立即赋值 |
| S | Bit ,N | 置位一个区域 |
| R | Bit ,N | 复位一个区域 |
| SI | Bit ,N | 立即置位一个区域 |
| RI | Bit ,N | 立即复位一个区域 |
| LDSx | IN1, IN2 | 装载字符串比较结果, N1 (x: =, <>) N2 |
| ASx | IN1, IN2 | 与字符串比较结果, N1 (x: =, <>) N2 |
| OSx | IN1, IN2 | 或字符串比较结果, N1 (x: =, <>) N2 |
| ALD | | 与装载(电路块串联) |
| OLD | | 或装载(电路块并联) |
| LPS | | 逻辑入栈 |
| LRD | | 逻辑读栈 |
| LPP | | 逻辑出栈 |
| LDS | N | 装载堆栈 |
| AENO | | 对 ENO 进行与操作 |

（续）

| | |
|---|---|
| 数学、加 1 减 1 指令 | |
| +I IN1,OUT<br>+D IN1,OUT<br>+R IN1,OUT | 整数加法,IN1 + OUT = OUT<br>双整数加法,IN1 + OUT = OUT<br>实数加法,IN1 + OUT = OUT |
| -I IN1,OUT<br>-D IN1,OUT<br>-R IN1,OUT | 整数减法, OUT - IN1 = OUT<br>双整数减法,OUT - IN1 = OUT<br>实数减法, OUT - IN1 = OUT |
| MUL IN1,OUT | 整数乘整数得双整数 |
| *I IN1,OUT<br>*D IN1,OUT<br>*R IN1,OUT | 整数乘法,IN1 * OUT = OUT<br>双整数乘法,IN1 * OUT = OUT<br>实数乘法,IN1 * OUT = OUT |
| DIV IN1,OUT | 整数除整数得双整数 |
| /I IN1,OUT<br>/D IN1,OUT<br>/R IN1,OUT | 整数除法, OUT/ IN1 = OUT<br>双整数除法,OUT/ IN1 = OUT<br>实数除法,OUT/ IN1 = OUT |
| SQRT IN,OUT | 平方根 |
| LN IN,OUT | 自然对数 |
| EXP IN,OUT | 自然指数 |
| SIN | 正弦 |
| COS | 余弦 |
| TAN | 正切 |
| INCB OUT<br>INCW OUT<br>INCD OUT | 字节加 1<br>字加 1<br>双字加 1 |
| DECB OUT<br>DECW OUT<br>DECD OUT | 字节减 1<br>字减 1<br>双字减 1 |
| PID Table, Loop | PID 回路 |
| 定时器和计数器指令 | |
| TON Txxx, PT<br>TOF Txxx, PT<br>TONR Txxx, PT<br>BITIM OUT<br>CITIM IN,OUT | 接通延时定时器<br>断开延时定时器<br>保持型接通延时定时器<br>启动间隔定时器<br>计算间隔定时器 |
| CTU Cxxx ,PV<br>CTD Cxxx ,PV<br>CTUD Cxxx ,PV | 加计数器<br>减计数器<br>加减计数器 |
| 实时时钟指令 | |
| TODR T<br>TODW T<br>TODRX T<br>TODWX T | 读实时时钟<br>写实时时钟<br>扩展读实时时钟<br>扩展写实时时钟 |
| 程序控制指令 | |
| END | 程序的条件结束 |
| STOP | 切换到 STOP 模式 |

（续）

| 程序控制指令 | |
|---|---|
| WDR | 看门狗复位（300ms） |
| JMP N<br>LBL N | 跳转到指定的标号<br>定义一个跳转的标号 |
| CALL N(N1, ...)<br>CRET | 调用子程序，可以有16个可选参数<br>从子程序条件返回 |
| FOR<br>INDX, INIT, FINAL<br>NEXT | For/Next 循环 |
| LSCR N<br>SCRT N<br>CSCRE<br>SCRE | 顺序控制继电器段的启动<br>顺序控制继电器段的转换<br>顺序控制继电器段的条件结束<br>顺序控制继电器段的结束 |
| DLED IN | 诊断 LED |
| 传送、移位、循环和填充指令 | |
| MOVB IN, OUT<br>MOVW IN, OUT<br>MOVD IN, OUT<br>MOVR IN, OUT | 字节传送<br>字传送<br>双字传送<br>实数传送 |
| BIR IN, OUT<br>BIW IN, OUT | 立即读取物理输入字节<br>立即写物理输出字节 |
| BMB IN, OUT, N<br>BMW IN, OUT, N<br>BMD IN, OUT, N | 字节块传送<br>字块传送<br>双字块传送 |
| 传送、移位、循环和填充指令 | |
| SWAP IN | 交换字节 |
| SHRB DATA, S_BIT, N | 移位寄存器 |
| SRB OUT, N<br>SRW OUT, N<br>SRD OUT, N | 字节右移N位<br>字右移N位<br>双字右移N位 |
| SLB OUT, N<br>SLW OUT, N<br>SLD OUT, N | 字节左移N位<br>字左移N位<br>双字左移N位 |
| RRB OUT, N<br>RRW OUT, N<br>RRD OUT, N | 字节循环右移N位<br>字循环右移N位<br>双字循环右移N位 |
| RLB OUT, N<br>RLW OUT, N<br>RLD OUT, N | 字节循环左移N位<br>字循环左移N位<br>双字循环左移N位 |
| FILL IN, OUT, N | 用指定的元素填充存储空间 |
| 逻辑操作 | |
| ANDB IN1, OUT<br>ANDW IN1, OUT<br>ANDD IN1, OUT | 字节逻辑与<br>字逻辑与<br>双字逻辑与 |

（续）

| 逻辑操作 | |
|---|---|
| ORB IN1,OUT<br>ORW IN1,OUT<br>ORD IN1,OUT | 字节逻辑或<br>字逻辑或<br>双字逻辑或 |
| XORB IN1,OUT<br>XORW IN1,OUT<br>XORD IN1,OUT | 字节逻辑异或<br>字逻辑异或<br>双字逻辑异或 |
| INVB OUT<br>INVW OUT<br>INVD OUT | 字节取反(1 的补码)<br>字取反<br>双字取反 |
| 字符串指令 | |
| SLEN IN,OUT<br>SCAT IN,OUT<br>SCPY IN,OUT<br>SSCPY IN,INDX,N,OUT<br>CFND IN1,IN2,OUT<br>SFND IN1,IN2,OUT | 求字符串长度<br>连接字符串<br>复制字符串<br>复制子字符串<br>在字符串中查找一个字符<br>在字符串中查找一个子字符串 |
| 表、查找和转换指令 | |
| ATT TABLE,DATA<br>LIFO TABLE,DATA<br>FIFO TABLE,DATA | 把数据加到表中<br>从表中取数据,后入先出<br>从表中取数据,先入先出 |
| FND = TBL,PATRN,INDX<br>FND < > TBL,PATRN,INDX<br>FND < TBL,PATRN,INDX<br>FND > TBL,PATRN,INDX | 在表 TBL 中查找等于比较条件 PATRN 的数据<br>在表 TBL 中查找不等于比较条件 PATRN 的数据<br>在表 TBL 中查找小于比较条件 PATRN 的数据<br>在表 TBL 中查找大于比较条件 PATRN 的数据 |
| BCDI OUT<br>IBCD OUT | BCD 码转换成整数<br>整数转换成 BCD 码 |
| BTI IN,OUT<br>ITB IN,OUT<br>ITD IN,OUT<br>DTI IN,OUT | 字节转换成整数<br>整数转换成字节<br>整数转换成双整数<br>双整数转换成整数 |
| DTR IN,OUT<br>ROUND IN,OUT<br>TRUNC IN,OUT | 双整数转换成实数<br>实数四舍五入为双整数<br>实数截位取整为双整数 |
| ATH IN,OUT,LEN<br>HTA IN,OUT,LEN<br>ITA IN,OUT,FMT<br>DTA IN,OUT,FMT<br>RTA IN,OUT,FMT | ASCII 码 →十六进制数<br>十六进制数→ASCII 码<br>整数→ASCII 码<br>双整数→ASCII 码<br>实数→ASCII 码 |
| DECO IN,OUT<br>ENCO IN,OUT | 译码<br>编码 |
| SEG IN,OUT | 7 段译码 |
| ITS IN,FMT,OUT<br>DTS IN,FMT,OUT<br>STR IN,FMT,OUT | 整数转换为字符串<br>双整数转换为字符串<br>实数转换为字符串 |

（续）

| 表、查找和转换指令 | |
|---|---|
| STI　STR,INDX,OUT<br>STD　STR,INDX,OUT<br>STR　STR,INDX,OUT | 子字符串转换为整数<br>子字符串转换为双整数<br>子字符串转换为实数 |
| 中断 | |
| CRETI | 从中断程序有条件返回 |
| ENI<br>DISI | 允许中断<br>禁止中断 |
| ATCH　INT,EVENT<br>DTCH　EVENT | 给中断事件分配中断程序<br>解除中断事件 |
| 通信指令 | |
| XMT　TABLE,PORT<br>RCV　TABLE,PORT | 自由端口发送<br>自由端口接收 |
| NETR　TABLE,PORT<br>NETW　TABLE,PORT | 网络读<br>网络写 |
| GPA　ADDR,PORT<br>SPA　ADDR,PORT | 获取端口地址<br>设置端口地址 |
| 高速计数器 | |
| HDEF　HSC,MODE<br>HSC　N<br>PLS　X | 定义高速计数器模式<br>激活高速计数器<br>脉冲输出 |

# 附录 C　S7-200 PLC 的错误代码

## 1. 致命错误代码

表 C-1　S7-200 PLC 致命错误代码及描述

| 错误代码 | 描　述 |
|---|---|
| 0000 | 无致命错误 |
| 0001 | 用户程序校验和错误 |
| 0002 | 编译后的梯形图程序校验和错误 |
| 0003 | 扫描看门狗超时错误 |
| 0004 | 内部 EEPROM 错误 |
| 0005 | 内部 EEPROM 用户程序校验和错误 |
| 0006 | 内部 EEPROM 配置参数校验和错误 |
| 0007 | 内部 EEPROM 强制数据校验和错误 |
| 0008 | 内部 EEPROM 默认输出表值校验和错误 |
| 0009 | 内部 EEPROM 用户数据、DB1 校验和错误 |
| 000A | 存储器卡失效 |
| 000B | 存储器卡用户程序校验和错误 |

（续）

| 错误代码 | 描　述 |
|---|---|
| 000C | 存储器卡配置参数校验和错误 |
| 000D | 存储器卡强制数据校验和错误 |
| 000E | 存储器卡默认输出表值校验和错误 |
| 000F | 存储器卡用户数据、DB1 校验和错误 |
| 0010 | 内部软件错误 |
| 0011 | 比较触点间接寻址错误 |
| 0012 | 比较触点非法值错误 |
| 0013 | S7-200 不能识别程序 |
| 0014 | 比较触点范围错误 |

## 2. 非致命运行程序错误代码

在 PLC 程序运行中，可能会产生非致命错误（例如间接寻址指针错误）。在这种情况下，PLC 产生一个非致命运行程序错误代码，见表 C-2。通过软件 STEP 7-Micro/WIN 可以显示 PLC 的错误代码，可以选择菜单命令“PLC”→“Information…”来查看。

**表 C-2　S7-200 PLC 非致命运行程序错误代码及描述**

| 错误代码 | 描　述 |
|---|---|
| 0000 | 无错误 |
| 0001 | 执行 HDEF 指令之前，HSC 功能块已经使能 |
| 0002 | 将已经指定给 HSC 的输入点分配给中断输入 |
| 0003 | 将已经指定给中断或其他 HSC 的输入点分配给一个 HSC |
| 0004 | 在中断程序中企图执行 ENI、DISI、SPA，或 HDEF 指令 |
| 0005 | 第一条 HSC/PLS 指令未执行完之前，又企图执行同编号的第二条 HSC/PLS 指令 |
| 0006 | 间接寻址错误 |
| 0007 | TODW（写实时时钟）或 TODR（读实时时钟）数据错误 |
| 0008 | 用户子程序嵌套层数超过规定 |
| 0009 | 在程序执行 XMT 或 RCV 指令时，通信口 0 又执行另一条 XMT 或 RCV 指令 |
| 000A | 一个 HSC 执行时，企图执行另一条 HDEF 指令来重新定义同一 HSC |
| 000B | 在通信口 1 上同时执行 XMT 和 RCV 指令 |
| 000C | 时钟卡不存在 |
| 000D | 重新定义已经使用的脉冲输出 |
| 000E | PTO 包络线的段数设为 0 |
| 000F | 比较触点指令中非法的数值 |
| 0010 | 在当前的 PTO 操作模式中，有不允许的命令 |
| 0011 | 非法的 PTO 命令代码 |
| 0012 | 非法的 PTO 包络表 |
| 0013 | 非法的 PID 回路参数表 |

（续）

| 错误代码 | 描　述 |
| --- | --- |
| 0091 | 范围错误(带有地址信息):检查操作数范围 |
| 0092 | 某条指令的计数域错误(带有计数信息):确认最大计数范围 |
| 0094 | 范围错误:写带有地址信息的非易失性寄存器 |
| 009A | 在用户中断程序中试图转换成自由口模式 |
| 009B | 非法的指针(字符串操作中起始字节的值指定为0) |
| 009F | 找不到寄存器卡或寄存器卡没有响应 |

### 3. 非致命编译错误代码

下载程序时，PLC编译程序，如果发现编译错误，停止程序编译和下载，并恢复前一个程序。上述步骤都是PLC处于STOP模式下进行的。编译错误见表C-3。编译错误也可以通过软件STEP 7-Micro/WIN来显示，可以选择菜单命令“PLC”→“Information…”来查看。

**表C-3　S7-200 PLC非致命编译错误代码及描述**

| 错误代码 | 描　述 |
| --- | --- |
| 0080 | 程序太大无法编译:必须缩短程序 |
| 0081 | 堆栈溢出:必须把一个网络分成多个网络 |
| 0082 | 非法指令:检查指令助记符 |
| 0083 | 无MEND指令或主程序中有不允许的指令:增加MEND指令或删去不正确指令 |
| 0085 | 无FOR指令:增加FOR指令或删除NEXT指令 |
| 0086 | 无NEXT指令:增加NEXT指令或删除FOR指令 |
| 0087 | 无标号lable(LBL,INT,SBR):加上合适的标号 |
| 0088 | 无RET指令或子程序中有不允许的指令:增加RET指令,或删去不正确的指令 |
| 0089 | 无RETI指令,或中断程序中有不允许的指令:增加一条RETI指令,或删去不正确的指令 |
| 008C | 标号重复(LBL,INT,SBR):重新命名标号 |
| 008D | 非法标号(LBL,INT,SBR):使标号的编号在允许范围内 |
| 0090 | 非法参数:使指令中的参数在允许范围内 |
| 0091 | 范围错误(带有地址信息):检查操作数范围 |
| 0092 | 某条指令的计数域错误(带有计数信息):检查最大计数范围 |
| 0093 | FOR/NEXT的循环嵌套层数超出范围 |
| 0095 | 无LSCR(装载SCR)指令 |
| 0096 | 无SCRE(SCR结束)指令或SCRE指令前面有不允许的指令 |
| 0098 | 在运行模式进行非法编辑 |
| 0099 | 隐藏的程序段数太多 |
| 009B | 非法的指针(字符串操作中起始字节的值指定为0) |
| 009C | 超出最大指令长度 |
| 009D | 检测到SDB0中的非法参数 |
| 009E | PCALL字符串太多 |

更加详细的错误代码，请打开软件STEP 7-Micro/WIN后，按下键盘上F1功能键查看软件在线帮助中的错误代码。

# 参 考 文 献

[1] 西门子（中国）有限公司．西门子 S7-200 可编程控制器系统手册．

[2] 李艳杰，于艳秋，王卫兵．S7-200 PLC 原理与实用开发指南［M］．北京：机械工业出版社，2009.

[3] 廖常初．S7-200 PLC 编程及应用［M］．北京：机械工业出版社，2010.

[4] 王永华．现代电气控制及 PLC 应用技术［M］．2 版．北京：北京航空航天大学出版社，2008.

[5] 李仁．电气控制技术［M］．3 版．北京：机械工业出版社，2010.

# 后　记

经全国高等教育自学考试指导委员会同意，由全国高等教育自学考试指导委员会机械及轻纺化工类专业委员会负责机电一体化工程专业教材的审定工作。

本教材由天津大学贾贵玺主编。具体编写分工如下：贾贵玺（第1章、第2章），张军（第3章），贾亦真（第4章、第5章），唐新宇编写了部分习题。全书由贾贵玺统稿。

全国高等教育自学考试指导委员会机械及轻纺化工类专业委员会组织了本教材的审稿工作。天津职业技术师范大学李全利教授担任主审，天津机电职业技术学院刘文芳教授、上海西门子工业自动化有限公司袁海嵘高级工程师参审，谨向他们表示诚挚的谢意。

全国高等教育自学考试指导委员会机械及轻纺化工类专业委员会最后审定通过了本教材。

**全国高等教育自学考试指导委员会**

**机械及轻纺化工类专业委员会**

**2015 年 6 月**